林珍 编著

好素质

—是这样培养出来的—

本书针对当今青少年应具备的各种素质。从生活学习、做事、思维等方面进行了详细的阐述，为广大青少年读者提供了从小培养良好素质的具体办法。

中国出版集团
现代出版社

图书在版编目（CIP）数据

好素质是这样培养出来的 / 林珍编著．— 北京：现代出版社，2011.9（2025年1月重印）

ISBN 978-7-5143-0314-8

Ⅰ．①好… Ⅱ．①林… Ⅲ．①素质教育-青年读物②素质教育-少年读物 Ⅳ．①G40-012

中国版本图书馆CIP数据核字（2011）第146290号

好素质是这样培养出来的

编　　著	林　珍
责任编辑	张桂玲
出版发行	现代出版社
地　　址	北京市安定门外安华里504号
邮政编码	100011
电　　话	010-64267325　010-64245264（兼传真）
网　　址	www. 1980xd. com
电子信箱	xiandai@ vip. sina. com
印　　刷	三河市人民印务有限公司
开　　本	710mm×1000mm　1/16
印　　张	13
版　　次	2011年10月第1版　2025年1月第9次印刷
书　　号	ISBN 978-7-5143-0314-8
定　　价	49.80元

前言

《辞海》中对“素质”一词的定义为：①人的生理上的原来的特点；②事物本来的性质；③完成某种活动所必需的基本条件。青少年朋友，我们对素质又是如何理解的呢？随着时代的进步，社会对人的素质提出了越来越高的要求。青少年朋友，你知道自己应该具备怎么样的素质以适应社会、应对竞争、争取明天的美好生活吗？

古人说，雁过留声，人过留名。靠什么留名？靠人格。那些在人类历史上名垂青史的人杰，无一不是因人格的魅力而受到后人的敬重。人格是生命之旗，生命之魂。不仅是那些有辉煌业绩的人，那些在平凡的岗位上忠于职守的普通劳动者，只要有崇高的人格，同样会受到社会及人们的尊重。在市场经济下，有些人不顾一切向“钱”看，丧失人格，是可悲的。建立和谐社会，人格素质的培养尤为重要。

李白有一句名诗：“天生我材必有用。”社会需要各种人才。但是，并不是所有人都能成为人才。成才必须具备成才的素质。成才需要理想、兴趣、自信、创新和美德，成才更需要汗水的浇灌。首先找准坐标，然后去开采智商和情商。有人说，素质教育的灵魂是创新教育。这是有道理的。创新是成才的灵魂，创新思维是一切天才的思维特征。罗丹说，生活中不是缺少美，而是缺少发现。发现美需要审美素质，创造美更需要审美素质。我们作为明天的栋梁，国家建设的精英，无时无刻不在与美打交道，也无时无刻不在与丑打交道。是美使我们的生活更精彩、更丰富。

青少年朋友，无论将来从事什么职业，或在某个领域作出突出贡献，都与自身素质有密切关系。一个素质高的人，分析问题、解决问题，都非常缜密。相反，素质低的人，一生不会有多大建树。而培养个人的素质，不是一朝一夕的事情，而是在长期的生活学习中，慢慢地培养出来。一旦这些优良的素质扎根在你的思想中，你将受益一生。无论走到哪里，都是一笔宝贵的精神财富。本书从不同方面为青少年剖析人所要具备的素质，希望青少年朋友能从中得到人生的启迪！

Contents
目　录

第一章 用意志铸造人生的大厦

意志是人对于自身行为的价值关系的主观反映，具体而言，就是人脑对于自身行为的价值率高差的主观反映，其客观目的在于引导主体根据各种行为的价值收益率的多少（即行为价值率高差的大小）来选择、实施、评价和修正自身的行为活动，使主体能够以最小的代价取得最大的收益。

第一节 什么是意志

人对于自己的身体活动，有的可以直接控制，如抬脚，有的不能直接控制，如心跳；在能够直接控制的活动中，有的是有目的的，如写作，有的没有目的，如浏览报纸；在有目的的活动中，有的与克服困难无关，如在家里饮水，有的与克服困难有关，如学习。在众多的活动中，只有与克服困难相联系的，有目的的行动，我们才称之为意志行动。而相应的支配人行动的心理过程则为意志。

高考制度恢复不久，一个 16 岁的小伙子考入了某大学化学系。在入学后的第一堂外语课上，大家发现，这个小伙子不知为什么哭了起来。一问才知道，他来自偏僻的农村，在他们那里，中学从未开设过外语课，他只是在学数学时认识了英语的 26 个字母，此外对英语几乎可以说一无所知，他是因为太着急才哭起来的（“文革”后刚开始恢复高考时，外语暂时免试）。了解到这一情况，老师和同学们不禁暗暗为他担心：他的底子这样差，能跟上班里有多年英语基础的其他同学吗？事实证明大家的担心是多余的。从第一堂课起，这个小伙子就下定了决心：一定要迎头赶上！每天天刚亮，这个小伙子就悄悄起身到操场上念英语去了；晚上，往往是大家都已上床休息时，他才背着书包从教室回来。他学外语简直到了入迷的程度，甚至半夜说梦话也讲外语。苍天不负有心人，到三年级时，他已是班上英语学得最好的学生。毕业时，他在众多竞争者中脱颖而出，以优异成绩通过考试，被学校派往国外进一步深造。这个小伙子的成功凭借的就是自己顽强的意志。

意志是人自觉地确定目的，有意识地根据目的、动机调节支配行动，努力克服困难，实现目的的心理过程。意志总是表现在人们的实际行动之中，因此也被称为意志行动。意志是人的心理（即意识）的主观能动性、积极性的集中体现，而人的一般性的行为习惯、自动化的动作，或思考问题的一般意识过程，不能称为意志或意志行动。

第二节　意志行动的特征

人的意志行动有以下特征：

一、有自觉的行动目的

意志行动是人特有的自觉确定目的的行动。

动物的行为似乎也带有某种目的性和计划性，但是，动物的行为还不能达到自觉意识的水平。而人类的许多活动，则是有意识、有目的、有计划、自觉的行动。人在行动前，行动的目的和结果就以意识的观念形式存在于人的头脑之中，能动地调节支配人的行为。可见，人的行动是以自觉目的为特征的意志行动，这是人区别动物行为的根本标志之一。

人的意志的水平也是以自觉提出目的的水平为转移的。目的越崇高远大，意志水平就越高，离开了明确的目的就没有意志可言。冲动的行为、盲目的行为是缺乏目的的行为。

二、以随意运动为基础

人的复杂行为，包括意志行动在内，是由简单动作组成的。动作可以分为随意和不随意两种。

不随意运动是指不受意识支配的那些不由自主的运动。例如，自动化的习惯性动作、睡眠状态等。随意运动是受意识控制调节，具有一定目的和方向性的运动，是在后天的生活实践中学会了的动作。例如，人们进行的各种学习、工作活动等等。

一些研究表明，不随意运动通过学习和训练能变成随意运动。有一个实验是看通过训练能不能把不随意反应变成随意反应。如瞳孔收缩本来是不随意的，能否通过训练变为随意的？训练是这样进行的：先给被试一个信号——铃声，紧接着出现强光，被试的瞳孔缩小（强光使瞳孔缩小）。通过近200次声光结合，人听到铃声瞳孔就缩小。进一步的实验是让被试手拿一个橡皮球，通过气压大小控制电路，即气压达到一定程度电路就接通，这时既有铃声，又有光出现。要求被试在听到主试说“缩小”时，即去捏橡皮球。经过近200次实验，被试只要听到主试“缩小”的命令，虽然没去捏橡皮球，瞳孔就缩小。后来，被试自己说“缩小”，也能使自己的瞳孔缩小。最后，只要被试自己想“缩小”，瞳孔也缩小。瞳孔收缩本来完全是不随意的，是由强光引起的反应，经过学习变成了随意的、由自我命令所引起的反应。这说明随意运动是在不随意运动基础上，通过有目的的练习而学会的。

随意运动是意志行动的必要组成部分。我们头脑中的任何打算、愿望、计划，如果想要使其实现，必须要有相应的随意运动。有了随意运动，人们就可以根据目的去组织、支配和调节一系列的动作，组成复杂的行动，从而实现预定的目的。随意运动掌握的程度越高，意志行动越容易实现。任何一种有目的的行动的完成，都需要有一系列的随意运动来保证。

三、受意识能动的调节支配

意志行动是由内部的意识向外部动作的转化过程，是主观见之于客观，观念付诸行动、付诸实践的过程。正是这种自觉的支配和调节作用，人才能在积极改造客观世界的同时也改造自己的主观世界，实现自觉的目标，成为驾驭现实的主人。

意志对行动的支配和调节作用表现为发动和制止两个方面。发动是激励和推动人们去从事达到预定目标所必需的行动；制止是抑制和阻止不符合预定目标的行动。这两方面的调节作用是对立统一的。

正是通过发动与制止，意志实现了对人的活动的调节和支配。“当行则行，当止则止。”意志不仅调节人的外部动作，还可以调节人自身的心理状态，调节自身的内脏活动。当处在危险和紧急状况时，意志使人能够保持镇定的情绪，克服内心的恐惧和紧张，做到临危不惧，忙而不乱。

四、克服困难

意志行动是有自觉目的的行动。人在目的的确立与实现的过程中通常会碰到种种困难，战胜和克服困难的过程，就是意志目标实现的过程。只有在实现预定目的的过程中，遇到困难而又能坚定地去组织行动加以克服，才显示出意志的作用。克服困难是意志行动最明显的特征。

困难有内外两种。内部困难是指来自主观条件的阻挠，如不同动机、不同目的之间的矛盾冲突，知识经验不足，缺乏胜利信心，情绪低落悲观，私心杂念的干扰等。外部困难是指来自客观条件的阻挠，如环境艰苦，工具简陋，他人的讥讽打击，挫折失败，诱因干扰等。根据困难的程度，意志行动有简单复杂之分。意志坚强的水平是以困难程度和克服困难的难易为转移的。在克服困难的过程中，一个人的知识经验、能力、精力等，特别是一个人具有的潜能常常能得到充分的发挥，达到高峰状态。

第三节　学习离不开意志

对于意志在学习中的作用，古今中外的学者和教育家都有很深刻的认识。荀子提出：“骐骥一跃，不能十步；驽马十驾，功在不舍；锲而舍之，朽木不折；锲而不舍，金石可镂。”宋代文学家苏轼说：“古之立大志者，不唯有超世之才，亦必有坚忍不拔之志。”哥伦布的感悟是：“坚韧之心，是成功的根基。”发明大王爱迪生更是一语中的：“伟大人物最明显的标志，就是他坚强的意志。”著名科学家贝弗里奇在其《科学研究的艺术》一书中曾这样写道：“有所成就的科学家几乎都具有一种百折不回的精神，因为大凡有价值的成就，在面临反复挫折的时候，都需要毅力和勇气。”陶行知先生曾明确指出，学生的学习光靠智力不行，光有学习的热情也不够，还得有坚持到底的意志，才能克服大的困难，使学习取得成功。

意志在学习中的作用主要体现在两方面：首先，意志使我们主动地设立学习目标。意志是人的主观能动性的集中体现，在学习活动中它往往能使我们根据我们自己的需要、动机设立合适的学习目标。其次，意志使我们克服各种困难、坚持到底，最终实现学习目标。而克服困难实现目标，也就是意志坚强的表现。

意志在学习中的这两方面的作用在下面的故事中体现得非常明显。

一个患重症肌无力的花季少女秦玉，在2002年高考前一个月病魔再次来袭，她却以坚强的意志坚持复习，参加高考，并在2002年高考中考出了665分的高分，比福建省理科重点线高出110分，名列她所在的闽东某县的高考理科第一名，并被北京一所享誉世界的名校录取。

重症肌无力的患病率为每10万人中有50人，发病率为每10万人中有8～20人。但这五千分之一的不幸却降临在一个对未来充满绮丽梦想的花季少女身上。秦玉成长在一个贫穷的家庭，上有老奶奶，下有正在读书的弟妹。3年前，母亲被诊断出患了糖尿病，后来又因脖子上长了个瘤而开刀，身体虚弱无法干活，全家就靠父亲骑人力车、帮人挑水泥的微薄收入过活。秦玉第一次发病是在2000年4月，当时她只有16岁，正念高一，突然发现自己全身乏力，手抬不起来，走几步路就要跌倒。全家倾其所有、东拼西凑地送秦玉到福州治病。在住院的20多天里，秦玉仍惦记着学习，治疗之余手不释卷。缺了20多天的课，秦玉回到学校参加期中考试，仍然是第一名。

医生说，目前医学上对于重症肌无力还没有根治的方法。严重者表现为吞咽困难、咀嚼困难、呼吸困难、全身无力直至出现危象而死亡。这些话对秦玉来说是何等的残酷，她听了也难过，也哭，过后却强忍着反过来安慰妈妈，安慰家人。她对生活更珍惜了，对学习更认真了。

时光流逝，秦玉升到了高三。不料，就在高考前的一个月，病魔再次来袭，她头痛欲裂，脚不能走路，手握不住一支笔，说起话来气力不足。但这次秦玉没有立刻到福州住院治疗，她坚持要参加高考。秦玉说，苦读了12年，就为着这高考的一搏，病一时半会儿也治不好，为此错过高考她不甘心。

于是秦玉每天一边吃药，一边仍然坚持到校上课。她走不了路，父亲就每天骑着人力车送她上下学，风雨无阻。因为剧烈的头痛及全身无力，秦玉整堂课都只能趴在课桌上勉强听讲。高考那两天，考场不让外人进入，父亲用人力车把她送到考场楼下后，再由两个同学把她背到三楼考场考试。考试时，秦玉运笔无力，头痛阵发，她用尽全身的气力坚持答题，考出了665分的好成绩，名列全县第一。

有人曾问秦玉："你觉不觉得老天对你不公平？"秦玉摇了摇头，她说："人都要经历磨难的，没有几个人的路会那么平。"秦玉最喜欢的歌是《真心英雄》，"不经历风雨，怎么见彩虹，没有人能随随便便成功"，这唱出了秦玉自己生命之歌的最强音。

如果没有不达目的不罢休的顽强意志，秦玉就不会参加高考，更不会考出如此骄人的成绩。

第四节　认识是培养意志的关键

意志的产生以认识活动为前提。

首先，意志的自觉性取决于认识活动。人的任何目的都不是凭空产生的，它是人认识活动的结果。因为目的虽然是主观的东西，但它却来源于客观世界。没有认识活动，客观世界就没法转化为主观的目标。不仅行动的目的是认识的结果，而且目的的提出也有赖于认识过程。因为人只有认识了客观世界的要求与规律，认识了自身的需要和客观规律之间的关系，才能自觉地提出和确定切合实际的行动目的。

其次，实现目的的方法也只有通过认识活动才能形成。目的的实现，必须有一定的方式和方法以及有关步骤才行，这些也只有在认识活动中才能形成。人的认识愈丰富愈深入，选择的方式和方法也就愈合理。人为了确定目的，为了选择方法和步骤，通常要审时度势，分析现实的条件，回顾过去的经验，设想将来的结果，拟定种种方案，编制行动计划，并对这一切进行反复的权衡和斟酌，这都必须通过感知、记忆、思维、想象等认识过程才能实现。

再次，意志过程的调节依赖于认识。在意志行动过程中，要随时认识形势的不断变化，分析主客观条件，根据新的认识调节自己的行动，矫正偏差，加速意志行动的过程，以最终实现目的。可以说，没有认识活动及相应的知识，就没有对意志行动的调节。

最后，困难的克服也与认识有关。只有当人对困难的性质有了清楚的了解及具备了相应的知识时，才有可能采取相应的办法去克服它。如果对困难的性质没有清楚的认识，头脑中不具备有关的知识，人们对困难的克服只能是盲目的，因而也就很难收到应有的效果。

第五节　培养意志需有健康的情感

意志与情感是密切相关的。情绪和情感是推动人们进行活动的强大动力。情感既可以成为意志行动的动力，也可以成为意志行动的阻力。当某种情感对人的活动起推动或支持作用时，这种积极的情感就会成为意志行动的动力；当某种情感对人的活动起阻碍或削弱作用时，这种消极的情感就会成为意志行动的阻力。前者体现了情感的增力性，后者体现了情感的减力性。尤其是在完成比较复杂或把握性不大的任务的过程中，遇到困难、挫折时，或身处逆境时，积极的情绪和情感会鼓舞一个人的斗志，增强一个人走出困境的勇气和决心。相反，消极的情绪和不健康的情感会削弱一个人的斗志，使人退缩，甚至沉沦下去。

因此，在青少年学生的意志培养中，应该恰当地运用情感激励法，通过情感培养来激发他们的意志力量。

一、要培养青少年的正当需要

情感是人对客观事物是否符合自己的需要产生的态度体验。就是说，情感是由客观事物与我们的需要之间的关系决定的。在活动中，人的需要得到满足，就产生肯定的情感；如果不能满足需要，就产生否定的情感。因此，我们要通过情感来激发青少年的意志，就要从需要入手。

那么，我们该怎样培养青少年的正当需要呢？

1. 不同的人有不同的需要

人的需求多种多样，这些需求在不同人身上又有不同表现，人就有了千差万别的需要。这就要求青少年在培养意志特征时，要考虑到需要的个人特点。比如，小强对绘画很感兴趣，就可以强化他这方面的需要；小军对乒乓球入迷，就可以强化他这方面的需要。如果反过来，让小军去学画，让小强去打乒乓球，由于需要不足，动力也就不足，也就难有什么意志行动了。

2. 不同的年龄有不同的需要

有人研究了 9 ~ 15 岁儿童的需要，发现不同年龄的孩子需要有所不同。9 岁儿童的主导需要还是生物性需要，有些社会性需要虽有明显发展，但没有占主导地位。10 岁儿童的生物性需要尽管仍然具有相当大的力量，但占主导地位的需要已向交往、受人尊重和公正等方面转化，其他社会性需要还处于从属地位。11 岁儿童占主导地位的需要是交往、受人尊重、公正和友谊等，自我完善的需要已有相当大的力量，美的需要开始具有明显力量。12 岁儿童的交往、受人尊重、公正、友谊以及爱和美的需要比 11 岁儿童更强烈，虽然生物性需要仍有不小力量，但已同社会性需要相融合，目的在于有利于他人的社会性需要开始获得相当大的力量。13 岁和 14 岁儿童的主导性社会需要有交往、受人尊重、公正、友谊、自我完善和美感，与社会性需要相比，生物性需要的力量显得很弱。15 岁少年除了十三四岁儿童的主导性社会需要外，还增加了独立自主的需要，同时，目的在于有利于他人的需要大大增强了。从上述情况可以看到，孩子年龄越大，需要越向高层次发展，社会需要、精神需要占的比重越大。比如，小孩子一般还没有什么成就需要，家长让孩子学钢琴，开始他很乐意，因为这可以满足他的游戏需要或受人赞许的需要。但遇到困难时，孩子就容易放弃练琴，因为他心里还没有大人所想的成名成家这样的成就需要。这时如果大人只知道逼迫孩子，则不利于孩子克服困难，锻炼意志。大人应该努力把练琴活动搞得生动活泼，以适合孩子的需要，使他坚持下去，意志得到锻炼。

3. 培养高层次需要

越是低层次的需要，动力越小。因为一来它容易满足而失去意志行动的动力，二来它容易在人遇到困难或挫折时被放弃。相反，高层次的需要才对意志行动具有强大动力，它不会因满足而失去作用，反而会使意志行动的动力进一步强化。因为高层次需要具有稳定、持久和不变性。

二、培养青少年健康的高级情感

高级情感涉及道德感、理智感和美感。道德感从社会生活的各个方面表现出来。它表现在对待祖国、集体、人与人的关系上，也表现在工作、事业、学习等诸方面，如爱国主义情感、集体主义情感、责任感、义务感、荣誉感、自尊心、事业心等等。古往今来，众多为人类做出重大贡献的英雄豪杰，在他们身上，无不凝聚着这些崇高的道德感。正是这些高尚炽烈的情感，推动着他们为事业成功而付出坚持不懈的努力。很难设想，一个毫无责任感、事业心的青少年会在学习和工作中表现出坚强的意志。

理智感在人的认知活动中有着巨大作用。列宁曾说："没有'人的感情'，就从来没有也不可能有人对真理的追求。"列宁说的"人的感情"，就是理智感。没有这种理智感的参与，就不可能使认知得到深入。理智感是认知活动的强大动力，它激励人积极地去从事各种智慧活动，并能克服活动中的困难，人的意志也就得到了锻炼。因此，教师和家长应当在青少年的学习过程中，经常鼓励和满足其求知欲。对学习差的青少年，也应满腔热情地帮助他们，选择适当的方式和时机激发他们的自尊心、自信心。只有培养了强烈的理智感，才有克服认知活动中的各种困难的意志力量。

青少年具有对美的向往和追求为了使自己的言行合乎审美的需要，他们会以极大的意志力来规范自己的言行。

三、注意运用消极情感的激励作用

情感的一个基本性质是它的两极性，如满意－不满意，快乐－痛苦，狂欢－盛怒等，一面是肯定的态度体验，一面是否定的态度体验，这就是两极性。从意志的激发来说，两极的情感即肯定的情感与否定的情感，都能具有激励作用。首先，肯定的情感可以起"增力"作用。如快乐的情感，会使人精神焕发，干劲倍增，也就增强了克服困难的勇气和力量。这是激发了意志力。其次，否定的情感有时也具有"增力"作用。如"不满""愤怒"等情感，常常极大地激发出人的力量，促使人咬紧牙关，不畏艰险，不惧困难，勇往直前。所谓"化悲痛为力量"，正是运用了消极情感的作用。因此，从激发意志力角度看，不仅肯定的情感是必要的。

第六节　在日常活动中培养意志

培养坚强的意志，要有认识为基础，要有情感作动力。但是，坚强的意志决不会单靠理智的沉思反省和情感的体验而来，最重要是要有平时的实际活动的锻炼。坚强的意志是在克服困难的实际活动中形成和发展起来的，正所谓“百炼成钢”。

首先是在教学活动中锻炼意志。

学生以学为主，教学是学校的基本活动，也是锻炼学生意志的常规活动。一是教学是有目的、有计划地传授系统科学知识的过程，教师讲授的内容有一定深度和难度，因此，学生对老师给予他的学习任务必须要付出一定努力，克服一定困难才能完成。老师要在课堂上对学生提出严格要求，要求学生对有兴趣的内容要注意学习，对不感兴趣又必须掌握的知识也要认真学习，要求学生开动脑筋积极思考问题，要求学生努力地记住应记住的知识。这样，在老师的引导下，学生通过努力，既掌握了科学知识，也锻炼了意志的坚韧性、自制性等品质。二是课堂教学中要求学生必须遵守课堂常规，加强纪律性。青少年的许多良好意志品质，如自觉性、自制性、坚韧性等，其发展在很大程度上依赖于课堂教学常规的调练。三是学生独立完成作业也是锻炼意志的方式。任何独立作业都跟动机斗争、方法选择和执行等意志的各个环节相联系，教师和家长应鼓励学生自觉地自始至终百折不挠地独立完成作业，当他们遇到困难时，应启发他们认真思考找到解决问题的办法。这样，他们就可以养成独立完成作业的习惯，培养起克服内外困难的精神，从而发展意志力。

其次是在劳动及社会实践中锻炼意志。

青少年学生参加劳动不仅可以培养他们热爱劳动的情感体验，还可以锻炼他们不畏艰苦、勇于克服困难的坚强意志。因为劳动本身就是一种有目的、有计划而又需要克服困难的行动。再扩展一点说，学生特别是中学生还应该参加广泛的社会实践活动，如工农业生产劳动、社会实习、社会调查、军训、参观、旅游等。在社会实践活动中，人总要克服大大小小的困难，从而也就使意志得到磨炼。正如美国著名小说家杰克·伦敦在谈到自己的成功经历时所说：“意志不是生来的，而是在参与实践的斗争中磨炼出来的。”劳动及社会实践活动是铸造意志的大熔炉。

再次是在体育活动中锻炼意志。

体育，即通过身体活动达到对学生进行教育的目的。它的最大特点是身体实践。也就是说必须亲身参加活动，才能锻炼身体，增强体质，才能掌握运动知识、技能，才能在活动中体味到锻炼的乐趣，掌握知识技能、技巧的艰难以及失败的痛苦、成功的喜悦……

人的意志品质不仅与其身体健康状况有关，而且与参与身体锻炼的过程有关。一方面，意志坚强能够促使人坚持不懈地锻炼身体，使之更为健康；另一方面拥有健康的体质也容易表现出较强的意志力。青少年学生在体育锻炼中，体质增强了，精力旺盛了，也就为他们克服困难提供了有利条件，增强了意志力。

但青少年朋友在参与体育活动时常常伴有一系列问题，表现出某种程度的意志薄弱。

首先是缺乏信心和勇气。体育教学中的运动技术动作有一定难度，有时还带有一定的危险性，学生在学习掌握技术动作中，必然会遇到很多困难。如掌握一切技术动作总要经过泛化阶段、分化阶段，最后达到巩固和自动化阶段的过程。这之中都需要经过反复的练习，不断磨炼，认真钻研。但学生往往对能否顺利完成动作缺乏信心，稍遇挫折，就表现出态度消极，没有勇气。

其次是缺乏果断性。缺乏果断性是意志薄弱的另一种表现。研究者曾做过这样一种实验。在体育课上进行不同距离、不同角度的投篮比赛。根据距离的远近和角度的难易程度规定不同的得分标准。全班进行比赛并排定名次，而且把比赛成绩纳入体育考试成绩。条件是近距离大角度得分少；远距离小角度得分多。每人在规定的次数中自选投篮点。投到最后一两次的时候，人们看到有的人勇于冒险，果断地选择了高分点而一举成功；有的人则表现得优柔寡断，求稳怕失败，满足于及格而选择低分点；还有人表现为不加思考，轻举妄动，鲁莽从事，明明分数很低，水平又差而盲从于人，结果失败。在体育活动和比赛中，上述的优柔寡断和不加分析的鲁莽武断同样是意志薄弱的一种特殊表现。

再次是缺乏坚韧性。意志薄弱在体育课中的表现还反映在坚韧性差，怕苦怕累，缺乏百折不挠、始终不渝的精神上。例如，耐久跑是长时间的内脏器官工作与连续的肌肉活动，是表现人体耐力的一种练习，既要求快，又要持久。由于耐久跑练习距离、时间长，这之中有一系列的生理变化和心理变化。生理上的一大难题是过“极点”关；心理活动主要表现在，艰难中是坚持到底还是半途而废，能否在这之中自我鼓励，自我命令，自我指责，从而战胜自我去争取胜利。很多学生在耐久跑中正是缺乏那种饱满的精神、顽强的意志。

在体育活动中锻炼意志，一方面是积极参加平时的体育锻炼活动，另一方面是积极参与体育竞技活动。参与体育竞赛，有利于发展青少年学生的大胆、果断、坚韧、自制等良好的意志品质。

青少年学生在实践活动中锻炼意志，应注意以下几点：

一是明确活动要求。也就是要明确目标，以激发锻炼的积极性。所提要求，第一是应当合理，第二是应当简短，第三是应当坚决，第四是应当有系统性和连贯性，呈渐进的阶梯式。

二是把握好任务的难度。就是说任务应是困难的，但又是力所能及的。例如，让他们坚持独立地完成各种作业，坚持参加课余小组活动，坚持体育锻炼，坚持做好事等，对青少年学生来说这都有一定困难，但又是他们能做到的，对培养意志的自觉性和坚韧性很有好处。太容易的活动没有锻炼意志的意义，太困难的活动也会挫伤意志锻炼的积极性。

三是学生在活动中遇到困难时，应给予帮助和指导，但不要代替他们克服困难。

四是让学生知道活动的结果。这有助于增强锻炼的自觉性和积极性。

五是要针对个别差异采取不同的锻炼内容和措施。例如，对行动盲目和易受暗示的学生，应加强目的、动机教育，培养其自觉性、责任感；对优柔寡断、冒险轻率的学生，应培养其大胆果断、沉着耐心的品质；对缺乏自信、萎靡不振的学生，应充分调动其积极性，增强自信；对软弱和胆怯的学生，应锻炼其胆量和勇气，等等。

六是利用活动的群体效应。锻炼青少年的意志的各种活动多是以群体方式进行的，在群体中，相互作用会影响活动者的意志力。

心理学上有人做过这样一个实验：把女性被试分为两组。第一组被试接受一系列电击，并对电击强度作出评定，同时有与主试同谋的假被试，诡称自己接受了同样强度的电击并诡作评定，但他所宣布的评定强度又总是低于其他被试的评定强度。第二组被试也在同样的场合下受电击，但与主试同谋的假被试不宣布自己的评定强度。实验结果是第一组被试评定的皮肤电击的强度较第二组被试低。这个实验表明，当人们发觉自己忍耐力低于别人时，会提高自己的忍耐力从而降低激奋水平。

另一个实验是让被试从事一项计时付工资的工作。被试分两组。实验组被试工作两小时后看到一个假被试（即主试的同谋），后者诡称因成绩不佳工资由每小时5元降为3.5元。控制组被试则未见别人降工资的事。结果是不论在第一周内，还是在第二周内，实验组成绩均高于控制组。这表明代替性的强化可影响人的努力。

这两个实验告诉我们，在集体活动中锻炼青少年的意志时，应注意发挥群体效应的正面影响，以相互促进意志努力的程度，防止群体效应的负面影响。

第七节　养成良好的习惯

从日常生活小事着手，照样可以培养出良好的意志品质。在意志品质的形成过程中，从小事做起、加强自我锻炼起着至关重要的作用。在培养学生意志品质的过程中，周围人们的影响、集体委派的任务以及榜样的教育，都必须通过学生的自我锻炼才能真正发挥作用。研究表明，中学生是能够进行意志的自我锻炼的。例如，他们在学习自觉性和坚韧性方面的自我锻炼，通常采用下列一些方法：①经常用名言警句对照自己、督促自己；②经常同周围比自己学习强的同学作比较，找出差距，奋力追赶；③认真制定合理的学习计划（包括学期、月、周的计划及每天的安排），严格执行计划，无论遇到什么情况都逼着自己去完成；④每天坚持写日记，检查自己当天的活动，发现缺点，立即改正等。在自我锻炼的过程中，很重要的一点就是不要给自己不按计划完成任务找借口。“明日复明日，明日何其多？”原谅自己一回，就会有第二回，第三回。如此下去，所谓的计划就是一纸空谈，结果是意志品质没有锻炼成，而惰性则着实增强不少。因此，要在日常生活中从点滴做起，养成良好的习惯。

习惯是指经常化、自动化的行为方式。如起床后洗漱、饭前洗手等都是习惯。可以按社会评价意义把习惯分为好、中、坏三类。中性的习惯没什么社会评价意义，可顺其自然，而具有好坏社会评价意义的习惯就不可等闲视之了。好习惯可塑造成功的人生，坏习惯可能误导人生的走向。俄国教育家乌申斯基对此有过贴切而深刻的比喻：“良好的习惯乃是人在某种神经系统中存放的资本，这个资本在不断增值，而人在其整个一生中就享受着它的利息。”而坏习惯则是“道德上无法偿清的债务，这种债务能够用不断增值的利息去折磨人，去麻痹他的最好创举，并使他达到道德破产的地步”。

我们要教育孩子成人，从某种角度说就是教孩子养成好习惯。我国有句古语：“积行成习，积习成性，积性成命。”教育孩子取得惊人成功的美国的斯特娜夫人断言：“孩子的心是一块奇特的土地……播上行为的种子，就能获得习惯的收获；播上习惯的种子，就能获得品德的收获；播上品德的种子，就能获得命运的收获。”

习惯与意志培养有重要关系。

首先，坚强的意志有利于形成良好的习惯。要养成一种好习惯，就必须有信心，有决心，有恒心，以坚忍不拔的意志坚持到底。例如，要养成早起跑步锻炼的习惯，就要有坚持精神，不但每天都要早起，不能睡懒觉，而且不管严冬酷暑，刮风下雨，都要努力克服困难，持之以恒。这样，才能养成好习惯。可以说，没有坚强的意志就没有好习惯的养成。

其次，克服坏习惯需要意志努力。任何坏习惯的克服都是意志战胜惰性的过程，都是对人意志力的考验。一个习惯形成了，就是建立了稳固的暂时神经联系。而新的行为方式在形成习惯之前，其暂时神经联系是不稳固的。改变旧习惯形成新习惯，就是在大脑中破坏旧的暂时神经联系，建立新的暂时神经联系，并使之日益巩固的过程。旧的暂时神经联系因其已经“定型”而具有相当顽固的惯性，因而在克服旧习惯时，需要很大的意志力，这样才能以新习惯取代旧习惯。

再次，习惯形成后对意志行动具有重要作用。一种好习惯形成了，就是使一种良好的行为方式成为自动化的了。任何行为方式都可能纳入意志行动之中，成为意志行动的构成成分。而当一种行为方式自动化时，无疑有助于意志行动的完成。

任何良好习惯的养成都需要强化。那么，什么叫强化？为什么习惯的养成需要强化呢？

例如，两个孩子争玩具，大孩子让给小孩子，就受到大人的赞许；大孩子打了小孩子，就被斥责，大孩子不打小孩子而让着小孩子了，也就避免了被斥责。经常如此，大孩子形成了不欺侮小孩子而让着小孩子的习惯。

孩子得到的赞许和免除斥责，就是对他的行为的强化。强化有正有负，赞许是正强化，免除斥责是负强化，它们都可以使行为加强、巩固。正强化与负强化包括多种多样的方式，如，口头的表扬与批评，给予或撤销物质方面的奖赏，以及表示肯定或否定的眼神、语调、手势等。对孩子来讲，良好行为习惯的养成，从某种意义上说就是成人对其不断进行正负强化的结果。因为他们就是以避免惩罚求得奖励来发展行为的。甚至成年人，其行为习惯的养成或改变，也与正负强化密切相关。

既然儿童是以避免惩罚求得奖励来发展行为的，那么在行为习惯的培养上是多鼓励好，还是多惩罚好呢？有一个心理学实验可以说明这个问题。实验把 150 名儿童分为三段：第一组只批评不表扬；第二组只表扬不批评；第三组充分表扬适当批评。结果第一组效果最差，第二组居中，第三组效果最佳。就是说，多奖励少惩罚更有利于孩子养成良好的行为习惯。然而，不幸的是，有那么多教师和家长总是把眼睛盯在孩子的过错上，于是，不少孩子得到的批评惩罚总是多于表扬奖励。

针对意志品质的培养，家长要认识到以下几点：

一是要公正。所谓公正，就是孩子行为的正负强化应该客观、准确、实事求是。比如在家里，妈妈今天高兴，孩子本不该得到正强化的行为却得到妈妈的笑脸相对；妈妈今天心烦，孩子本来好好的，却得到妈妈的怒目而视。

二是要及时。不论是表扬还是批评，都应及时，才能更好地起到强化和惩罚作用。比如惩罚，应在孩子不良的行为习惯发生后立即施予，这样孩子才能够清楚地意识到为什么受惩罚。否则，过了很久，孩子都忘了是怎么回事了，惩罚也就失去了意义。

三是要适度。表扬和批评都不能滥用或过于频繁。过多的表扬容易使人骄傲自满，自高自大，目中无人，意志也就松懈。过多的批评也容易毁灭孩子的自尊心和自信心，也不利于习惯养成和意志培养。

四是要连贯。习惯的养成必须持之以恒，因而强化应保持连续和一贯性。心理学家威廉·詹姆斯有段话说得好：“每一次破例，就像让你辛辛苦苦绕起来的一团线掉下地一样，一次滑手放松的线，比你许多次才能绕上去的线还要多。”这话形象而深刻地告诉我们，良好行为习惯的养成不能有一次放松。因为有了一次例外，就会有第二次，第三次……习惯养成成了一句空话，意志也随之垮掉。所以，孩子的行为强化应保持连贯，这样好习惯才能养成，意志才得以巩固。

五是要选择适当的强化物。强化物不外物质的（如食物、物品、金钱等）和精神的（如语言、表情等）两大类。通常而言，对较小的孩子可以侧重物质奖励兼顾精神奖励。比如，孩子有了好的行为可以奖物品，有时成人的“真棒!”之类的话也是很好的鼓励。对较大的孩子可以侧重精神奖励兼顾物质奖励。比如孩子做了好事，教师和家长的口头赞许会使他们获得很大满足，当然也可以适当给予物质奖励。总的原则是精神奖励为主，物质奖励为辅，二者恰当结合。在孩子的成长过程中，要体现物质奖励向精神奖励过渡的原则，更多地关注自己的精神世界。

惩罚是要触及心灵的。用来惩罚的东西也应以精神为主再结合物质的。有时，教师、家长的一个目光、一句话语，就可以有很好的效果。而且，目光未必是可怕的，话语未必是严厉的。一位父亲面带微笑的责备，却使女儿难过得掉下眼泪。这叫“温和的惩罚”。当然，适当的严肃是必要的，甚至可以严厉；只是严厉的惩罚用多了会像镇痛药用多了一样而不灵。

学生意志品质培养的过程是漫长的，而且又常常是反复曲折的，不同类型的学生，在执行意志行为的过程中又会有很大的差异，因此，及时根据学生的不同情况，科学评价和指导他们的意志行为，是形成良好意志品质的重要条件。成功会带来喜悦、积极的情绪，在学生意志行为的执行过程中，来自别人，特别是师长的赞许、鼓励，会激发其沿着成功的道路向着既定的目标更坚定地走下去，这样，意志行为的持续性就促进了意志品质水平的不断提高。在学生意志行为的执行过程中，对出现的问题也决不可忽视，及时进行批评，提出明确的要求，作出期望性评价，激发其道德力量，使之产生奋发向上的强烈愿望，也是十分重要的。意志行为的执行本身就是一个漫长的过程，出了偏差，要积极诱导、激发、挖掘其积极因素。通过期待性的评价，使他们从师长对他的关怀、期望中受到鼓舞，恢复其中断了的意志行为的执行，努力促进良好习惯的养成。

第八节　克服不良习惯

怎样克服已经形成的不良习惯呢？可以借助于矫正辅助法。

一、克服遇事总拿不定主意的毛病

遇事总拿不定主意是优柔寡断的不良意志品质的表现，也就是缺乏意志的果断性。造成这种不良意志品质的原因主要有以下几个方面：一是认知障碍。对事物缺乏必要的知识和经验，所谓“吃不透，摸不准”，因而让人拿不定主意。二是情绪刺激。俗话说：“一朝被蛇咬，十年怕井绳。”曾经有过过强情绪刺激经历，一旦遇到类似情境，便会产生条件反射，使人犹豫不决。三是性格特征。一般来说，遇事犹豫不决者多具有以下性格特点：缺乏自信，感情脆弱，易受暗示，从众心理强，过分小心谨慎等。四是缺乏训练。这种人从小在过度的保护中长大，缺乏独立生活的经验，一旦遇到需独自做出决定的时候，就会束手无策，不知如何是好。五是管束过度。由于家长管束太严，孩子只知循规蹈矩，一旦遇到一些新情况，不敢独立自主，也就表现为左右为难，拿不定主意。

怎样克服这种不良意志特征呢？

一要充实知识经验。人的决策水平与其所具有的知识经验有很大关系。一个人的知识经验越丰富，其决策水平越高；反之，就越低。这也就是平常所说的“有胆有识，有识有胆”的意思。因此，应从充实知识经验着手。

二要加强思维训练。对事情的深思熟虑是关键时刻能够当机立断的心理前提。对此，拿破仑曾深有体会地说：“我能够在别人猝不及防的情况下知道自己应该说什么话和采取什么行动，这完全不是冥冥之中有什么天才对我突然启示，而是我的思考对我的启示。”平时多开动脑筋，经常思考问题，加强思维训练，这是关键时刻有主见的基础和前提。

三要摆脱依赖心理。要培养自信、自主、自强、自立的勇气和信心，迫使自己遇事自己处理。这也就需要和意志的自觉性、独立性品质的锻炼相结合。

四要学会遇事冷静。遇事犹豫不决也常是紧张、着急、焦虑等不良情绪干扰认知过程的结果，越是着急越拿不定主意，越拿不定主意越是着急，形成了恶性循环。因此，为了克服遇事犹豫不决的毛病，必须学会遇事冷静。

五要注意当断则断。有些人之所以遇事犹豫不决，一个重要原因，就是总怕自己有什么考虑不周之处。实际上，事前追求百分之百的把握，结果却常常是一个有把握的办法也拿不出来。许多事一开始总难找到“万全之策”，一个决定的合理性难说百分之百。果断的人在采取决定时，其决定开始时也不可能是什么万全之策，只不过是诸方案中较好的一个而已。在执行过程中，他可以随时依据变化了的情况来调整和补充原方案，从而使原来的方案逐步完善起来。更重要的是，许多时候丧失时机比考虑不周所造成的损失还大，这就是“机不可失，失不再来”。一般来说，有相当的把握，就该下决心了，别指望百分之百。

二、怎样才能改变莽撞的毛病

莽撞的人，有时看似敢作敢为大胆果断，其实，这样的人常常是行为鲁莽，头脑简单，遇事单凭一时冲动草率决定，冒失行事，而不考虑后果，在意志品质上属于冒失草率，也是与果断性相反的不良意志品质。怎样克服这种不良的意志品质呢？心理学家的建议如下：

一是多动脑筋。莽撞的人最明显的特点是遇事不能三思而行，只凭一股冲劲就干起来。莽撞的人要努力学会“多思”和“慎行”，在分析问题和解决问题时，要从多因素多角度去观察和分析，防止把复杂问题看得过于简单。

二是抑制冲动。莽撞的人，其高级神经活动类型属于兴奋型，特别容易兴奋和冲动，而冲动一来，往往也随之表现为急躁、轻率和冒失。因此，要学会有意识地抑制冲动，不要由着性子行事。

三是点滴培养。莽撞的人在生活中要注意从小事做起，从点滴做起，培养自己的谨慎性。例如，在平时的学习、工作和生活中，做事要表现出耐心，要讲究计划性和条理性。这样习惯了，也会减去一些做事冲动的毛病。

四是自我警醒。研究和实践都表明，遇事学会自我警醒，可以防止冒失草率。比如，在房间里可写一些诸如“胆大心细，遇事不慌”“三思而后行”“慎思”一类的座右铭提醒自己谨慎行事。再比如，在做事之前，不妨问一问自己：认真考虑成熟了没有？有没有把握？有没有犯莽撞的毛病？这样也可少些鲁莽的决定。

五是谨慎交友。古语说：“近朱者赤，近墨者黑。”莽撞的人在交友上应谨慎选择，要注意日常生活中少与同样莽撞性急的人来往。因为莽撞的人碰到一起，遇事常会“风乘火势，火助风威”，使决定更加冒失草率。应该多与沉稳的人来往，从而有意无意地学习他们的意志特征。此外，在采取较重大的行动之前，与信得过的人多多商量，征求一下他们的意见，这对于防止莽撞冒失，也是很有实际效果的。

三、克服不善于自制的毛病

心理学家的调查发现，一开始就决心不求上进的青少年是极少见的。可以说，绝大多数人都曾有过强烈的上进心和进取欲望。问题在于，相当一部分人禁不住种种诱惑，在进取中纷纷落伍了：有的是不能抑制低级欲望的冲动而渐趋堕落；有的是不能抵御不良诱因而误入歧途；有的是在狂怒中失去理智，不能有效地控制自己的行为而造成个人、家庭及社会的重大损失。

要很好地自制，就要做到以下几点：

一是明确人生目标。你一生朝哪个方向走，你决心成为一个什么样的人，这个问题明确了，你就能够控制自己，使自己的言行服从于自己的人生目标，而拒绝同目标相对立的各种诱惑。反之，如果你自己也不知道自己的人生目标到底是什么，那么，在诱惑面前，你就不会有坚强的自制性。自制性的动力源泉，就在于从根本利益和长远利益上去考虑问题。有些诱惑之所以对你有诱惑力，就是因为它能向你充分展示表面的、暂时的利益。

二是决不让步迁就。要克服不善自制的毛病，就应该努力做到，一旦意识到这是不对的东西，不管它有多么大的吸引力，多么强烈地驱使着我们的欲望，我们都该坚决地克制自己，决不做半点让步和迁就。陈毅同志的戒烟就是这样表现出自制性的。陈毅原来烟瘾很大，几乎是一支接一支地抽。后来，医生发现吸烟严重危害他的健康，劝他戒烟，他同意了。他对此不做半点让步，坚持戒掉了几十年的吸烟习惯。要改变自制力不强的毛病，就要像陈毅这样，半点妥协也不能有，就要守住“不行”这两个字。这道防线守不住，难说自制。

三是从小事做起。高尔基说：“哪怕是对于自己小小的克制，也会使人变得更加坚强。”不要以为自制性只能在特殊的条件和不平常的际遇中形成。相反，人在日常的学习、工作和生活的无数的小事中也能改变不能自制的毛病，培养起自制能力。比如，早晨是按时起床，还是在被窝里再躺一会儿，对自己的自制能力就是一个小小的考验。事小成大，我们平时注意从诸多的小事做起，也就能培养起自制性。

四是坚决执行决定。在做决定时要慎重考虑，三思而行，但一旦在深思熟虑的基础上做出决定，就要坚定不移地付诸执行，不能轻易改变和放弃。因为每一个半途而废的决定，都会使自己的自制性失去一分。

四、怎样让自己不再怯懦

一是气势激励。怯懦的人最大的弱点是过分畏惧和害怕。要克服这一弱点，就要借助气势的激励，雄赳赳，气昂昂，看上去就给人以一种很有力量的感觉。一个人在气势盛时，能产生一股不可阻挡的勇猛劲头。战争中士气的勃发，可使原本怯懦的人也会产生决一死战的勇气和力量。对待困难也是如此。在困难面前，有一股敢拼敢斗的气势，摆出一副摩拳擦掌的架势，你就会感到有力量，就不再感到怯懦。

二是信心鼓舞。怯懦，常常是精神优势丧失的结果。因此，克服它还需要用信心来鼓舞自己。信心当然不会凭空产生，它要以对困难的深刻了解和解决困难能力的提高为前提。一些专家指出，不是你所畏惧的对象造成了你的怯懦，而是你自己对怯懦对象的畏惧加剧了你的怯懦。因此要增强信心。

三是采取行动。克服怯懦的最有效的办法是采取行动。没有行动，则既不会有力量，也不会有由这力量建树起来的成就，当然也就不会有由于看到这种力量而产生的信心。

四是不怕失败。许多人怯懦的原因，无非就是害怕失败。越怕就越不敢行动，越不敢行动就越怕，如此陷入恶性循环之中，你的怯懦就会与日俱增。走出恶性循环，就需要你敢于行动，别怕失败，这样，你就不仅不再怯懦，而且能成为一个卓越的人。正如培根所说："奇迹多是在厄运中出现的。"

五是广交朋友。有些人之所以表现出怯懦，是由于感到孤独无友或孤立无援。长期的孤独或孤立感造成自信的缺乏，因而遇事胆小怯懦。这种情况就该从广交朋友入手，使自己摆脱孤独或孤立。朋友间的交流、沟通、关心和扶助，常常给人以信心和力量。

五、克服做事虎头蛇尾的缺点

一是树立远大志向。一个人如果没有远大的志向，没有崇高的理想、美好的希望和追求，他的行动就会失去方向和动力，稍遇困难就会心灰意冷，一蹶不振；反之，有志向，有抱负，有追求，认识到自己行动的真正意义和最终目的，他就会激发出坚忍的毅力，不达目的决不罢休。

二是培养乐观态度。毅力的大小与克服困难的大小成正比，而困难的大小又不是单由客观方面决定的，更多的是一种主观感受。乐观的人视困难为常情，因而有信心克服困难，而悲观的人往往人为地夸大困难。因此，要想克服虎头蛇尾的毛病，必须培养自己乐观的生活态度。

三是注意由易到难。有些人很想把某件事善始善终地干完，但往往因困难太大而难以继续。因此，在确定目标时，一定要坚持从实际出发的原则，做到由易到难，使目标呈一个渐进的阶梯状。

四是用兴趣激发毅力。有人说兴趣是毅力的门槛，有一定道理。昆虫学家法布尔自幼对昆虫有特殊的兴趣，他在树下观察昆虫，可以一趴半天。获得诺贝尔物理奖的丁肇中教授说："我经常不分昼夜地把自己关在实验室里，有人以为我很苦，其实这是我的兴趣所在，我感到其乐无穷。"因此，一个人如果对某项工作或某个活动发生了兴趣，则毅力就如影随形而发生，也就可以坚持到底。

第二章　提升人格魅力

一个人的道德品格的高低，常常决定他人生境界所能达到的高度。在大是大非面前，最能看出一个人的节操，最好的证明，便是他的行动。阿基米德是古希腊的数学家，当罗马士兵的刺刀戳到他的鼻子上时，他却说："慢一点，慢一点杀我的头，让我把这条定理证完，我不给后人留下一条没有证完的定理。"秋瑾，这位以挽救祖国危亡为己任的女侠，她的誓言是"拼将十万头颅血，须把乾坤力挽回"。这些"为天下谋"而"不为身谋"的志士们，用生命和鲜血将人格提高到了一个崭新的境界。

第一节　人格的概念

如果说性格是由各种性格特征结合而成的复杂结构，那么人格则是包含性格在内的复杂结构。每一个人都有比较系统、完整的关于自己以及对接触的人的行为、品行的看法，不论你是否意识到它的存在，它实际上就是一种潜在的"人格理论"，这种理论帮助你随时随地解释和预测他人的行为并控制自己的行为。那么究竟什么叫人格？明确阐明这一概念并不是一件很容易的事。它多与人的行为风格相联系，诸如气质、性格、个性等。因此，对人格概念的理解最好通过与之有关概念的相互对照、把握它们的相似性与区别而获得。

一、人格

人格一词的英文 personality 是从拉丁文 persona 演变来的。拉丁文的原意是面具。面具是用来在戏剧中表明人物身份和性格的，而这也就是人格最初的含义。早在古希腊时期，人们就已使用“人格”的概念，并引申出较复杂的含义，包括：一个人的外在行为表现方式，他在生活中扮演的角色，与其工作相适应的个人品质的总和、声望和尊严。在现代英文词典里，仍然可以在“人格”（personality）这一词条下看到上述含义的影子。

心理学家对人格的定义并不完全一致。阿尔波特曾列举出50种不同的定义，足见人格概念中的分歧，同时还表明人格的复杂性。但众多定义有一个基本相似的看法，即认为人格是与人的行为风格或行为模式有关的概念。从以下各种定义可以看到这种共识：“人格是个体由遗传和环境决定的实际的和潜在的行为模式的总和。（艾森克，1955）”“人格是一种倾向，可借以预测一个人在给定情境中的行为，它是与个体的外显的和内隐的行为联系在一起的。（卡特尔，1965）”“人格的稳定的心理结构和过程，它组织人的经验，形成人的行为和对环境的反应。（拉扎勒斯，1979）”“人格是个人心理特征的统一，决定（内隐，外显的）行为，同他人的行为有稳定的差异。（米歇尔，1980）”如果把诸多界说总结起来，可以这样概括：人格是心理特征的整合统一体，是一个相对稳定的结构组织，在不同时空背景下影响人的外显和内隐行为模式的心理特性。人格标志一个人具有的独特性，并反映人的自然性与社会性的交织。这个定义反映了人格的复杂性与多维性，它包括：

1. 整体性

人格标志一个人表现在行为模式中的心理特性的整合体，它是一种心理组织，构建成一个人内在的心理特征结构。它不能被直接观察，但却经常体现在人的行为之中，使个体表现出带有个人整体倾向的精神风貌。

2. 稳定性

由许多个性特征组成的人格结构是相对稳定的，在行为中恒常地、一贯地予以表现。这种稳定性具有跨时空的性质，即通过个体人格，各种情境刺激在作用上获得等值，产生个体行为上广泛的一致性。但是这种稳定性是可变的、发展的而不是刻板的。这是因为：各种人格特征在某个人身上整合的程度（如稳定性）不同；一个人可能具有相反性质的特征，在不同情境中可反映它们不同的方面；暂时性地受情境的制约，表现出来的并非个人的稳定特性。

3. 个体性

由于人格结构组合的多样性，构成了不同人之间的个体差异性。尽管不同人可以有某些相同的个别特征，但他们的整体人格不会是完全相同的。

4. 动机性与适应性

人格“支撑”行为，它驱使人趋向或回避某种行动，寻找或躲开某些刺激，人格是构成人的内在驱动力的一个方面，它的动机性与内驱力或情绪不同，它似乎是“派生的”，情境刺激通过人格的“折射”引导行为，致使行为带有个体人格倾向的烙印，成为一定的行为模式。人格的这种驱动力反映着人格对人的生活活动具有适应性的品质。

5. 自然性与社会性的综合

人格蕴含着人的自然属性和社会文化价值两方面。人格是在个体生活过程中形成的，它在极大程度上受社会文化、教育教养内容和方式的塑造，然而它以个体的神经解剖生理特点为基础。

由于翻译上的原因和中文的习惯，人们也常用“个性”一词代替人格，它们在概念含义上是一样的。不过，在日常生活中，使用“个性”一词常常更强调个体的独特性。而对“人格”一词，日常又往往这样使用如“某人人格太差”。这样的使用把人格完全归结为道德范畴，就违背了其科学含义。人格概念注重人的独特性，但是，这并不意味着人格心理学家们不关心普遍性规律。实际上，心理学家们相信：存在着一定的共同规律，它们可适用于所有人类个体；揭示人的共性与说明人之间的差异（即人的特殊性），以及通过揭示人的个别性来得到共同规律，同样重要。因此，人格心理学家肩负着双重任务：既要解释人的行为的共性，又要解释人之间的个体差异。前者是一般规律研究，后者是个体化研究。实际上，二者是密切联系着的，共性从个性而来；个性中体现着共性。

需要说明的是，许多心理学家在概念上把人格规定为人惯常表现出的具有一贯性、稳定性的行为模式或心理特性。也就是说，人格具有跨时间、空间（情境）的一致性。由于这种一致性，我们才能识别出每一个人，把他同别人区别开来。这种在不同其他人之中寻求一致性的认识倾向，是人知觉恒常性的一种扩展形态，前者针对人，后者针对客观事物，但都是人的认识的一种特点：寻求规律，从而使世界看起来更有序、更容易预测，使我们的认识更为简捷、经济。然而，就像人们的知觉恒常性并不总是百分之百地可靠一样，我们关于人格一致性的看法，也会有其片面性，而并非总是可靠。

第二节 人格的形成和发展

众所周知，一个人的思维能力是在他的一生中通过学习讨论和解决问题时所取得的经验的基础上逐步发展的。人格也是这样，它是个人参与各种社会交互活动，通过同别人的接触，把这些社会交互作用时取得的经验加以内化所形成的。

一、机体的状况

一个人的身高、体重和外貌以及后天造成一些缺陷等，对他的人格会产生某些影响。符合社会所赞许的体格标准的人往往具有较好的社会反应，反之则可能会产生较多的个人问题。这是因为机体的状况中有些因素有助于社会上所认可的那些技能的发展，而有些因素则有碍于这些技能的施展。有些身体特征符合或不符合当时当地的社会文化价值观念，往往会对一个人的自我敏感性产生重大的影响。有的人逐渐养成了骄矜自恃的习性，有的人则产生自愧不如人的自我感觉。但应该指出的是，一个人的人格物质并不直接来自机体的因素。人的本性不是抽象的自然性和生物性，而是人类历史中形成的社会性。人的生物性（包括遗传的各种特点）并不能直接决定人的心理特点，人的人格物质，只有在社会关系中才能决定。先天跛足的人不一定产生自卑的感觉，只有在遇到周围人的贬低和排斥时，才有可能形成自卑心理。个性，在其现实性上，必然是一定社会关系的总和。马克思主义的这一出发点是颠扑不破的，不可动摇的。

二、家庭和学校的影响

伦理道德观念和态度是人格的重要组成部分。家庭对儿童的道德面貌的影响是很大的。有人把儿童的公正观念与父母、教师和同伴的加以比较，结果发现，父母与其子女的观念之间的相关要比同其他人的相关高得多，而母亲与其子女的道德信念之间的关系比父亲与其子女之间的更为接近。但是，父母与其子女之间的相似性随着年龄的增长而递减。这意味着，儿童成长后，他的信念和态度受他家庭以外的群体以及正规教育等社会因素的影响更多了。

儿童进入学校后，影响他的人格发展的因素就更广泛了。学校中最重要的一个影响因素就是集体态度和集体情感，即人们常说的“班风”或“校风”。很多人认为，一个人读些什么书对他的性格和人格的发展有重要影响。

作家相信文学名著的影响价值，艺术家看重音乐、绘画名作的感染力量，那些宗教教徒们则强调阅读教义经典著作的重要意义。事实上，要确定阅读某种材料对一个人性格和人格的某个方面的影响是很困难的。一般说来，文学作品、电影、电视等传播媒介以及其他艺术形式对一个人人格发展的影响，主要是通过强烈的情感发挥作用的。因此，有人曾认为，患偷盗癖的人，他们的偷盗行为是与满足感相联结着的，如果使之与烦恼感相联结，就可成功地治好这种癖性。但若要解决一个比这要复杂得多的问题，这种做法就太简单了。

三、社会学习和社会规范的内化

一个人的人格特征不是自发产生的，而是习得的结果。一般说来，同获得知识和技能的原理并无多大区别。一个人的道德标准和价值系统，部分是在教育过程中学会，但更多的是在不知不觉中偶然习得的。这实质上是一种社会学习。特殊文化中的道德信念和价值观念一旦被人在潜移默化中所吸收，它们就被逐步内化，组合成为“自我”，构成人格的一个部分。个体对自己人格核心部分的防卫尤为严密，不到万不得已是决不会轻易泄露其隐私的。

个体的信念和态度经过高度抽象化和概括化，就形成了他想使自己成为具有一定道德面貌的人的道德理想，这些理想又会升华为观念上的道德命令。当一个人的行动背离社会道德标准时，他便会受到“良心的谴责”。道德信念和价值系统内化为“良心”是一个缓慢的历程，即使成年人也往往只是部分地完成了这种过程。

四、人格的稳定性与人格差异

在不同时间和不同情境中个体的人格特征在多大程度上能保持一致性？也就是说，人的人格有多大程度的稳定性呢？一个关于性格和人体稳定性的典型研究作出了解答。这项研究最初由哈维赫斯特和泰伯于1949年进行。在《青少年的性格和人格》一书中，他们指出，要评价一个人的道德声誉，由和这个人长期接触的非专业心理学工作者来作，比由不了解他的专业心理学人员来作更切合实际。因此，他们采用“声誉评定法”进行研究。这一研究的范围相当可观，美国伊利诺斯州普莱利城全城10～16岁的少年都是他们的研究对象。

哈维赫斯特和泰伯把一个人的道德声誉分解为诚实、负责、义勇、忠诚和友谊等五项主要指标，由被研究的青少年的教师、家长、邻居和同伴广泛地进行评定，获得了大量的个案材料。他们在研究中发现，性格和人格上的不一致和前后矛盾是所有被试都具有的特征，但他们又认为，在青少年的成熟过程中仍然可以找到行为上的一贯的模式。他们把青少年的性格分为五种类型：能够自我管理的人；能够适应环境和周围人的人；顺从的人；违抗的人；不能适应的人。

20世纪50年代末和60年代初，佩克和哈维赫斯特参考了哈维赫斯特和泰伯的研究材料和结果，用观察、记录、调查等方法，对十年前曾经研究过的对象进行追踪研究，以考察其一贯的道德态度和作风。他们把研究的重点放在探索青少年人格发展的持久性和预见性上。在对大量材料进行分析后，他们认为，在性格研究中采用经验性的描述和总结方法并非完全不恰当，而取样的连续性有助于获得儿童性格发展的全貌，并且可以作出某些预见。

佩克和哈维赫斯特在他们的《性格发展心理学》一书中的结论是：人的性格结构具有相对的稳定性，就是说，一个人外表的举止行为变了，一个人性格的基本结构却是不变的。人的性格发展中有动和静两种因素，性格发展的各个连续阶段就是动的因素，性格类型始终保持相对稳定就是静的因素。这两种因素是相互依存的。在任何一种道德行为中，两者都是固有的。每个人的人格都有其稳定性的一面，这是在同一文化环境下各个体之间的共同特性。我们所说的人格差异，指的是各个人所具有的这种共同特性上的不同质量。这方面的差异可以从人格的类型上去作分析，也可以从人格的特质上去作分析。因此我们可以说，一个人的人格问题，同智力一样，也是一个个别差异问题。

第三节　爱国是人格的灵魂

柏拉图说："人不仅为自己而生，而且也为祖国活着。"是的，"我的祖国"这几个字，曾唤起过多少人的激情啊！祖国是每个人的母亲，祖国是每个人幸福的根基，离开了祖国，就像苗木离开了土地，终究会枯萎的。捷克的民族英雄伏契克，一生爱写作，希特勒的军队占领捷克后，德国法西斯要任命他当纳粹报纸《塞斯基·德尔尼克》的主编，他断然拒绝了。著名作曲家肖邦是波兰人。他死在国外，却让朋友把从祖国带去的一银杯泥土撒在棺材上，临死前一再嘱咐朋友要将他的心脏送到华沙。在我国，古往今来，更流传着无数爱国者的故事。伟大的爱国诗人屈原，一生坎坷，命运多舛，但爱国的情怀始终不渝。虽然他几次遭流放，但"九死其犹未悔"，一旦有为祖国效力的机会，仍赴汤蹈火，在所不辞。当秦军攻破楚国的首都郢时，他悲愤地投汨罗江而死。南宋伟大的民族英雄岳飞，从小受母亲的教诲，背刺"精忠报国"，以收复失地为己任，念念不忘的是："靖康耻，犹未雪，臣子恨，何时灭？"现代文学的奠基人鲁迅，矢志报国，在诗中明白宣示："我以我血荐轩辕。"他在文章里深刻地揭露国民党政治的腐败、黑暗，然而当日本友人问他，是不是"讨厌出生在中国"时，他坚定地说："不，我认为比起任何别的国家来，还是生在中国好。"强烈的爱国热情像熊熊的大火一般鲜明、炽烈。爱国之士，历来受到人们的称颂；与此相反，卖国求荣者，历来受到人们的唾弃，从秦桧、洪承畴到汪精卫，都永远被钉在了历史的耻辱柱上，便很好地说明了这一点。

19世纪末20世纪初，中华民族经历了前所未有的奇耻大辱。由于清朝统治者的腐败无能，中国一步步落后于世界潮流。落后就要挨打，中国成了帝国主义垂涎三尺的一块肥肉。帝国主义用坚船利炮敲开中国的大门，在中国的土地上横行霸道，中华民族成了任人宰割的羔羊，中国面临着被列强瓜分的危险。家贫出孝子，危难见忠臣。面对中华民族的深重灾难，近百年来，一代又一代有血性的中国人，殚精竭虑，进行了艰苦卓绝的斗争。“苟利国家生死以，岂因祸福避趋之”的林则徐站出来了，他决意用自己销毁鸦片的壮举，给帝国主义一个教训；“斗室苍茫吾独立，万家酣梦几人醒”的黄遵宪站出来了，扛起了“诗界革命”的维新大旗；“我自横刀向天笑，去留肝胆两昆仑”的谭嗣同站出来了，他要用他殷红的血惊醒东方睡狮；“道德为群伦师表，不淫不屈不挠”的伟大的民主革命先行者孙中山站出来了，他历尽千辛万苦，要“驱逐鞑虏，恢复中华”，结束统治中国几千年的封建帝制；“铁肩担道义，妙手著文章”的共产党人李大钊站出来了，他欢呼《庶民的胜利》，为劳苦大众的解放，自己甘愿上绞架……一大批仁人志士站出来了，他们站成了一片森林，他们用血肉之躯筑起了一道不可逾越的长城。他们战胜一切敌人，决不被敌人所屈服的英雄气概，谱写了一曲中华民族历史上的壮歌。

俗话说：儿不嫌母丑，狗不嫌家贫。对于世世代代繁衍生息的祖国，她的忠诚的儿女们一往情深。不管去到天涯海角，也是心系故国。著名数学家华罗庚，曾在美国伊利诺大学当教授，每年收入一万多美元。住房宽敞，卧室四间，浴室两个，还有一个很大的客厅。学校给他配备了四个助手，一个打字员。当新中国成立后，他却毅然地放弃了这一切。美国朋友挽留他，他婉言谢绝了。他说：“为了探求真理，我应当回去；为了国家民族，我应当回去；为了为人民服务，我应当回去；就是为了个人出路，也应当早日回去，建立我们工作的基础，为我们伟大祖国的建设和发展而奋斗。”华罗庚回到了祖国的怀抱，这里没有美国那样豪华的住宅，没有美国那样优越的工作间，但华罗庚处之泰然。他顽强地进行应用数学的研究，今天在城市，明天在山区，今天在工厂，明天又去农村，风尘仆仆，足迹遍及全国二十几个省、市、自治区，用数学解决了大量的生产中的实际问题，为祖国的建设贡献了自己的智慧，被称为“人民的数学家”。像华罗庚这样从欧美辗转回国的学界精英有一大批，他们的拳拳报国之情，为百废待兴的祖国描绘宏伟的建设蓝图之志，天人共鉴。

“天下兴亡，匹夫有责。”这是每一个中华民族优秀子孙的共同信念。

第四节　伟大志向是人格的基础

人，是有思想的动物。人的行动往往是为一定的目的服务的。人之进退，唯问其志。所以立什么样的志，对于一个人以后人生道路的影响是不可估量的。南朝刘义庆在《世说新语·自新》中说："人患志之不立，亦何患令名之不彰邪。"

那些有所成就的人，无不与他们在少小时期就立下大志有关。爱国将领、民主人士张治中，在他的《六十岁总结》中曾谈到自己青年时期立志的一段经历："从科举停止打断了由书本里求取功名的念头以后，于是开始了流浪生活，因而从报章上、从新书里，开始知道了世界的大势和中国的危机。譬如这时看到梁启超的《饮冰室文集》，看到了他的维新言论和他与革命派的政见论战，不禁由忧国的心意发展为爱国的观念，由爱国的观念发展为英雄的思想。进了军校以后，更喜读中外英雄传记，更喜论国家大事，更喜谈个人志趣和抱负。常常羡慕胡服骑射的赵武灵王，远征西域的班超、张骞。乃至读历史到秦王出巡，刘邦说'大丈夫固当如是也'，项羽说'彼可取而代也'，就觉得具有同感。其他如意大利建国三杰的加富尔、玛志尼、加里波的，统一德国的铁血宰相俾斯麦，俄国的彼得大帝，美国的华盛顿，法国的拿破仑，皆是我所景仰的伟大人物。"张治中将军一生征南战北，参加东征、北伐战争、一·二八淞沪战役、八·一三上海抗战，直到1949年作为国民党谈判代表团首席代表赴北京谈判后留北京，成为全国人大副委员长，这与他从小树立雄心大志是很有关系的。

正义的事业能够产生坚定的信念和巨大的力量。要想取得成功，就得顺应潮流。在俄罗斯历史上，赫尔岑属于影响了一个时代的巨人。他的思想和血性直接来源于十二月党人。沙皇当局绞死十二月党人5个领袖时，赫尔岑只是个十几岁的少年，可他像当时最有良知的知识分子一样，感到了深切的耻辱、仇恨和痛苦。执行死刑后，当局在莫斯科克里姆林宫举行了一次盛大的祈祷式，以示庆祝。30年后，赫尔岑写道："我参加了祷告式，我当时只有14岁，隐没在人丛中，就在那里，在那个被血淋淋的仪式玷污了的圣坛前面，我发誓要替那些被处死刑的人报仇，要跟这个皇位、跟这个圣坛、跟这些大炮战斗到底。”当他郑重地向他的老师倾诉了他的感情和决心之后，那位平时总是训斥赫尔岑“不会有什么出息”的老师禁不住说：“我的确以为您不会有出息，不过您那高尚的感情会挽救您。但愿这些感情在您身上成熟并且巩固下来。”这位不苟言笑的老师还以激动的拥抱，将他的革命热情和自由主义信念传导给这位14岁的贵族少年。赫尔岑后来终于成为一代巨人，同他从小立下的伟大志向有关，同当时险恶的社会环境有关，同他关心同情人民的感情有关，他是由人民培养出来的。

斯大林有句名言：“伟大的精力只是为了伟大的目的而产生的。”任何成功都是在竭尽全力之后取得的。一个人在为自己的事业奋斗时，要像狮子那样勇猛。那些具有远大抱负的人，一旦确定了自己奋斗的目标，常常奋不顾身，矢志不移。海伦·凯勒便是这样。马克·吐温曾说过，19世纪出了两个了不起的人物，一个是拿破仑，一个是海伦·凯勒。海伦是美国著名的聋盲女作家、教育家。她出生后19个月，便患上了一场猩红热，重病夺去了她的听力和视力，使她变得又聋又盲，同时嘴巴也发不出声了。看来这么一个五官三废的一岁半的幼儿一辈子也没有什么希望了。但是后来由于她顽强不屈、刻苦奋斗，再加上老师的指导，她不但奇迹般地学会了读书和说话，而且知识渊博，她学懂的文字就有英、法、德、拉丁、希腊5种之多，出版了14部著作。从24岁大学毕业后到她逝世这60多年的时间，她跑遍美国各地，周游世界各国，全心全意为聋哑人的教育和福利事业贡献一生，曾受到许多国家的政府和高等院校的赞扬和嘉奖。1959年联合国发起“海伦·凯勒”世界运动。可以想象，一个自幼五官三废，世界对于她来说是一片黑暗和寂静的人，要学会读书、说话、写字，最后成为著名作家和学者，要克服多么大的困难啊！然而，一个个看来不可逾越的困难，都被海伦的宏大志向征服了。正如她自己说的：“我碰到了不可胜数的障碍，跌倒了，然而我一次次坚强地爬起来，迈步上去……一次次奋斗的结果都是一个胜利，而沿着这胜利连接起来的云梯，我就一定能达到那光辉的云端，碧天的深处——我希望的绝顶。”海伦用自己的人生道路证明了一个简单的道理：伟大的生活目标不是知识，而是行动。

常言说：母鸡的理想是一把米糠，雄鹰的理想是在蓝天翱翔。有的人，先天下之忧而忧，后天下之乐而乐，心里装的是人民大众；有的人目光短浅，斤斤计较个人得失，是以我为核心画圆的。俗话说：猪圈难养千里马，花盆难栽万年松。我们作为跨世纪的一代青年，要把进取当成人生要务，吹响震天的号角和横笛，轰轰烈烈的一小时，抵得上默默无闻的一辈子。学“鸿鹄高飞，一举千里”，为中华之崛起而奋斗。

第五节　廉洁是人格的升华

从来没有哪一个真正的伟人，不是真正有德行的人。而廉洁奉公，又是德行中之大者。古人云：“利”之一字，是学问人品的一块试金石。

在我国历史上，许多有操守的知识分子，洁身自好，淡泊名利，“以不贪为宝”。东汉时的羊续，就是这样一位施政清平、为官清廉俭朴的人。据《后汉书·羊续传》卷六一记载，羊续曾官居南阳太守，完全有条件使自己先富起来，可他却连自己的老婆孩子都养不了，其清正廉洁的品质不能不使人赞叹。“冰雪林中著此身，不同桃李混芳尘”“不受尘埃半点侵，竹篱茅舍自甘心”，都是他们胸怀的写照。有的人可能以为这是他们没有碰到合适的机会，若有方便条件时，未必就真能做到不动心。其实，这是不理解他们。我们再来看一看张堪的例子。张堪是南阳宛（今河南南阳）人，为南阳大姓。光武帝刘秀未起兵时，对张堪的节操就甚为佩服。后由来歙推荐，召拜为郎中，再拜蜀郡太守。当时光武帝派吴汉征公孙述，因粮草不足欲退兵，张堪力谏止之。平公孙述后，张堪先入城，检阅府库，收其珍宝，悉条例上报，秋毫无私。《后汉书·张堪传》卷六一是这样写的：皇帝曾召见各郡负责财政的官吏，向他们询问风土人情及前后任职的守令有没有能力。蜀郡计掾樊显进奏说：“渔阳太守张堪先前在蜀地，广施仁政，官民深得恩惠；威令严明，奸邪多被惩治。先前公孙述被消灭时，珍宝堆积得像山一样，他掌握的财物，足可使十代成为巨富，但张堪离去时，只乘了一辆车辕折坏的车子，带些布口袋而已。”皇帝听说，叹息了很久。张堪的行为真算得上常言说的，“身入宝山，空手而归”。这种“空手”实在难能可贵。

当官的清廉与否，在他们操办红白大事时，常能看得清清楚楚。那些阿谀逢迎之徒，常借机大献殷勤，贪官也把它视为捞钱的天赐良机。鲁迅就曾讽刺过一位官员的太太属鼠，过生日属下送金鼠的事。而那些有情操的人，对此却非常慎重，坚持从简办理。晋代的吴隐之任广州刺史，上任途中酌饮贪泉之水，并赋诗表达自己的清白之志。在广州时每日只以蔬菜、干鱼为食。从广州返京都时，一无所带。到京后，拒绝接受执政者为他建造的住宅，居住在茅屋小宅之中。他对于女儿的婚事操办，更是特意的简单。《晋书》卷九〇是这样记载的："初，隐之为奉朝请，谢石请为卫将军主簿。隐之将嫁女，石知其贫素，遣女必当率薄，乃令移厨账助其经营。使者至，方见婢牵犬卖之，此外萧然无办。后至自番禺，其妻刘氏赍沉香一斤，隐之见之，遂投于湖亭之水。"吴隐之的行为，清楚地印证了这样一句话，叫"臣门如市，臣心如水"。

不光"好官必不爱钱"，就是从事科学研究，也需要一种淡泊名利的献身精神，才能抵御各种物质生活的诱惑，才能一心扑在事业上，从而有所作为。法国博物学家拉马克一直过着衣仅能蔽体，食勉强果腹的生活。晚年贫病交加，屋内只有一把直背椅，临窗一张桌，穷得丁当响，老鼠都搬了家，但他奋斗一生，意志坚强，在科学上作出了令人瞩目的贡献。他最早提出生物进化学说，被称为"拉马克主义"。他提出环境对生物进化有直接影响，生物器官用进废退和获得性遗传的理论，还留下《动物学哲学》《法国植物学》《无脊椎动物系统》等著作。这些有远见卓识的人，抱定了信念，不达目的誓不罢休。正像黄庭坚《戏呈孔毅父》所宣示的："管城子无食肉相，孔方兄有绝交书。"

这种廉洁奉公的美德，在中国共产党人身上，得到了充分的发扬。周恩来便是一个光辉的代表。他从青年时代起，投身革命，一生戎马倥偬，为新中国的诞生建立了不朽的功勋；新中国后作为总理，日理万机，被誉为中国革命和建设的"总工程师"。但他不谋私利，光明磊落，赢得了人民的普遍尊敬。据报载：1976 年周恩来总理不幸逝世，联合国设在纽约的总部下半旗志哀，这是自 1945 年联合国成立以来开天辟地第一次。于是，许多国家的外交官有些愤愤不平了：昔日我们国家的元首去世，联合国的大旗依然高高飘扬，而周恩来只是中国的政府总理，凭什么享受这种殊荣？他们聚集联合国总部，要求给个"说法"。当时的联合国秘书长瓦尔德海姆在联合国总部大厦前的台阶上发表了仅一分钟的演说。演说虽简短，却如重磅炸弹，震得来讨"说法"的外交官哑口无言。瓦尔德海姆的演说词如下："为了悼念周恩来，联合国下半旗，这是我的决定。原因有二：第一，中国是个文明古国，她的金银财宝多得不计其数，她使用的人民币多得让我们数不过来，可是，她的总理周恩来却没有一分钱存款！第二，中国有将近10亿人口，占全世界人口的1/4，可她的总理周恩来没有一个孩子。你们任何国家的元首和首脑，如能做到其中任何一条，在他逝世之日，总部照样为他下半旗，完了！”

与廉洁相反，贪婪是万恶之源。它占有得越多，胃口也就越大。它永远张着大口在寻找金子，直到坠入深渊。宋朝的朱勉就是这样一位贪得无厌的人。朱勉是宋苏州（今属江苏）人，因父亲朱冲谄事蔡京、童贯，父子均得官。当时宋徽宗垂意于奇花异石，朱勉奉迎上意，搜求浙中珍奇花石进献，并逐年增加。政和年间，在苏州设置应奉局，靡费官钱，百计求索，勒取花石，用船从淮河、汴河运入京城，号称“花石纲”。朱勉在竭力奉迎皇帝的同时，又千方百计，巧取豪夺，广蓄私产，生活糜烂。他权势煊赫，谄事之人立即得官，不附己者统统罢去，州郡官吏奔走听命，奴事朱勉，当时号称“东南小朝廷”。方腊起义时，即以诛杀朱勉为号召。钦宗即位，将他削官放归田里，以后又流放到循州（今广东龙川）关押，复遣使将他斩首处死。

第六节　刚勇是人格的外在魅力

刚勇，是一种正气。虽然刚正不阿，容易得罪人，但是“胸中千古蟠钟阜，一死鸿毛断不移”，人又其奈我何？刚勇的人，绝非看风转向之徒，并不研究“关系学”，在他那里，凡事只要看其理如何，不要看其人是谁。不以宝贵妨其道，不以隐约易其心。确乎不拔，浩然自守。在他那里，君虽尊，以白为黑，臣不能听；父虽亲，以黑为白，子不能从。对于他们的行为，奥楚蔑罗夫之类的“变色龙”们，常大惑不解，骂为不通世故。可是他们自己却乐此不疲。正是这些刚勇的人，为社会扬起了一面正义之旗，让人们看到了曙色，撑起了民族的脊梁。

刚勇的人，常常视节操如生命，宁为玉碎，不为瓦全。春秋时晋国的史官董狐，被孔子称为古之良史，就因为他直书不讳。唐朝的吴兢也是这样一位刚勇的人。吴兢撰写《武后实录》，其中记写有张昌宗劝说张说诬证魏元忠事，后来张说做了丞相，乞求吴兢能予以修改。吴兢说：“徇公之情，何名实录？”最后也并不修改。我们可以看出，秉笔直书，并不容易，是要有点胆量才行。“在齐太史简，在晋董狐笔。”人们对于刚正的良史，总是念念不忘。

要做到刚勇，就要能做到“守法持正，嶷如秋山”，敢和权贵周旋。正所谓“仁者之勇，雷霆不移”。东汉的洛阳令董宣，就是一位敢“碰硬”的主。光武帝刘秀的姐姐湖阳公主地位显赫，谁见都怕三分。她的奴仆白日杀人，逃匿公主家，吏不能捕。董宣便在公主出门的半道上等候，拦住去路，当面斥责公主，并捕杀那奴仆。湖阳公主大怒，回去向刘秀告御状，刘秀强使董宣给湖阳公主叩头谢罪，董宣两手据地，终不低头，被刘秀称为“强项令”。从此以后，京师豪强震悚，号为“卧虎”。敢于犯颜直谏，也是刚勇之臣的突出特点。唐朝的魏征就是以此闻名于世的。魏征并不是唐太宗的亲信，开始时唐太宗对他还存有戒心。但由于魏征有胆有识，敢于直言唐太宗的过错，匡正他政策上的失误，而不计较个人的安危，所以逐步取得了唐太宗的信任。唐太宗虽然欢迎谏诤，但到具体的事情上，魏征反对他的意见时，并不一定总是愉快地接受。唐朝规定 18 岁的男子开始服兵役，为了多征兵，有一次唐太宗决定 16 岁以上的健壮男子也都要征兵入伍。当时皇帝的命令要大臣会签后才能生效，魏征认为这个做法违反了唐的制度，几次都拒绝签字。唐太宗很生气，当面责问魏征为什么不签字，魏征回答说：“竭泽而渔，并不是得不到鱼，而是明年就捕不到鱼了。焚林猎兽，并不是捉不到兽，而是明年就无兽可捉了。兵不在多，而在于精，何必为了充数，而把不够年龄的人也拉来当兵呢？”几经争论，最后唐太宗才取消了这个命令。当然，碰上像唐太宗这样能够纳谏的人，还算是福气；如果撞上的是一位昏庸的皇帝，或者是刚愎自用、不容许任何人违抗他的意志的皇帝，那么，要做到刚勇就需要以生命为代价。明代被鲁迅称为有“台州式硬气”的方孝孺，便为刚直付出了生命的代价。史载“孝孺学术醇正，而文章乃纵横豪放，颇出入于东坡、龙川之间”。他誓死拒绝为夺取帝位的明成祖朱棣草拟登基诏书，终遭磔杀。受株连的所谓“十族”达 873 人，被监禁流放的数以千计，其惨烈举国震惊。

知识分子更是以守正不阿为荣，特别看重骨气，越是在危难之时，越显出“不曲道以媚时，不诡行以徼名”的君子风度。在近代，朱自清宁愿饿死，也不吃美国救济粮，表现出中华民族富贵不能淫、贫贱不能移、威武不能屈的英雄气概。毛泽东同志曾在《别了，司徒雷登》中提出要写

“朱自清颂”。“大雪压青松，青松挺且直。要知松高洁，待到雪化时。”陈毅同志的诗，是千千万万刚勇之士形象的化身。

“天地英雄气，千秋尚凛然。”中华民族的刚勇之气代有传人，这正是她傲然屹立于世界民族之林的一个原因。

第七节　良心是人格的立足之本

“上帝在每个人心中安了一盏明灯，这盏明灯就是良心。”良心是灵魂的声音，是一个人最后的道德防线。它所保障的是作为一个人而不至于沦为禽兽的最低标准。当人类进化到身上没有茸毛、臀部没有尾巴的时候，良心就产生了。良心是人在履行对他人和社会的义务的过程中，所形成的道德责任感和自我评价能力，是一个人的道德自我意识的表现，它是人内心深处的一种强烈的情感，是一种发自“肺腑”的精神力量。在人的道德选择中，良心作为个体行为隐蔽的调节器，始终参与并支配人们的行为选择，它规定着行为选择的方向，检查行为的动机，纠正不道德行为的结果，从而避免不道德行为的选择。良心感是一种综合感情，它包括同情感、羞耻感和责任感等。道德良心是道德规范自律性的最集中的表现。

夏伟东在《道德本质论》中曾考察过历史上各个时期关于良心的论述。在中国，最早提出良心范畴的孟子，把良心看成一种“仁义之心”，即“不忍之心”。这种不忍之仁义之心，也就是孟子所说的“恻隐”“羞恶”“辞让”“是非”四心，是“天之所予我者”。孟子论述人皆有这种“不忍之心”的最有名的文字，是“乍见孺子将入于井，皆有怵惕恻隐之心”。在孟子看来，无此恻隐之心，将不复为人，此恻隐之心就是最高的道德规范“仁”的发祥地。宋代以后，以程、朱为代表的理学家们从“天理良心”方面发挥了良心的本质。陆九渊更是直接继承了孟子的良知良能思想，强调人的“本心”的重要性。他从“心即理”的原则出发，认为良心就是“天理”，认为“义理之在人心，实天之所与，而不可泯灭者也”。

在西方，奥古斯丁把人的良心说成是神谕，人的良心发现、良心忏悔，都是人对上帝的诚服。因此，奥古斯丁的一部《忏悔录》，全是他这种良心本质的真诚的袒露。亚当·斯密、沙甫慈伯里等人，把人的良心视为某种先天的道德情感，这颇像孟子的“不忍之心”的理论。萨特则把人的良心说成是个人心灵中抗拒社会性道德规范的唯一一块“绿洲”。从伦理史上各家对良心所做的规定来看，黑格尔对良心所做的规定，比较深刻地揭示了良心的本质。他在谈到良心的崇高地位时指出：“人们可以用高尚的论调谈论义务，而且这种谈话是激励人心、开拓胸襟的，但是如果谈不出什么规定来，结果必致令人生厌。”“与此相反，良心是自己同自己相处的这种最深奥的内部孤独，在其中一切外在的东西和限制都消失了，它彻头彻尾地隐遁在自身之中。人作为良心，已不再受特殊性的目的的束缚，所以这是更高的观点，是首次达到这种意识、这种在自身中深入的近代世界的观点。”

前苏联教育家苏霍姆林斯基在《青少年心灵美的培养》中说，一个人生活在社会上，从幼年起就要学会这样生活：当你为人民做了好事，你就感到舒畅、愉快；当你做了什么应当受到谴责的坏事，你就感到难受。只有在有良心和羞耻心的良好基础上，人的心灵中才会产生良知。良心，这就是无数次发展为体验、感受的知识，正是在它的影响下，必然会派生出羞耻心、责任心和事业心。你独自一人时，应当使个人的活动受到最忠诚、要求最严格的人们的思维方式的制约。这种内部活动越细致、越积极，你的羞耻感和良心便会发展到越高级的阶段。你要为心灵的空虚而感到羞愧。如果你心目中没有神圣的东西，没有自己不可变更、不容争议的真理、法则和原则，那你就更要感到羞愧，也要为意志薄弱、无原则性、“没有骨气”而感到羞耻。假如你感到在你身上有一种卑鄙龌龊的、咬噬心灵的东西蠢蠢而动，而你却认为“这不干我的事”，那你就要为此而羞得面红耳赤。不仅要为赤裸裸的卑劣，而且要为人们可能认为你是卑鄙的人而感到羞愧。还要为不负责任和轻率态度而感到羞愧，为自己轻佻的感情和眷恋心而感到无地自容。在自己的感情方面，一定要善于成为一个忠贞不渝的人。

那些有所作为的政治家，大都关心人民的疾苦。春秋时齐相晏婴便是这样一位富于同情心的人。据《晏子春秋》载：晏子从鲁国出使回来，眼见哀鸿遍野，耳闻百姓啼饥号寒，了解到这是因齐景公征调了大量劳力去建筑高台，给人民带来了深重的苦难。为此，晏子愁容满面。景公传令摆酒设宴，为晏子接风，当觥筹交错之时，晏子站起身来，对景公行了礼，说：“您若允许的话，我来唱支歌。”“好啊，唱吧。”景公点点头。“我唱的是一首民歌，”晏子说着，就唱了起来，“风凄怆，水冰凉，严寒彻骨怎可当！役夫苦，公事忙，人人心酸哭断肠。”晏子唱罢，黯然神伤，长叹一声，眼泪扑簌簌地掉了下来。景公见状，心中已有几分愧疚，忙劝说道：“先生怎么如此动情呢？大概是为了建筑高台的民夫吧？好吧，我这就下令停工。”

那些杰出的人物往往都具有一颗善良的心。雨果在《悼念乔治·桑》中说：“当法兰西遭到人们的凌辱时，完全需要有人挺身而出，为她争光载誉。乔治·桑永远是本世纪的光荣，永远是我们法兰西的骄傲。这位荣誉等身的女性是完美无缺的。她像巴贝斯一样有着一颗伟大的心；她像巴尔扎克一样有着伟大的精神；她像拉马丁一样有着伟大的灵魂。在她身上不乏诗才。在加里波第曾创造过奇迹的时代里，乔治·桑留下了无数杰作佳品。”“列举她的杰作显然是毫无必要的。重复大众的记忆又有何益？她的那些杰作的伟力概括起来就是‘善良’二字。”

那些具有道德的人，做了不该做的事，即使可以搪塞别人，也常常受到自己良心的拷问。许纪霖在《智者的尊严》中，曾描述过被迫为袁世凯称帝闹剧写文章张过势的黄远生，为此受良心谴责的情形。黄远生在《忏悔录》中是这样描述的：“方其梏置之初，犹若槛兽羁禽，腾跳奔兀，必欲冲出藩篱，复其故所，归其自由。耗矣哀哉，牢笼之力大，抵抗之力小，百端冲突，皆属无效。梏置既久，遂亦安之。此所谓安，非真能安。盲不忘视，跛不忘履，则时时从狱隙之中，稍翼须臾，窥见天光，惨哉天乎，不窥则已，一窥则动见吾身种种所为，皆不可耐，恨不能宰割之，棒逐之。综之，恨不能即死，质言之，即不堪其良心苛责而已。”“夫人生之最惨，莫惨于良心之所不欲尽言者，而以他故不能不言，良心之所急于倾吐者，而乃不得尽言，而身死或族灭乃次之。”中国的士大夫是重生、爱国的，然而良心的被压抑竟被视作比“身死或族灭”更为残酷，足见那是何等深沉哀痛。

良心的法庭永远不会休庭。问心无愧是一张最舒适的床铺，在上面可一觉睡到天亮。青年人要努力让你心中的那朵被称为“良心”的火花永不熄灭。

第八节　修身是人格的内在魅力

富润屋，德润身。穷巷陋室，有德之士居之，可以使蓬荜增辉。修身养性，是一个人实现自身价值，达于人生高境界，树立良好形象的手段。

古代饱学之士，大都讲究韬光养晦，先练内功。仔细想来，确实很有道理。一个人无论做什么，都只有在自身有相当的修养的基础上，才有条件去做，也才可能做好。打铁先得本身硬嘛。要人家承认你是块金子，你必须首先是块金子才行。而自己要成为一块金子，必须得先经过一番沙里淘金的冶炼，必须先行修养，达到红心萝卜——内秀。所以孟子说：“天将降大任于斯人也，必先苦其心志，劳其筋骨，饿其体肤，空乏其身，行拂乱其所为，所以动心忍性，曾益其所不能。”这里讲的一是社会造就人才时其条件的苛刻，一是应对社会挑选时其自身修养的磨炼的艰难。

修身，包含的范围很广。有知识方面的学习，有品德方面的养成，有自我性格的磨炼，有处世艺术的积累，有日常生活良好习惯的形成，有紧急关头决策的能力等，换句话说，整个的生活无不包括在修身的范畴之内。

修养的本质如同人的性格，首先是个道德情操问题。壁立千仞，无欲则刚。冰壶玉尺，纤尘不污。非淡泊无以明志，非宁静无以致远。要做个有成就的科学家、艺术家，首先要做个有节操之人。我国著名画家潘天寿就是这样。“做一个艺术家，须要先做一堂堂之人。”这是法国著名雕塑艺术家罗丹所说的话。它常被潘天寿引用而且毕生身体力行。潘天寿也常引用柳公权“用笔在心，心正则笔正”的话，并阐述说：“心正者，人之思想道德品质也……艺术家思想正，志向大，胸襟宽，眼光远，则画品必高，成就必大。余谓笔正则画正，心正则笔正，人格方正，画品亦高。人品不高，画品必低劣。”认为凡是真心想搞艺术的，都离不开做人这个根本。又说：“名利之心，不应不死；学术之心，不应不活。因为名利亦就是私欲，丢弃名利之心，人的本性才能不受羁缚，才能在艺术中表现真情至性的美。”抗日战争时期的重庆，文人云集，国事动荡，空袭频繁，人心涣散。不少美术界人士追名逐利，举办个人画展，风靡一时。有人好心地劝潘天寿，认为以他这样举国闻名的大家，更应开开画展，卖些画，积点钱。可是潘天寿却说：“国难临头，钱有什么用啊！”甘愿节衣缩食，淡泊自守，吟咏他的“烽火连年涕泪多，十分残缺旧山河”，把感情沉浸在伤时忧国之中。直到 1945 年 9 月，日本无条件投降，才使他阴沉的心情为之一扫。为庆祝抗战胜利，于这年冬天，潘天寿特地在昆明举办了个人画展，颇得社会各界的好评。成大事者，着眼于未来，着眼于长远，着眼于大局，不为蝇头小利而损害自己的名声。即所谓“君子喻于义，小人喻于利”。

孔子曰："不能正其身，如正人何？"自我完善，严于律己，是修养的重要方面。彭德怀元帅，就是这样一个非常注意自身修养的人。他光明磊落，襟怀坦白；以身作则，一身正气。李锐在《学习彭德怀，做真正的人》一文中说："师哲同彭德怀接触多了之后，才深深感到：'彭总为人耿直，心直口快，坚持真理，一心为革命。他出身贫寒，没有念过多少书，但是才智过人，爱钻研问题，又爱学习，他常讲只要持之以恒，也可以水滴石穿。'在转战陕北时，师哲亲眼目睹彭老总同士兵共艰苦，彭有胃病，想为他改善生活，反而碰了大钉子。'司令员生活简朴，旅长、师长们自然也不敢特殊化。彭总吃大灶，和战士们吃的完全一样''我才真正体会到什么是无声的命令'。"

人非圣贤，孰能无过，唯以改过为能，不以无过为贵。不怕犯错误，关键是如何对待错误。《论语·子张》中说："君子之过也，如日月之食焉。过也，人皆见之；更也，人皆仰之。"陈毅元帅，一生光明磊落，坦荡大度，是个勇于改过的人。1958 年，陈毅到外交部接任外交部长，当时部内正在搞反右倾运动，乔冠华是重点批判对象。陈老总在党组会上，曾经批判乔冠华是赵匡胤式的人物，"陈桥兵变，黄袍加身"。运动后期，乔冠华受了"党内严重警告"处分。乔冠华对章含之说："那一次也很厉害，鬼都不上门。有些人本来关系很近的，甚至是近亲，都不来看我们。"然而，大约一年之后，陈老总在实际工作中观察了解了乔冠华，认为当初对他批错了。于是，他找乔冠华谈心，坦率地对乔冠华说，当初他来外交部时认为这里知识分子成堆，乔冠华是其中的突出人物，桀骜不驯。老总说他听了部里反右倾运动汇报，就想一定要把乔冠华的傲气打下去。现在回想，这是错误的。希望乔冠华不要计较。乔冠华说一个老同志，政治局委员，能这样向下级坦诚地说整他整错了，这是何等的胸怀和气魄！从此他们成为工作中默契配合的上下级，生活中无话不谈的挚友。源洁则流清，形端则影直。事实正是这样，同人相处，讲究的是以诚相待，以心换心。正如明代学者徐桢稷所言："身不正，不足以服；言不诚，不足以动。"而要做到这一点，必须具有勇于批评和自我批评的气度。如何对待自己的错误，也是判断一个人修养的试金石。有的人是对人严，对己宽，马列主义手电筒，只照人家，不照自己。说起别人的错，头头是道；轮到自己时，则文过饰非。或者是气量狭小，一贯正确，只听恭维话，所谓"闻誉我而喜，闻毁我而怒”，便是这类人的画像。能做到像陈毅那样知错就改，确实是修养的高境界。

1998年夏，南自珠江，北至黑龙江、嫩江、松花江，大半个中国忽然间受到洪水的严重威胁。虽然多数人还不懂水位以什么为基准，但那不时变动的数字牵动着亿万人的心：迷彩服和橘红的救生衣成了最引人注目的时装。中国人深层的群体性被水激发了出来，见义勇为，舍己救人，先人后己，公而忘私等中华民族的传统美德，得到了空前的发扬；万众一心、众志成城，不怕困难、顽强拼搏，坚忍不拔、敢于胜利——伟大的抗洪精神熔铸成的冲不垮的血肉长堤，硬是使千里大坝坚如磐石，让咆哮奔腾不可一世的洪魔颓然东去。沧海横流，方显出英雄本色。史无前例的大洪水，让中国人毫无准备地渲染出中华民族民族精神的伟大；同洪魔进行的一场场殊死的较量，造就了一颗颗耀眼的新星：高建成、吴良珠、胡继成、王占成、李长志、杨晓飞、陈申桃、包石头、宋波、董光琳、罗典苏、马殿圣……一个英雄倒下去，千万个英雄站起来，这种慷慨赴难、视死如归的大无畏气概，天地为之动容，世人为之赞叹。这场洪水，史所罕见；抗洪军民在战胜这场特大洪涝灾害中所焕发的精神和力量，史所罕见；在这次斗争中，涌现如此众多、灿若群星的英雄模范人物，史所罕见。一个英雄辈出的民族，是伟大的生机勃勃的民族；一个伟大的崇尚英雄的民族，是前途灿烂、不可战胜的民族。世纪末演出的这出威武雄壮的活剧，勃发的光芒万丈的抗洪精神，展示的无坚不摧的人格凝聚力，让每一个炎黄子孙都感到自豪，也为21世纪中华民族在世界舞台上大展宏图举行了隆重的奠基礼，为我们在知识经济时代创造彪炳史册的业绩拉开了序幕。

鲁迅先生曾讲过这样的名言：从喷泉里出来的都是水，从血管里出来的都是血。弥尔顿也曾说过，要想写出不朽的诗篇，首先要使自己的一生成为一首不朽的诗篇。青少年朋友们，我们每个人度过的极为短暂的一天，都是两条巨川的汇合处，它源于太古，奔向遥远的未来。未来属于我们，让我们每个人都就此起步，走出一条无愧于伟大时代的人生之路吧。

第三章 每天都有好心情

情绪与人的自然性需要相联系，具有情景性、暂时性和明显的外部表现；情感与人的社会性需要相联系，具有稳定性、持久性，不一定有明显的外部表现。情感的产生伴随着情绪反应，而情绪的变化也受情感的控制。通常那种能满足人的某种需要的对象，会引起肯定的情绪体验，如满意、喜悦、愉快等；反之则引起否定的情绪体验，如不满意、忧愁、恐惧等。

第一节 情绪与情感的含义

我们都听说过“三国”时期“诸葛亮三气周瑜”的故事。周瑜的好胜心极强，处处想拔尖抢上。诸葛亮就充分利用了周瑜这一个性格特点，通过三件事戏弄周瑜，显示出我诸葛亮的才华在你周瑜之上。周瑜被气得三次吐血、昏厥过去，终成重症，去世前还悲叹道：“既生瑜何生亮。”

人由对于外界事物是否符合自己的需要而产生的态度体验称为情绪和情感。周瑜想在诸葛亮面前展示自己的才华，却屡屡受挫，气恨交加，就是一种态度体验。

一个人在生活中会有各种各样的需要，例如，对食物、衣服、劳动、交往的需要等等。以人自身的需要作为标准，大千世界存在的诸多事物可以分为三类：①可以满足人的需要或帮助人满足需要的事物；②与人的需要是否能得到满足无关的事物；③妨碍人满足自己需要的事物。人对以上三类事物的态度或体验是不一样的。一般来说，人对第一类事物抱肯定的态度，它们引起人积极的体验，如高兴、愉快、爱、尊敬；对于第二类事物，人抱无所谓的态度，此类事物不能引起人的什么体验；对第三类事物人们抱否定的态度，此类事物引起人消极的体验，如生气、愤怒、痛苦、忧虑、恐惧等等。所以情绪、情感的产生是以需要为中介的。

第二节 情绪、情感的联系和区别

情绪和情感是十分复杂的心理现象，它既是在有机体的种族发生的基础上产生的，又是人类社会历史发展的产物。西方心理学著作常常把无限纷繁的情绪和情感概称为感情。这样，感情的概念就包括了心理学中使用的情感和情绪两个方面。

情绪和情感是从不同的角度来标示感情这种复杂的心理现象的。要想把它们作严格的区分是困难的，可以从不同的侧面对二者加以说明。

情绪通常是在有机体的天然生物需要是否获得满足的情况下产生的，例如，由于饮食的需求而引起满意或不满意的情绪，由于危险情景引起的恐惧，和搏斗相联系的愤怒等。因此，情绪为人和动物所共有。但是，人的情绪在本质上与动物的情绪有所不同。即使人类最简单的情绪，在它产生和起作用的时候，都受人的社会生活方式、社会习俗和文化教养的影响和制约。由于这个原因，人在满足基本需要的生活活动中，那些直接或间接地与人的这些需要相联系的事物，在人的反映中都带有各种各样的情绪色彩。例如难闻的气味能引起厌恶的情调，素雅整洁的房间使人产生恬静舒适的心情。

人类在社会历史发展进程中所形成的稳定的社会关系决定着人们对于客观世界的态度，对于这些受社会关系所制约的态度的反映，就是人类所特有的情感。例如集体感、荣誉感、责任感、羞耻心、求知欲等都是人们在社会生活条件下所形成的高级情感，它们具有社会历史性，有时还可能带有阶级的烙印。

由于情感大都与人的社会需要相联系，情感的性质常常与稳定的社会事件的内容方面密切相关。因此，情感这一概念较多地用于表达情感的内容，它一般具有较大的稳定性和深刻性。而情绪，则常用于感情的表现形式方面，它具有较大的情景性、激动性和短暂性。因此，当谈到狂热的欣喜、强烈的愤怒或持续的忧郁等的时候，常常用情绪这一术语来表示；而对诸如高尚的道德情操，精湛的艺术感受之类的体验，则用情感这一术语来表达。

可是实际上，无论情感或情绪都有内容和形式两个方面，因此这种区分不是绝对的。一方面，人的具有稳定的社会内容的高级情感，也可能以鲜明的、暴发的形式表现出来，表现为一种情绪。例如保卫边疆的战士，在敌人进攻面前，爱国主义的感情会暴发为强烈的怒火。又如 1976 年 1 月 11 日傍晚，在长安大街上，等待周总理灵车经过的成千上万人，冒着寒风，流着热泪，悼念周总理的无限悲恸侵蚀着人们的肺腑，表达着人们由衷的哀悼。这些深邃的体验，既是中国人民对祖国、对领袖的高尚的深沉的情感，同时又具有鲜明的表现形式，表现为激烈的情绪。另一方面，那些与人的生物需要相联系的情绪，都能由赋予的社会内容而改变它的原始表现形式。上甘岭战役中，在极度缺水的条件下，一杯水在战士手中辗转传递，没有人沾一下自己的嘴唇。这个著名的事例之所以感人，就是由于人们高度的道德和觉悟，压倒了那些基本的天然需要，表现了纯正的高尚的情操。以上的几个例子说明，情绪和情感是可以区分的，它们各自有特定的含义，但是这种区分是相对的，情绪和情感是统一在人的社会性本质之中。

第三节　情绪、情感的作用

一、情绪、情感的两极性

人的任何一种情绪与情感都有一种和它性质相反的情绪、情感相对应，产生两极性。

1. 积极的动力作用（增力作用）与消极的阻力作用（减力作用）

如愉快的情绪与情感，可以提高人的活动能力，推动人积极地行动，产生强烈的动力（增力）作用。人们平时说的“人逢喜事精神爽”，指的就是这类情形。因为愉快的情绪和情感能使人精神焕发、干劲倍增。相反，悲伤引起郁闷会降低人的活动能力，产生阻力（减力）作用，表现为精神不振、心灰意懒。当然，同一种情绪、情感对不同的人，在不同的情况下，既有增力作用，也可能有减力作用。愉快一般起增力作用，但高兴过度也会产生抑制作用；悲伤、恐惧一般起消极减力作用，但“化悲痛为力量”

也有增力作用，恐惧感也会驱使人与险情作斗争。有人在生死攸关的时刻被吓得魂飞魄散，浑身瘫软，而景阳冈上打虎的武松却不是这样。武松并非不害怕，书中描写他“一惊，酒全做汗出了”，恐惧反而使他更清醒了，并使他力量倍增，这才能“三拳两脚”打死老虎。

2. 肯定与否定

如满意、高兴、热爱等是肯定情绪与情感，不满意、悲哀、憎恨、郁闷等是不快的否定的态度体验，它们虽然是相反的，但并不相斥。同一个人身上这两种情绪都存在，同一事件也可能引起不同的情绪。例如，拿到中考录取通知书，一方面为考到区重点而欣喜，另一方面为没能进入市重点而遗憾。

3. 紧张与轻松

当危险的紧要关头或重要意义事件出现时会产生紧张的激情与应激状况，情境过后又出现紧张解除与轻松体验的情绪。一般来说，紧张情绪会产生压力与动力，产生排险行动，有时也会太紧张，产生抑制作用，出现忙中出乱的现象；轻松情绪有减轻压力的作用。紧张与轻松交替出现，既有利于心健康，也有利于提高学习、工作与办事效率。

4. 情绪的激动与平静状态

通常激动情绪是强烈的、短暂的、爆发式的；平静的情绪是微弱的、持久的。激动有利于动力激发，增强活动能力，平静与安静状态有利于智力活动与思维活动。

5. 情绪的强弱两极状态

任何一种情绪体验（积极、肯定或消极、否定）都有强度不同的变化。从余悸到恐惧，从愉悦到狂喜，从微愠到狂怒等都是这样。激动、激情、应激都是强的状态，心境平和的情绪是微弱的体验。强弱变化是与客观事物的重要意义相联系的，重大事情引起强烈体验，一般事情引起微弱的体验。

二、情绪、情感对身心的影响

情绪、情感对人的身心的各个方面有着广泛而深刻的影响。

1. 情绪、情感同身心健康关系密切

《红楼梦》里的林黛玉是一位漂亮聪慧而又善良的少女，她与贾宝玉两人志同道合，情深似海，无奈黛玉体弱多病，最终“香魂一缕随风散”“魂归离恨天”。黛玉的早逝，无疑是生理上的疾病造成的，但心理上的缺陷也是导致其夭折的不可忽视的因素。她常以泪洗面，抑郁寡欢，神经质地多愁善感，性格孤僻、内向、猜疑，这些病态心理带来的异常情绪损害了她的心理健康和身体健康。林黛玉的悲剧说明了一个道理：情绪与健康有密切的关系。

良好的情绪、情感状态有利于保持身心健康；不良的情绪、情感状态，则可损害人的身心健康。

许多研究成果表明，愉快、欢乐、适度平稳的情绪状态能使中枢神经活动处于最佳状态，保证体内各系统活动的协调一致，充分发挥机体的潜能，使机体的免疫系统和体内化学物质处于平衡状态，增强对疾病的抵抗力，提高脑力劳动和体力劳动的效率。有关的医学临床观察表明，在战地医院中，获胜一方士兵的伤口愈合速度较快。而焦虑、紧张、气愤、忧愁的情绪长期存在，使人惶惶不可终日，使由情绪引起的生理变化久久不能复原，其结果必然降低人体的免疫力，对人的身心健康造成伤害。中医所说“怒伤肝，喜伤心，思伤脾，悲伤肺，恐伤肾”，就是这个道理。

在医学上最常见的心血管疾病等心因性疾病都与长期情绪紧张有密切关系。早在1868年，一位德国医生就发现，那些习惯于大声说话而又拼命工作的人易患冠心病。20世纪50年代，美国心脏病学家弗里德曼等开始对冠心病与人的性格间的关系问题进行系统研究。回顾性的研究发现，冠心病患者中有一种常见的心理或行为倾向，称之为A型行为。具有A型行为的人有两大特点：①时间匆忙感。他们总是匆匆忙忙，急躁，没有耐心，总觉得时间不够用，经常处于焦急的情绪中，总是企求在尽可能短的时间内完成尽可能多的工作；②竞争和敌意。他们特别争强好胜，处处想拔尖，想在竞争中压倒别人，为此他们过度地工作学习，如果看到别人比自己出色，往往感到嫉妒和敌意。

依据上述认识，弗里德曼等人编制了A型行为（性格）问卷。这是一种测量人的行为或性格特征的工具，借助于它可大致了解一个人属于A型还是属于B型（具有与A型性格的人相反的特点）性格。从1960年至1961年，他们利用A型行为问卷对3524名中年男性进行了严密的观察研究。开始研究时发现，其中113人有冠心病，其中属于A型的占71%。接着对没有冠心病的3154人进行了平均8.5年的追踪研究，结果在此期间，有257名发生了冠心病，其中A型行为者是B型的2.37倍。心肌梗塞、心绞痛发作等的发生率，也有类似的结果。后来又有人在严格控制年龄、血脂、血压、吸烟等因素的基础上，运用科学的统计学方法，发现A、B型行为者患冠心病的比例是1.9比1。A型性格的人之所以易患冠心病，同他们长期处于情绪紧张或应激状态有密切的联系。

2. 情绪、情感同智力发展的关系紧密

人的认识活动的积极性、创造性往往受到情绪、情感的影响和调节。兴趣与爱好就是一种同愉快情绪相联系的认识倾向性与活动的倾向性，它能推动人学习科学知识，形成熟练的技能技巧，探索追求真理。两种不同性质的情绪、情感对青少年的智力发展有着不同的作用：愉快的情感，能使青少年的感知、记忆、思维与想象敏锐、牢固、活跃；相反，苦恼焦虑的情感，会使青少年的感知、记忆、思维与想象出现迟钝、受阻的现象。一个孩子如果长期处于紧张、压抑、恐惧的情绪之中，必然影响其智力的发展水平。

例如，我们喜欢听某一门课，往往是在这门课上经常有愉快的情绪、情感体验。因此对该门学科探讨较多，取得较好成绩，于是我们也就更喜欢学习这门学科。在这一过程中智力得到了良好发展。

许多心理学家的实验都证明，愉快的事情人记忆得最清楚，回忆的细节也较多；不愉快的事情比较容易忘记，细节也不容易被回忆；反感的事情虽然当时留下的印象较深，但也不一定长时间被记住。情绪、情感对人的学习和记忆有着重要影响。情绪、情感是人们认识和行动成功与失败的信号，对人的认识活动有积极的调节作用。

3. 情绪、情感是人的行为的动力系统之一

情绪、情感对人们的学习、工作起着组织与协调作用，影响人的学习、工作效率。

首先，情绪、情感的性质影响人的学习、工作效率。人们常常会感受到，在良好的情绪状态下学习、工作，思想开阔，思路敏捷，精力充沛，解决问题迅速；相反，则心情低沉，思路阻塞，操作迟缓，无创造而言，效率大大下降。

我国的心理学专家曾以儿童为被试进行了一系列研究，以期搞清各种

情绪与人解决问题能力的关系。在这些研究中，先设法使儿童处在某种情绪状态下（快乐、痛苦、感兴趣、恐惧、愤怒等），然后再观察他们完成手工操作的情况。结果表明，快乐的孩子比痛苦的孩子成绩好；感兴趣的孩子比恐惧的孩子成绩好；无怒的孩子比愤怒的孩子成绩好；快乐、感兴趣和无怒的孩子比痛苦、惧怕和愤怒的孩子成绩好。

其次，情绪的强度也影响人的学习、工作效率。情绪强度对人的学习、工作效率的影响在耶克斯—多德森定律中表现得非常清楚。该定律表明，作业成绩与情绪的激动水平（唤起水平）呈倒“U”字型关系，过低和过高的激动或紧张水平都不利于完成作业，只有适中强度的情绪才有益于人的工作与学习。对于难度不同的作业，“适中”水平有所差别。例如，对一般人而言，操作复杂的代数问题的最佳状态处于中间偏低的激动水平；操作初等算数技能的高峰处于中等激动水平；操作简单反应时的高峰处于中间偏高的激动水平。这说明学习内容越困难，学习效果越容易受到较高激动水平的干扰。如高度兴奋或过分焦虑时，解答难题的效果不佳；简单的操作，处于中间偏高激动水平上效果较佳；而一般的操作，适宜于中等激动水平。

为了使读者对情绪强度的作用有更直观的认识，下面介绍一个小实验。这个实验可以使大家了解情绪强度对动作稳定性的影响。做这个实验需要一些铅笔和秒表。没有秒表的话，手表也可以。做这个实验起码要两个同学。一个充当主试，另一个充当被试。

主试负责宣读指导语，并记录成绩。指导语如下：“请你左右手各拿一支铅笔，两手悬空向前平伸，与地面保持平行，铅笔尖相对，中间相距 20 厘米。当我说‘预备’时，你就做好准备。我说‘开始’，你就两手移动铅笔，使两笔尖相碰。碰到了就算一次成功，没碰到就算一次失败。移动时，如果笔尖没碰上，不许上下前后移动，否则碰上也不算数。每做完一次，两笔回到以前的位置。再进行第二次，连续做 1 分钟，看能成功多少次。做完 1 分钟后，休息 1 分钟，再进行第二轮，共进行 3 轮。”

充当被试的同学要服从主试的安排。可以安排两种情境，一种是在安静排他的环境中，一种是在不断报告他人成绩的环境中进行。在后一种情况下，气氛更紧张些。

把每个人在紧张时和不感到紧张时的成绩加以对比，就可了解紧张情绪对动作稳定性的影响。

动作稳定性对于许多活动都是很重要的。

4. 情绪、情感可以协调人的社会交往与人际关系

首先，情绪、情感通过表情传递信息，达到相互交往、认识和影响的作用。它是人类社会生活和人际交往中不可缺少的重要条件。

人的情绪显露于外的部分是表情。表情与有声语言一样，是经过漫长的演化发展而来的。从人类进化和发展的角度说，通过表情传达的情绪、情感是人类社会化的媒介。人们在交谈的时候，感情交流有时输送着言语难以表达的细微信息。

人类是先有感情交流后有语言交流的。一个人从小到大也是一样，在他还没有学会说话的时候，就是通过感情交流建立了与社会沟通的纽带。

婴儿的情绪反应是呼唤母亲的信号。6 个月以上的婴儿在处于陌生的、不能肯定的场合时，他们往往回望一下大人的表情，然后再采取行动。美国丹佛大学的心理学家曾做过的“视崖”实验，典型地说明了这一问题。

“视崖”是一种研究儿童心理的特殊实验装置。它由长 250 厘米、宽 100 厘米的一块大平面组成，四周有围栏。平面上铺着透明的有机玻璃。平面下边的深度从平面的中间看，两边是不同的：半边与玻璃板等高；另半边看起来是深陷下去的地面。陷下去的地面距有机玻璃平面的距离可在 30 ~ 75厘米之间，可根据需要加以调整。实际上由于铺着有机玻璃，整个平面是一样平的。只是中间看起来像是个悬崖，因此称“视崖”。

实验开始时，婴儿被放在视崖的非凹陷的一侧，母亲站在另一侧（即凹陷的一侧），靠近母亲的视崖边上放着吸引儿童注意的玩具。婴儿爬向玩具。当他来到平面中间（视崖边壁）会停下来，表现得迟疑不决。这时候，婴儿会朝向母亲，观察母亲的表情。此时母亲的表现会在很大的程度上决定孩子的下一步行动。在一次实验中，当母亲呈现微笑的面孔，对孩子试图接近玩具的行动表示鼓励和支持时，在 20 个 1 岁儿童中，有 15 个跨过平面悬崖，爬向母亲，取到玩具；当母亲显示恐惧表情时，17 个儿童中没有一个跨过悬崖。这一结果证明，母亲的表情起着传输信息的作用。

人即使在学会说话，可以用语言与他人沟通之后，借助于表情实现的情感交流仍没有被废弃，它与言语交际一起，实现儿童与成人以及儿童与儿童之间的社会适应。

情绪的交流，协调着人们的日常生活。它不但同言语交流一起，促进人与人之间的思想沟通，而且在交流中还可以引起对方的感情反响和共鸣，从而相互受到感染，产生同情和移情。人们在生活中点头微笑，老朋友见面时热烈拥抱，都是感情传递、感染和共鸣的表现。

其次，在人际交往中，情绪、情感体验影响交往的亲、疏程度。例如，在你与某人的交往中，如果你能经常体验到愉快、高兴，你就愿意与他交往；反之，则不愿意与其交往。

第四节　情绪的种类

一、基本的情绪

根据人和客观事物之间需求关系的不同，心理学界一般把基本的情绪划分为“快乐、悲哀、愤怒和恐惧”四种基本形式。

1. 快乐

快乐指盼望的目标达到和需要得到满足之后，继之而来的紧张性解除时的情绪体验。快乐的程度取决于愿望的满足程度和目的与愿望突然达到的程度与意外程度。快乐程度细分为满意、愉快、欢乐、狂喜等。

2. 悲哀

悲哀指所热爱对象的遗失、破裂以及与盼望东西的幻灭相联系的情绪体验。悲哀程度依存于失去对象的重要性和价值大小；也依赖于主体的意识倾向和个体特征。悲哀可细分为遗憾、失望、难过、悲伤、悲痛。伴随悲哀，人有时哭泣，从而带来紧张性释放。

3. 愤怒

愤怒是由于事物或对象再三妨碍和干扰，使个人的愿望不能达到或产生与愿望相违背的情景，逐渐积累紧张性而发生的情绪体验。愤怒的程度取决于干扰的大小及违背愿望的程度，同时也受人的个性的影响。根据其程度不同，愤怒可细分为不满意、生气、愠、怒、愤、激愤、狂怒等。

4. 恐惧

恐惧往往是由于缺乏准备，不能处理、不能驾驭或摆脱某种可怕或危险情景时所表现的情绪体验。突然的变化，奇怪陌生而又可怕事物的突然出现，身体失去平衡等，都可能引起恐惧。当险情极度威胁生命时，有的还会产生绝望的体验。

在这四种最基本的情绪基础上，还可能派生出许多种类，组成复合的形式，形成高级的情感。与感觉有关的，有厌恶与愉快；与自我评价有关的，有骄傲、自卑、自信、羞耻、罪过、悔恨等；与评估他人有关的，有热爱和怨恨、羡慕与忌妒等体验。

二、按情绪的强度分类

按情绪活动发生的强度的大小、持续时间的长短以及紧张程度，可以把情绪分为心境、激情和应激三种。

1. 心境

心境是一种使人的所有情绪体验都感染上某种色彩的微弱而持续时间较长的情绪状态，它就是平时我们所说的心情，如愉快、舒畅、烦闷、抑郁等。在心境发生的全部时间内，它似乎影响着人的一切，好像周围的所有事物都染上了这种情绪色彩。当人心情愉快时，看什么都顺眼，做什么事都带劲，真好像是“看花花也笑，看水水唱歌”。可当人心情烦闷时，看什么都不顺眼，“见到什么都来气”。

引起心境的原因是多方面的，有时它是对人有重要意义的事件，如考试失败、当上了区级三好生等；有时它似乎是微不足道、甚至毫无关系的小事，如丢了一支铅笔或天空中阴云遮蔽了太阳等。另外，带有感情色彩的表象再现也能导致心境的发生。例如，回忆起一次愉快的集体活动情景，能使自己有个好心情。此外，人体生物节律，即体力、情绪、智力的最佳状态呈周期性变化，对心境也有影响。它们的变化曲线是正弦波，先由一般状态变为最佳状态，再由最佳状态变为一般状态，这是半个周期；另外半个周期是由一般状态变为最坏状态，再由最坏状态变为一般状态。情绪变化周期是 28 天。对心境具有决定性影响的是在实践中形成的理想、信念和世界观。有些人即使在极为不利或困难重重的条件下，仍能保持乐观的心境。例如，有的病残人仍能保持良好的心境，虽然自己经常忍受痛苦的折磨，但却安慰和鼓励别人。

心境对人的生活、工作与学习有很大的影响。良好的心境，有助于积极性的发挥，克服困难，从而提高工作与学习的效率，并促进坚强意志品质的培养；不良的心境则会妨碍工作和学习，影响身心健康。因此，努力培养和激发积极的心境，克服消极的心境，学会做心境的主人，是非常重要的。而要做到这一点，关键是树立远大的理想和信念，培养自信心。同时，在生活中要注意培养自己坚强的意志，积极锻炼身体，保持精神振奋，使自己经常处在良好的心境中。

2. 激情

激情是一种强烈而短促的情绪状态，如“暴跳如雷、呆若木鸡、面如土色、欣喜若狂、绝望厌世”等都属于这类体验。

引起激情的原因很多。在生活中发生的重要事件，如信仰破坏、亲人死亡或极端的喜讯，与自己的意向和愿望相对立的冲突，过度的抑制和兴奋等，都可能导致激情发生。

在激情的状态下，人的内脏器官、分泌腺和表情都会发生明显的变化。暴怒时，肌肉紧张、面红耳赤；绝望时，目瞪口呆、面色苍白；狂喜时，手舞足蹈、放声大笑；悲痛时，木然不动或涕泪交加。

有人曾这样描写奥运会运动员获得胜利后的激动表现：

一般来说，新手获得世界冠军大多是欣喜过望的，场面也更为激动一些。当名不见经传的前苏联射击选手奇洛娃初出茅庐就获得24届奥运会的第一枚金牌时，激动得不能自已，抽咽着说：“太好了！太好了！”任哭和笑组合在一起尽情地挥洒。美国体操选手雷顿本来是替补队员，意外地荣获奥运会冠军后兴奋得发了疯，只见她一会儿双手抱头；一会儿仰天长啸；一会儿匍匐在地，久久不动。她手足无措，不知用什么方式来尽吐心中的快意。

这些运动员的表现就是激情。

按激情的结果，激情有积极和消极之分。积极的激情与理智、坚强的意志联系在一起，能帮助人克服困难、攻克难关。如，当运动员参加国际比赛时，为国争光的激情成为力量的源泉；胜利完成一次重大任务后的狂欢，可以鼓舞一个人继续前进。

消极的激情则对人的活动具有不良作用，使人的自制力显著下降。如，在绝望中沉沦落寞；或者一时冲动，做出一些不该做的事，而一旦事过境迁，情绪恢复了平静，却又叫苦不迭、悔恨万分。有人将青少年期称为“风暴期”，主要是指青少年血气方刚，容易被激情所控制，情绪变化快，反应激烈，经常从一个极端走向另一个极端。因此，青少年应特别注意避免激情的消极影响，学会调控自己的激情。

激情爆发之时，人们用理智和意志来控制能收到良好的效果，如“三思而行”。《汉书》所记“子房不以为人纳履而耻，韩信不以受人胯下为辱”等，都说明涵养忍让可以减低或避免激情发生。俄国文学家屠格涅夫劝那些刚愎自用的人，在说话前“把舌头在嘴里转十个圈”，都有缓和激情的作用。

激情爆发之中，控制某些粗鲁动作，用言语宽慰，并采取合理释放、转移等方式，都有控制和缓和激情的作用。例如，找人谈心或痛哭可释放怒气；抑制动作可防止事态扩大；数数、散步、下棋、欣赏音乐等，都有分散注意力，从而转移激情的作用。

最可靠的控制激情的办法是加强思想修养和意志力锻炼。养成涵养谦逊，办事热情，处理问题冷静，五讲四美的良好品德，才能有效控制激情，防止过火的行动发生。

3. 应激

应激是出乎意料的紧急情况所引起的急速而高度紧张的情绪状态。人在学习、工作和生活中，往往会遇到突然发生的事件和危险，它要求个人迅速地运用自己的智慧和经验，立刻作出决定，以应付紧急情况，此时产生的特殊体验就是应激。应激状态改变了机体的激活水平，特别是肌肉的紧张度、血压、腺体的分泌、心率、呼吸系统的活动。在极度紧张的情况下，由于身体各部分机能的改变而发生全身性兴奋泛化，使个体行为紊乱，不能合理地进行符合当时目的的行动，如出现不必要的动作，语无伦次，神情慌张等；同时，由于意识的自觉性降低，也会出现思维混乱，分析能力减弱，感知记忆出现错误，注意的分配和转移困难等情况。有的人在紧急情况下，发生全身抑制，使机体的活动受阻；有的人在应激状态下机体机能失调，发生休克。

应激的激活程度有个别差异。有的人在应激状态时所有的肌肉都紧张，有的人只有部分肌肉紧张；有的人在应激时心率加快，有的人不出现这种情况。这是由于个人的生理特点以及经验、态度、个性不同的缘故。

在应激状态下，人体的内分泌发生变化，肾上腺素等激素分泌量增加，身体活力增强，使人体处于充分动员的状态，这有利于人应付紧急情况。应激时机体的激动水平一般比激情时的激动水平更高，认识范围更趋于缩小，往往导致人的行动不符合原先的预定目的。有的人在应激状态下，出现机体机能失调，甚至发生休克。因此，平时应注意培养自己思维的敏捷性和意志的果断性，加强应付危机情况的技能训练，提高在意外情况下迅速做出判断和决策的能力，这对应付应激状态极为重要。

人如果经常处于应激状态下，身体健康很可能会受到影响。加拿大生理学家塞里的研究表明，长期处于应激状态会使人体内部的生化防御系统瓦解，身体抵抗力降低，容易患病。他还把应激分为以下三个阶段：①警觉阶段：表现为肾上腺素分泌增加、心跳加快、血压升高、肌肉张力增大、血糖水平提高等现象。一般而言，这些变化具有一定的适应意义，因为它们为机体应付挑战开始动员能量。②阻抗阶段：表现为身体动员许多保护系统去抵抗导致危机的动因。此时，全身代谢水平提高，肝脏大量释放血糖。如果此时期过长，可使机体糖的储存大量消耗，下丘脑、脑垂体和肾上腺系统活动过度，使内脏受到损伤，出现胃溃疡、胸腺退化等症状。③衰竭阶段：表现为体内各种储存的物质消耗殆尽，机体处于危急状态，在某些情况下，可导致重病或死亡。

可见，应激虽可在短时间内提高人的反应能力，但从长期效果看对人的身体健康可能有不利的影响，因此生活中应尽量避免不必要的应激，特别是那些持续时间过久、超出人适应和应付能力的应激。

第五节　情感的分类

人的情感可以分为道德感、美感和理智感。

1. 道德感

个人用社会公认的道德准则，感知、比较与评价自己和他人的行为举止时，所体验到的一切情感都属于道德感。如果自己及他人的行为举止和道德准则一致，就产生满意的道德体验，像愉快感、幸福感、荣誉感、赞赏感、热爱感、钦佩感等；反之则产生否定鄙视的道德体验，像憎恨、厌恶、嫉妒、气愤等。如自己拾金不昧感到很愉快，看到别人见义勇为感到很钦佩，看到儿童不讲礼貌感到厌恶，看到别人恃强凌弱感到很气愤，这些情感都属于道德感。

道德情感是和道德需要即道德准则或道德信条紧密联系的。在社会交往中，人们逐步认识、理解和掌握了道德准则，并把它变成个人的道德需要。当人们能体验到对象和主体的道德需要之间的关系时，才逐渐形成稳定的道德情感。“五讲四美”应是青少年的道德准则，更具体地说，勤奋学习、助人为乐、文明礼貌、遵守纪律、艰苦朴素、热爱劳动、热爱祖国，都应是青少年的道德准则。

2. 美感

美感是人对客观事物和对象美的特征的体验，即具有一定审美观点的人对外界事物美的特征进行评价而产生的一种肯定、满意、愉悦、爱慕等的情感。美感有两个鲜明的特点：其一是审美对象的感情面貌特点，如线条、颜色、形状的健美、谐调、鲜艳、匀称的感知；其二是对美的感知和欣赏而引起人的情感共鸣并给人以鼓舞和力量。

人们对美的欣赏，可以激起探求奥秘的浓厚兴趣。徐霞客是著名的地理学家和旅行家。大家可能在语文课上学过他写的《石钟山记》。他一生用了28年踏遍祖国山山水水，充分领略了锦绣河山。大自然的美激发了他探求奥秘、追求真理的雄心壮志。他在雁荡山寻“荡”；在潇水溯源；在“神龙”洞探险……他把自己所见所思写在《徐霞客游记》一书中，这本书成了古代地理学的一部巨著，在文学上也有很高的成就。今天我们读这部书，神奇壮美的自然景象会使我们在不知不觉中加深对大自然的了解和热爱。

美感是人对审美对象的一种主观态度，是对审美对象是否满足主体美的需要的关系反映，因而随着个人的需要、立场、观点不同，随着客体和主体的关系不同，美的情感体验也不相同。而个人对美的认识和需要的源泉是客观现实，是社会生活实践。不同历史时期、不同民族和不同阶级，对美的需要既有差异性一面，也有共性一面。

引起美的感受和共鸣，不仅有赖于事物的外部特点，同时也与对象的内容和意义相联系。美感具有历史局限性，不同阶层的人对美的要求不同。西方，古代上流社会以为妇女的美体现在其懒散的生活方式上；我国劳动人民以为女子的美在于其健康的身体，乐观的心态。认识和分析人的美感不应将对象的美丑和道德的善恶割裂开来。《巴黎圣母院》中的敲钟人，虽然貌丑无比，但其善良的行为却给人以美的感受。有一个在大学女生中进行的调查，试图查明在女生心目中什么样的男性是最美的。调查表中列出了若干项目，结果发现，排在前三位的是：心地善良、身体棒、聪明。仔细想想，其实就是“三好生”的标准。

3. 理智感

理智感是人对认识活动的成就进行评价时产生的态度体验。

理智感是同认识成就的获得、兴趣的满足、真理的追求、思维任务的解决相联系的。人的认识活动越深刻，求知欲越强，追求真理的兴趣越浓，则理智情感也越深厚。理智感产生于认识活动基础上，反过来又推动人的认识活动不断深化，有利于促进思维任务的解决。深厚的理智感，如热爱真理、摒弃偏见、破除迷信、解放思想等，都是胜利完成学习和工作任务的重要条件。

著名科学家开普勒经过对天体的长时期观测后发现了天体运行规律，他怀着极度喜悦的心情写道，最初以温和光辉照耀着他的真理的光芒，随着他对于自己发现的正确性确认程度的增长，则开始转变为令人炫目的真理的太阳。

1635 年，伽利略因为坚持太阳中心说而受到宗教法庭的审判，对真理的爱使他不顾威胁，义无反顾地捍卫了这一崭新的学说。

理智感大体有以下几种：好奇心或新异感，它是一种求新的情感，是发明创造的先导；喜悦感，是由认识活动的成就所引起的欣慰高兴的体验；怀疑与惊讶感，是认识过程中发生矛盾而引起的体验，这是认识深化的特征；不安感，是在下判断时，由于证据不足引起的体验；自信和确信不疑的情感，是问题确实得到解决而引起的体验。

第六节　情绪的产生

人在产生情绪的时候经历了怎样的过程？情绪变化受到哪些因素的影响？一个人的情绪特征是如何形成的？对此，心理学家们提出了种种情绪理论。下面简要介绍一种受到广泛重视的理论——情绪的三因素论。

情绪的三因素论认为，情绪的产生受到环境事件、生理状态和认知过程三种因素的影响，其中认知过程是决定情绪性质的关键因素。

20 世纪 60 年代，美国一个叫沙赫特的心理学家曾经做过一个饶有趣味的实验。在此实验中，要给被试注射肾上腺素。肾上腺素是一种激素类药物，人注射了以后，就会出现心跳加快、血压升高、呼吸急促等生理变化，但它对人的视觉无明显影响，也不会引起皮肤发痒等反应。

实验前先告诉被试，注射药物的目的是为了研究它对人的视觉是否有影响（这是为了掩蔽研究的真实目的，使实验结果更加可靠）。然后，把被试分为三组。告诉第一组肾上腺素的真实效果，如心跳加快、面红耳赤等，此组为知情组；告诉第二组被试假的药效，如皮肤发痒等，因为此组被试并不知道药物的真实效果，所以此组为假知情组；对第三组被试不做任何说明，所以此组为不知情组。这就是说，这三组注射的药物是一样的，引起的生理变化当然一样，只是他们得到的认知信息不同。

药物注射完以后，被试被个别地带到休息室等待药物起作用。休息室里已经有一个人。被试想当然地认为他也是一个刚刚接受了注射的被试，可实际上他是沙赫特的助手。此人对一半被试故意装出快乐的样子，用纸团和纸篓玩篮球，跳呼啦圈舞等，营造欢乐的氛围。对另一半被试，沙赫特的这个助手存心营造一个令人愤怒的氛围：他与被试一起填一张涉及个人隐私和人身攻击的调查表，他不断地咒骂、斥责，最后撕碎了调查表，愤怒地冲出室外。

随后询问每个参加实验的被试的心情，结果如下：处在快乐情景的第二组（假知情组）和第三组（不知情组）被试也很愉快，处在愤怒情景的这两组被试也很愤怒；而第一组（知情组）被试与他们不同，并不觉得自己怎么高兴或愤怒。

对这个实验的结果可做如下的分析：①第一组被试没有感到有对自己身体的反应作出他种解释的必要，因为他们早就明白，体内的反应是注射的药物引起的，环境因素（同伴的行为）无论快乐和愤怒，都与己无关。因此他们没有情绪反应。②第二组和第三组被试对他们所体验到的身体反应没有现成的解释，因而他们受到实验室同伴行为的暗示，把生理反应同快乐或愤怒环境联系起来，得到一种新的解释，于是产生了愉快或愤怒的情绪体验。

这个实验表明：①无论是生理反应是还是环境因素都不能单独决定情绪。因为如果生理反应单独决定情绪，那么全体三组被试的情绪应当是一样的，但结果不是这样。如果环境因素单独决定情绪，那么各组被试处在“快乐”环境的也应当快乐，处在“愤怒”环境的应当愤怒，但结果也不是这样。②生理反应与环境因素的结合也不能决定情绪。因为按照两因素结合的设想，分别处于“快乐”和“愤怒”的三组被试，应当产生相同的情绪体验，而事实也不是这样。③只有在环境作用和生理反应的基础上，有了认知因素的参与，才能决定情绪。第一组与第二组、第三组被试对他们所处的环境和生理反应的解释不同，从而产生了不同的情绪反应。

基于上述思想，沙赫特提出，一个人的情绪状态是由认知因素、生理因素和环境因素这三种信息在大脑皮层整合的结果。即认知过程通过回忆和对当前情境的评估产生结果，并将此结果送至大脑皮层；肌肉、腺体、内脏向大脑皮层输入生理变化的信息；环境中的刺激因素通过人的感知功能向大脑输入外界信息，大脑皮层将这些信息综合起来，从而产生一定的情绪反应。

第七节　调整认知可调控情绪

一个上初中二年级的女生患上了比较严重的考试焦虑症。她每天学习到很晚，为的就是在考试中有出色的成绩。但是，当到了考试的那一天早晨，家人发现她频频出入厕所。在考场上，发卷的老师发现她在发抖。她自己也说：“当我坐在教室里，看着老师分发试卷时，我觉得自己的脑子里一片空白。”她自然不能在考试中发挥出实际的水平。

后来老师向她了解情况，想知道她为何对考试表现得如此惊慌失措，因为尿频、发抖这些都是极度紧张的表现。在谈话中，这个同学流露出这样的想法：自己在上小学时在学习上是出类拔萃的，考试成绩经常在全校名列前茅，升到了这所市级重点学校以后，每次只能在班里考一个中等，因此颇有压力，很想再恢复“往日的荣耀”。这个同学对学习成绩非常看重，生怕考不好，越怕就越紧张，越紧张就越考不好，最后形成了一个恶性循环。

类似上面的实例非常普遍。在这类情况下，之所以出现异常情绪，是由于人的认知有缺陷。因此，认知的调整是预防和消除情绪障碍的最基本的途径。认知的调整应当从调整个人的自我概念、改变不良的思维习惯入手。

我们每个人都对自己、对他人、对环境有不同的认识，这些认识可能有一些是不合理的，它们往往可导致人的情绪障碍。因此，常常有这样的情况，与其说是外在的生活事件造成了人的情绪障碍，不如说是个人的认知偏差所致。生活事件对人的情绪有影响，但在同样性质、同样大小事件的刺激作用下，有些人产生了严重的情绪障碍，有些人只受到轻微的损害，另有些人却安然无恙。这是因为人的个性不同，对同一事件认识评价不一样，因此对生活事件的情绪反应也就不同。认知有缺陷的人看问题往往片面化、绝对化。“一次失败就永远不会再成功了”“我的不幸绝对是外界造成的”“我无法控制自己的悲伤和不安”“我应该做得比任何人都强，否则就是失败”等等，这些都属于错误的思维方式。另外，像重视过去，轻视现在；对自己估计过低，自信心差；以自我为中心，为人处事总要求别人按自己的想法行事；心胸狭窄，一点小事拿不起、放不下；嫉妒心强，总是倾向于看事物的消极方面等，凡此种种都是一些不合理的或叫做非理性的思维方式。以这样的思维方式看待问题、处理问题，必定会引起心理上的不安，造成情绪障碍。

认知调整的重点是找出自己非理性的、不合乎逻辑的思维方式或信念，代之以理性的、现实的思维方法，这样就可以预防和消除情绪障碍。

通过认知调整应达到树立以下思维方式的目的：

①客观地看问题，一切从实际出发。当不愉快的事情发生时，要面对它，不能回避。真正认知客观现实并非易事，因为客观现实并不一定符合人的主观愿望和想法，有的时候甚至事与愿违，所以不少人有意无意地曲解或片面地看待现实或逃避现实。

②合理地调整自己的欲望水平。人不可能没有自己的期望、需要，如果没有这些，人也就没有了精神动力。但欲望的满足是相对的，而欲望的不满足是绝对的。问题在于欲望水平不能脱离现实，脱离自己本身的条件和所处的环境。如果明白了这个道理，就会减少欲望不满足时的困扰。有的人患了某种重病，身体落下了残疾，总想着自己当初的愿望无法实现，一生都生活在怨艾、悲苦之中。实际上，结合自己的身体条件，去做一些力所能及的事同样是有价值的，不能总与身体健康时相比，带着失落感生

活。每个人都不是完人，因此要容忍自己的不完美之处。

③不以自我为中心。只有理解真正的自我与现实的自我之间的差别，才容易把握自己，否则，必然带来不断的冲突。自我评价要适当，自我评价过高、过低都是有问题的。

要树立上述思维方式，应特别注意以下几个方面：

①平时要有一定范围的人际交往，参加力所能及的活动，有一些爱好。在与他人的交往过程中，能了解自己的想法、愿望、做法是否符合实际，这有助于克服以自我为中心的思维方式，增加对自己的了解。按照心理学里的“镜中我”理论，人是以他人为镜，从而达到对自己的了解的。与别人交往可以帮助个人发现自己的潜能。在此过程中，个人如果有意识地将别人身上的优良品质学习过来，纳入到自己的个性当中，就会使自己的个性更加健全。

②培养自己坚强的意志品质。性格懦弱的人往往容易有情绪障碍。因此，加强果断性、坚持性、自制性和自觉性等意志品质的培养，提高自己在困难面前不畏艰险、审时度势、扬长避短、善于变通的内在素质，会使自己的情绪更加健康。

③面临失败、做了错事不要过分自责。取得了一点点成绩就沾沾自喜、骄傲自满固然不足取，可如果面临失败、做了错事就过分自责，亦非积极的态度。当然，由于做了错事而产生自我责备、内疚感，这从积极的意义上讲可以使人审视自己的短处，激发人的上进心，但如果内疚心涉及的范围太大，持续的时间太长，情绪就不健康了。

第八节　矫正行为可调控情绪

一、系统脱敏法的原理

系统脱敏疗法属于行为矫正技术。按照行为主义学派的观点，人的一切行为（该学派认为情绪也是行为）都是学习的结果，是通过强化而得到巩固的；不良的行为是不良的学习、强化的结果。因此，对不良的行为可以通过设置理想的环境条件，以积极的、良好的强化来改变。

首创系统脱敏疗法的南非心理学家沃尔甫曾进行这样一个实验：一个

怕猫的男孩在离猫10米的时候就开始有害怕、逃避的行为，而当他吃饭的时候，让猫逐渐接近他，男孩所能忍受的距离大大缩短。这个实验给人以这样的启发，即一个人的放松状态是不能与他的异常情绪共存的，这是两个互相对抗的过程，一种状态的存在必然对另一种状态起到抑制作用。系统脱敏疗法就是利用了这样一个原理，先让有情绪障碍的人接近能引起微弱焦虑情绪的刺激，然后使患者放松，由于放松对焦虑的抑制作用，患者变得可以忍受了，经过反复多次，这个刺激就不再引起焦虑反应，然后加大刺激量，再进行放松训练，最后达到对最害怕的刺激也能坦然对待为止，这时候系统脱敏宣告成功。

系统脱敏法用于治疗各种恐惧症，如考场恐惧症、动物恐惧症、黑暗恐惧症、社交恐惧症等，也可用于焦虑症、强迫症等。

二、系统脱敏的实施步骤

正规的系统脱敏治疗的实施一般可分为三个步骤：

1. 学会肌肉放松技术

运用系统脱敏疗法消除情绪障碍首先要让患者学会肌内放松技术。肌肉放松的要领如下：

环境要求：进行肌肉放松的房间要整洁安静，温度适宜，光线柔和，室内有一个舒服的沙发或椅子。

准备：练习者坐在沙发或椅子上，应尽可能保持平静，放松或去掉身上容易使人感觉受到束缚的衣物、饰物，如领带、手表、眼镜、腰带，最好穿拖鞋。总之应尽可能舒服、放松。

放松的训练程序有多种，这里介绍较常用的一种：

①深深吸入一口气，保持一会儿（约10秒），然后把气慢慢呼出。停一会儿，再重复第二次。

②伸出前臂，握紧拳头，用力握紧，注意手的紧张感觉，10秒后放松。放松须彻底，注意体验放松后的感觉。你可能会感到沉重、轻松和温暖，这些都是放松的标志。停一会儿，再重复第二次。

③弯曲双臂，用力弯曲，绷紧双臂的肌肉，保持一会儿，感受双臂的紧张，10秒后放松。完全放松双臂，体验放松后的感受。停一会儿，再重复第二次。

④绷紧双脚，用脚趾抓紧地面，用力抓紧，保持一会儿，10 秒后放松。完全放松，体验放松后的感受。停一会儿，再重复第二次。

⑤将脚尖用力向上翘，脚跟向下，紧压地面，绷紧小腿的肌肉，保持 10 秒后放松。体验放松后的感受。停一会儿，重复第二次。

⑥用脚跟向前向下绷紧大腿的肌肉，保持 10 秒后放松。体验放松后的感受。停一会儿，重复第二次。

⑦绷紧额头的肌肉，皱紧眉头，保持 10 秒后完全放松。停一会儿。眼球从上到左到下到右快速旋转一周，然后反方向（顺时针）旋转一周，然后放松。过一会儿后，咬紧牙齿，要用力，保持 10 秒钟完全放松。片刻后把头用力向后紧靠沙发，用力压紧，保持 10 秒后放松。休息一小会儿之后，将上述步骤重复一遍。

⑧向后扩展双肩，要用力，保持 10 秒，再放松。片刻后重复一次。

⑨向上提起双肩，尽量使双肩靠近耳朵，保持 10 秒，再放松。片刻后重复一次。

⑩向上抬起双腿，用力弯曲腰部，保持 10 秒，再放松。片刻后重复一次。

休息 2 分钟，将步骤①至⑩重复一次。

以上就是放松肌肉的各个步骤。在练习的过程中，应注意体会肌肉紧张与放松的感觉。练习后应当觉得温暖、沉重、愉快。如果发现练习过的肌肉又出现紧张，应当回过头来重新使之放松下来。总之，到练习结束时，身体的每一块肌肉都应处在放松状态。刚开始练习的时候，花费的时间可能稍长一些，随着练习次数的增加，会越来越熟练，花费的时间也会大大减少，每次练习只需要 10 分钟左右就可以了。如果感觉上面的步骤不好记，可以用录音机把步骤录下来，能配以舒缓的乐曲更好。注意肌肉紧张的时间都是 10 秒钟，肌肉放松的时间是 15 秒钟，两个步骤之间隔 10 秒。这样在练习时按录音机的提示做就可以了。

2. 将肌肉放松与焦虑事件的各等级相结合

下一步是运用上面已介绍过的肌肉放松技术，使自己在上述种种焦虑情境中松弛下来。

下面仍以具有考试焦虑的同学为例，说明如何将肌肉放松技术与不同层次的焦虑情境结合起来。

先进行全身放松，然后想办法使自己进入“焦虑等级”中的第一种情境，即使自己感受到最轻微考试焦虑的情况，在本例中是看到一支铅笔。“进入”的方法是多种多样的。可以将自己平时用的铅笔摆到跟前。最简便的一种方法是合上双眼，想象一下平时用的铅笔。想象应尽可能生动、逼真，最好能像看电影一样，有身临其境的感受。当想象结束时，仔细体会肌肉放松情况，比较一下与进行有关铅笔的想象之前是否不同。如果感觉肌肉放松情况有所区别，则说明有些部位的肌肉还没有完全放松。这时，需要对这些部位的肌肉再次进行放松，直到想象结束，同时感到所有的肌肉放松为止。这说明，对“焦虑等级”中的第一种情况已经脱敏成功，松弛反应已经抑制了想象中的相应焦虑反应，当再见到铅笔时，已经不会诱发考试焦虑了。

接下来想象“焦虑等级”的第二种情况。合上双眼，想象自己处在第二种焦虑情境中。比如，“看到”有一天从一所学校门口路过，几个学生从学校里出来，听到他们正在议论，说马上就要期末考试了……想象到此结束。现在检查肌肉放松的情况。看看是否和进行想象活动之前状态一样。如果不一样，就做肌肉放松练习，直到肌肉彻底放松为止。然后再次想象自己听到别人议论有关考试的事……如此反复，直至在想象了听到别人谈论考试之后，肌肉不再紧张为止。

这样一级一级地做下去，最后能够在想象“坐在教室里参加考试，马上就要交卷了，而试卷还没有答完”之后，肌肉仍保持放松状态，这时已经彻底实现了脱敏，战胜了考试焦虑。

有的人可能对使用这种训练方法消除焦虑感到滑稽，觉得有点牵强附会、不现实。可是那些消极的自我陈述不是同样的牵强、不现实吗？须知我们正在对付的是一个想象的世界，一个常常是牵强的、不现实的世界。许多事实证明，肌肉放松和考试焦虑是不能并存的，脱敏训练就是一步步地以正常反应击破异常反应。

第九节　通过音乐调控情绪

有一个关于音乐的小故事：100 多年以前，德国有位著名的音乐家叫梅耶贝尔。一天，他因一点小事与自己的夫人吵了起来。争了几句之后，他觉得没什么意思，于是就不再说话。可他的夫人气还没有消，还是缠着他吵个不休。怎么办呢？梅耶贝尔干脆一声不响，坐下弹起了钢琴。也奇怪，没过多久，自己就完全被琴声所吸引，把刚才吵架的事忘得一干二净。他的夫人也停止吵闹，平静下来了，逐渐沉湎于优雅的乐曲当中。乐曲还没有结束，他的夫人忽然从背后拥抱着他，激动地说："你真是弹得太好了！"

一首曲子和解了夫妇之间的一场争吵。音乐的作用确实是相当神奇的，人的生理、心理都可以受到它的影响。德国有这样一家医院，在开始做手术时，放舒曼的《幻想曲》，为麻醉的病人催眠；在病人清醒过来时，播送钢琴曲《归来吧》。由于使用了音乐帮助进行麻醉，使得麻醉药的用量减少一半。巴西把幽静的音乐给临产的孕妇听，发现可以起到稳定情绪、减少痛苦的作用。这样的例子真是不胜枚举。人们有意识地利用音乐调节自己的情绪可以说早已有之，最近甚至出现了一种专门利用音乐治疗人的心理疾病的治疗方法——音乐疗法。

音乐为什么有这样大的作用？音乐包括振动频率、节奏和强度三个要素。如果用音乐来配合体内的生理节律，就会引起极大的反应，这叫共鸣反应，即外部刺激可以深入人的身体，而且传达的速度很快。经过乐音的刺激，皮肤会有反应，体温会发生改变，心率、脾脏和肌肉的紧张度也会变化。音乐可以直接通达人的大脑，不需要经过语言中枢的转接。音乐对人起作用与语言对人起作用所经的线路不同。俗话说"话是开心的钥匙"，但通过谈话起到调节人的情绪的作用却要经过好几个阶段，音乐属非语言信息，可以直接进入人的大脑，所以人对音乐的反应较快。

许多研究证明音乐能够通过其旋律、音调和节奏来改变人的情绪。轻快的乐曲、动听的旋律能加速人体分泌一些有益健康的激素、酶等生物化学物质，促进胃肠道的蠕动和消化腺的分泌，调整大脑的功能，解除身体的疲劳，使血压平稳，心律稳定，心情轻松、愉快。

运用音乐来调整情绪必须要参加音乐活动。参加音乐活动指的是唱歌、聆听乐曲和演奏乐器等。无论从事什么样的音乐活动，都会体验到音乐的强大魅力，受到音乐的感染。唱歌可以使人精神振奋，即使是浅吟低唱也能使人心头的郁闷一扫而空；演奏乐器需要接受较长时间的训练，恐怕大多数人都办不到。而听音乐是只要具备了正常听力的人都可以进行的，听得越多，欣赏能力就越高；欣赏能力越高，就越能够体会音乐的优美精妙，就越容易受到音乐的感染。

毫无疑问，运用音乐来调节情绪，乐曲的选择是非常重要的。如何选曲呢？这没有一定之规。关键是要考虑自己的欣赏水平和欣赏习惯。乐曲的选择可以分为两个阶段：

①美感阶段。在此阶段应选择自己平时喜欢听的曲子。这一阶段音乐对人主要发挥愉悦功能，音乐作用于人的感觉器官，使人感受到音乐的甜美悦耳、轻松活泼，使人心旷神怡。如在欣赏肖邦的《夜》时，你会被那明亮流畅、晶莹剔透的旋律所陶醉。这一阶段无须多少努力，人人都可以达到。这是因为音乐具有一种原始的巨大感染力量，常可以使人忘掉眼前的一切，丢掉社会给人造成的种种压力和压抑，暂时升华到神圣的音乐殿堂中去了。

②欣赏阶段。要想使音乐成为人的一种精神力量，成为伴随人一生的与情绪困扰作斗争的武器，仅仅停留在美感阶段是不够的，要想方设法进入更高级的阶段——欣赏阶段。由美感阶段进入欣赏阶段不是一朝一夕的事，而是一个循序渐进的过程。随着倾听的曲子的增多，兴趣和爱好越来越广泛，欣赏水平也在不断提高。从美感阶段到欣赏阶段的过渡即是音乐由作用于人的听觉到作用于人的心灵，有人称之为由“耳到”到“心到”。此时需要看一些作曲家、音乐家的传记，以及乐曲的背景介绍，这样使乐曲内包含的激情更容易打动自己。在聆听乐曲的时候重要的是让自己的情感随着音乐的激荡流淌而搏动，联系自己的生活阅历在音乐中展开丰富的想象，把自己带入一个美妙的音乐王国中去。不同的人在听同一首曲子时，展开的想象不会相同，得到的感受也不会完全一样。应该让乐曲勾起自己美好的回忆，让音乐在自己的脑海里构筑幻想的世界。

音乐本身是极富幻想的，它可以使人超越一切。人在现实世界里有种种的烦恼、忧虑，人会感到自己的渺小与无助，而音乐却能让人超然物外，调剂客观与主观的矛盾，恢复人的心理平衡，使人在乐声中融入浩渺的宇宙中去，与大自然浑然一体。音乐还能表现激烈的冲突，表现人与命运的搏斗，寄托和排遣人心底的痛苦和忧伤。在欣赏这一层次上，音乐不仅能帮助人解除苦恼，而且还能使人冲破习惯思维的束缚，使人的想象插上翅膀，激发出巨大的创造力和潜能。因此，青少年朋友们，多听听音乐吧，它会使你心灵更纯净，生活更愉快，身体更健康，更富潜力和创造才能。

第四章　细心观察成就完美人生

观察力的培养，首先是要接近大自然，培养浓厚的观察兴趣。当然，我们所说的观察，实施中是和思考相伴随的。在美丽广阔的大自然中，有许许多多值得细心观察的事物。什么花在春天到来时最先开放，哪些动物在夏天时总在树上叫，秋天来临时白天时间变得短了还是长了，冬天下雪的时候冷还是雪融化的时候冷，等等。经常细心留意这些现象，养成爱观察、爱思考的习惯，会有助于你积累更多的经验，更好地认识世界。

第一节　什么是观察

国外曾经有人做过这样一个实验：在一次科学讨论会进行过程中，突然从外面冲进来两个人，其中一个人拿着手枪，他们在会场中追逐着，争夺手枪。突然手枪“砰”地一声响，然后二人又一起冲出门去。事情发生的时间，只有 20 秒钟。接着，会议主席请所有与会者写下他们目击的经过。结果交上去的 40 篇报告中，只有 1 篇在主要事实上错误少于 20%；14 篇有 40% 的错误；25 篇则有 40% 以上的错误。特别值得指出的是，半数以上的报告中，有 10% 或更多的细节是臆造的。这种情况之所以会发生，就是由于他们所进行的是一般感知活动，而没有进行观察，没有动用自己的观察力。

那么究竟什么是观察呢？它与一般的感知又有什么关系呢？

我们对于客观世界的认识是从感觉和知觉开始的。感觉反映的是客观事物的个别属性，如颜色、声音、气味、滋味、硬度等。知觉反映的是客观事物的整体，如对“花”的色、香、形的综合反映等。在实际生活中，感觉和知觉是很难分开的，如颜色总是某种物体的颜色，声音总是某种东西发出的声音等等，所以心理学家常常把二者合称为感知。感知是认识的基础，没有感知，就没有认识。

我们在运用感知来认识外界事物的时候，有时是无目的的。如，冬天出门不由自主地感受到空气的寒冷；春天走进花园，自然而然地嗅到花香；走到大街上看到车水马龙等等。这都是没有目的的感知。而更多的情况是有目的地去感知。如，听老师的讲解，欣赏世界名画，观看世界杯足球赛……这种有目的的感知我们称之为观察。一个人在进行感知活动时，如果没有明确的目的，那只能算作是一般的感知，不能称为观察；只有当那种感知活动具有明确的目的时，它才能算是观察。因此可以说，目的乃是观察区别于一般感知的重要特点之一。而观察能力水平的高低就是我们所说的观察力，即观察力是在有目的有计划的感知活动中逐渐形成起来的一种比较稳定的认识能力。

观察力跟感知有着密切的关系。这种关系表现在两个方面：

第一，观察力是在感知过程中，并以感知为基础形成起来的，脱离感知就无所谓观察力。试想，一个五官失灵、七窍不通的人，还有什么观察力可言呢？不仅如此，即使一个人拥有健全的五官，但他闭目塞听，其观察力也不可能获得发展。

第二，虽然观察力是在感知活动中形成的，观察也是在感知活动中进行的，但是我们不能把观察力就归结为感知。因为不是任何感知都可以称为观察的。例如，一般人去看电影，就很难说他是在进行观察；而一个电影评论家为了评论的目的去看某部电影，那就可以称之为观察了。由此可见，观察力是不能和感知混同的。我们说，观察力是在感知活动中表现出来的一种稳固的认识能力，而不是感知过程本身，正是出于此。

第二节 观察对智力的帮助

一、观察是智力活动的门户

生理学家告诉我们，人的全身共有 400 多万条神经纤维向大脑传递信息，在这些神经纤维中，跟视觉有关的占将近一半——200 万条。科学家考察证明，正常人从外部获取的信息，80% 左右来自视觉，15% 来自听觉。如果没有观察，对于思维而言就如同树木生长没有了提供养分的土壤、江河湖泊没有了源头一样。

所以，一个人要想发展自己的智力，首先就必须把观察的大门敞开，让外界的信息源源不断地进入自己的大脑。人们可以从对客观事物的仔细观察中，获得书本上没有的知识。沈括在他的《梦溪笔谈》中写了这样一个故事：大文学家欧阳修得了一幅古画，画的是一丛牡丹，在牡丹花下还卧着一只猫，十分逼真。欧阳修看后不理解画中之意，就去问当朝宰相吴正肃。吴正肃一看到画就说："这是'正午牡丹'。"欧阳修问："何以见得？"吴正肃回答说："画上的牡丹花的花瓣分披、色泽浓艳而干燥，正是中午牡丹花的样子；花下猫的眼睛眯成一条线，正是中午猫眼的形象。如果是清晨的牡丹，花瓣应是收缩而湿润，猫的眼睛就是圆的了。"欧阳修恍然大悟，十分佩服。北宋赵佶是一位著名的花鸟画家，一次，他看了几个画家的《孔雀飞落图》，连声说："画错了，画错了！"画家们面面相觑，不知错在何处。赵佶说："孔雀飞落，左脚先着地，可你们把它画成先着右脚，这不是错了吗？"众人听了都惊佩他的观察入微。只有这种入微的观察，才能使客观世界的信息准确地、源源不断地涌入脑海，才能为智力活动敞开接受信息之门。

生理心理学研究结果表明，儿童的生活环境中如果缺少外界的变化和各种刺激，那么由于观察的机会较少，就会造成脑细胞比较多的时间处于抑制状态，太脑皮层的发育也就比较缓慢，智力亦相对落后。无论城乡，凡是多与外界接触，多受刺激的孩子，都是比较聪明的。同样的原因，我们鼓励家长尽量将孩子送到保育院、托儿所里，而不是放在家里由老人照看。因为孩子的成长，除了需要吃饱、穿暖、不生病以外，更多的是要启发他们的心灵，提高他们的智力水平，培养良好的生活习惯，特别是为他们提供丰富多彩的环境刺激，而这些是家庭中年迈的老人力所不能及的。

实验证明，从幼年时期开始就让孩子多看各种色彩鲜艳、形象生动的画片，听一些节奏明快、旋律优美的乐曲，上学以后经常到户外活动，观察大自然中的各种事物，不仅视觉、听觉等感官经常得到锻炼，功能得到提高，而且大脑皮层不断接受丰富的刺激，经常处于兴奋和活跃的状态，脑就会得到良好发育，智力水平就会不断提高。

二、观察是智力活动的源泉

人的智力活动是从观察开始的，观察是智力活动的开端和源泉。毛泽东同志说："任何知识的来源在于人的肉体感官对客观外界的感觉。"这话对智力同样适用。事实表明，一个人对周围事物"视而不见""听而不闻"，他的精神世界就很贫乏。一个人的亲身观察有限，他的知识就是浮光掠影的，他的智力活动就会成为无源之水，就会显得苍白无力。心理学的研究证明：在缺少日常刺激因而使感觉起作用的机会很少的环境下生活的儿童，在理智的内容上苍白无力，而且注意力涣散，易受暗示，缺乏学习能力。另一个实验还表明：仅仅遮断触觉刺激，也会使被试智力活动迟钝、手指尖的灵巧性下降、感情冲动，并出现离奇古怪的思维。既然缺乏一般的感知，就会使智力活动受到如此明显的不良影响，那么，缺乏有目的、有计划的观察，对智力活动的消极影响就更不言而喻了。大量的事实也表明，观察力是一个学者不可缺少的能力。牛顿观察苹果落地进而发现万有引力定律，就是一个很好的例子。英国著名的生物学家达尔文说："我既没有突出的理解力，也没有过人的机智。只是在观察那些稍纵即逝的事物并对其进行观察的能力上，我可在中人之上。"英国科学家何非也说过："科学研究工作就是设法走到某事物的极端去观察它有无特别现象的工作。"对我们周围的事物，大家往往习以为常，因而很难从中有新的发现。当你走到"极端"去观察别人不太注意的特点，并努力创造条件促使事物暴露其特点，这时我们就容易有新的发现。

做一个优秀的文学家、诗人，也必须要有非凡的观察力。莫泊桑年轻时，有一次去拜访福楼拜，并给他讲了几个故事。福楼拜听后，不主张他写这些故事，而希望他做这样的锻炼：骑马出去跑一圈儿，一两个钟头以后回来，把自己看到的一切记下来。莫泊桑按照这个办法锻炼自己的观察力有一年之久，然后写出了一篇著名的短篇小说《点心》。莫泊桑曾说过："必须详细地观察你所要表现的一切东西，时间要长，而且要全神贯注，才能从中发现迄今还没有人看到和说过的那些方面。为了描写烧得很旺的火或平地上的一棵树，我们就需要站在这堆火或这棵树前面，一直到我们觉得它不再跟别的火和别的树一样为止。”

文学创作来源于生活而又高于生活。一个文学家只有对生活真观察，才能发现生活的真谛、生活的美，才可能创作出高于生活的不朽名篇。因此，很多文学大师都深有体会地谈到观察对于文学创作的重要性。“如要创作，第一需观察。”这是鲁迅讲的。俄国文学家契诃夫也指出：“作家务必要把自己锻炼成一个目光敏锐、永不罢休的观察家！”

青霉素的发明人弗莱明说过：“我的唯一功劳就是没有忽视观察。”以观察精确著称的法国科学家巴斯德对人们说：“你们要给自己的热心找一个不可分离的伴侣，这个伴侣就是严格的观察。”

一次实验课上，巴甫洛夫发现一个学生头也不抬地只顾做课堂笔记，就停下来问他：“你在写什么，亲爱的先生？你打算做速记员、秘书，还是当科学家、生理学家呢……应当先学会观察、观察，不学会观察，你就永远当不了科学家。”

推而广之，要想在某一个领域有所成就，观察力是最基本的素质。一个管理人员，必须对他所管理的事务有敏锐的观察力，才能发现问题的主要矛盾是什么；一个公安人员必须有敏锐的观察力，才能够发现犯罪分子的蛛丝马迹；一个工人也必须有较强的观察力，才能及时发现工作中的不合格产品……总而言之，观察力是一切人才的重要标志之一，是做好各项工作的前提。

三、良好的观察力是学习进步的保证

一些教师和家长常抱怨孩子太粗心，一听讲就会，而一做题就错。其结论是孩子学习目的不端正，或者是学习习惯不良等等。其实有很多时候这是由于孩子的观察力差造成的。这就是说，他们虽和别人一样在听、在看，但他们所获得的知识却是十分零碎、片面的，有时其中还会有许多错误。

观察力在各学科学习中都是十分重要的。比如，在语文课、外语课的识字教学中，字形、字义之间的微妙差别，在观察力较差的学生眼中往往一带而过，因而认错、记错；而观察力较强的学生则不仅能抓住这些细微的差别，而且善于发现某些共同点，从而提高了理解与记忆的速度和准确性。在语文课写作教学中，有些学生由于对生活缺乏观察，头脑中没有感

性材料的积累，总觉得“无话可说，无字可写”，不是套用现成的句子，就是内容空洞，言而无物；而有些观察力较强的学生，由于头脑中有丰富的生活素材和真实感受，所以能够生动具体地描写，并能展开丰富的想象，因而觉得写作文是一件快乐的事。

除了语文课外，在数学、几何、物理、化学、自然等课程教学中，观察力强的学生能很快把握各种空间关系和识别各种符号、算式、概念、原理之间的不同，看到相互之间的联系和变化，这样就有利于理解和记忆。数学中学习简便运算和速算，设未知数、解方程和找等量关系，都需要有较强的观察力。

第三节　观察的一般程序

一、确立具体的观察目的

观察的目的一般有两种：一是观察者迄今未知或未加阐明的事实，可以从观察中得到知识、发现问题；二是判断证实理论，验证知识。世上的事物浩如烟海，人们不可能对所有的事物都做密切的观察，只有择其要者而观察之。观察时，要有意识地搜寻自己所要寻求的现象。特别是，一要寻找事物和现象的特点；二要寻找这一事物与其他事物之间以及与已有知识之间的联系。

二、制定周密的观察计划

有了周密的观察计划，才能保证观察有系统、有步骤地进行。如果在观察时毫无计划，漫无条理，那就不会有什么收获。因此，我们在进行观察前就要打算好先观察什么，后观察什么，按部就班，系统进行。如前所述，观察的计划，可以是书面的，也可以以表象的形式保留在头脑中。一般地说，长期的复杂的观察，必须作出书面的计划，即把有关表象转化为书面语言；短期的简单的观察，头脑里有个设想就行了，关键是要养成在执行观察任务前先定计划的良好习惯。

三、客观记录观察内容

科学家认为，偏爱和“过于热衷”会歪曲事实。尊重客观的观察结果，就是培养青少年对事物本来面目的尊重，让青少年养成使主观愿望服从于客观证据的习惯。英国生物学家赫胥黎说：我要做的是，我的愿望符合事实，而不是试图让事实与我的愿望调和。我们在事实面前，要放弃一切先入之见，恭恭敬敬地照着大自然指的路走，否则，就将一无所得。

观察中的差错往往出自两种原因：一是错觉造成的。比如，光在水、玻璃及热空气中折射会造成畸变，会使人们产生视觉上的错误。二是头脑容易无意识地根据过去的经历、知识，自觉自愿地去填补空白。比如，在电影中强盗举起了刀，又往下一刺，虽然观众并没有看到强盗的刀子插入被害者的身体，但看到一个人倒在血泊中，就以为被害者是强盗杀的。这就是旧观念使人臆造出的假象。

因此在进行观察时，一要尊重事实，特别是重视那些与观察预想有出入的事实，往往是这些东西导致创新和重要的发现；二要相信事实，敢于用事实修正理论，不要受现成的结论的影响；三是发现异常现象，要立即去搜寻产生的原因以及同其他事物和现象的联系，以免追悔莫及。

英国有一位乡村医生名叫詹纳，他对研究动物的生活习性很感兴趣，他通过仔细观察记录了各种鸟做巢的秘密。但是他听说杜鹃鸟从不自己做巢，而是在别的鸟巢中下蛋，由别的鸟喂养自己的子女，并且母杜鹃还将养父母的亲生孩子残忍地撵走，以保证自己的子女健康长大。詹纳决心对杜鹃的习性进行亲自观察。他发现，杜鹃确实在别的鸟巢里下蛋，有篱雀的、知更鸟的、篱莺的、鹡鸰的……并由这些巢主代喂其子女。与此同时，他也发现了一个可怕的现象：鹡鸰夫妇都出去打食去了，窝里的鹡鸰幼鸟也全都睡着了，这时杜鹃幼鸟开始活动起来。它低下大脑袋，抵着窝底，颤颤巍巍地叉开两腿，开始往后退，退呀退呀，它的屁股拱着了窝里的一只幼鸟，就把屁股往那只幼鸟的身子底下拱，又把两只光秃秃的翅膀向后弯，向后夹，终于连拱带夹地把那只鹡鸰幼鸟挪到自己的背上凹下去的地方，然后吃力地使劲地往窝边上挪动，一直挪到窝边上，再用脑袋和两只脚撑着窝底，费力把身子往上抬，越抬越高，再猛地一使劲，屁股一掀，就把背上的鸟给甩到窝外面去了！

杜鹃的秘密终于揭开了——杜鹃不做窝，不孵蛋，也不喂养幼鸟，而且幼鸟还无情地对待养父母的子女！

英国皇家学会的博物学家们无论如何不相信刚孵出的杜鹃能将窝里其他的小鸟拱出去。詹纳继续观察，并设计了观察情境，收集了大量照片等资料，使人确信了上述事实。

应当在观察前做好记录的准备，其中包括做好记录表格与工具的准备。

记录表格中应当列出观察对象、目的与任务，观察日期与时间，记录项目与分析小结，记录人等栏目。其中，记录项目应当是记录表格的核心，它应当从几个方面将观察对象必要的外部现象与特征包括在内。应尽可能将观察的顺序与记录的顺序一致起来。

四、及时整理观察记录

及时整理观察记录就是写出观察报告。它是对观察记录进行分析与综合，说明现象与特征的原因或原理，从而做出理性的（概括的）结论。对于不能解释或未能细致观察和遗漏的部分，应注明并提出继续观察的建议等。

第四节 观察中要注意的问题

一、目的明确

有明确目的的观察，才会有好的效果。比如，我们去参观一个纪念馆，如果事前老师提出几个思考的问题，或强调几个需要看了之后回答的问题，那么，学生们就会带着问题去看、去记，当看到事先强调的对象与内容时就会引起关注，这时的观察就会仔细认真，回来以后自然就表述得清晰准确。相反，如果事先没有明确的目的，去了以后随随便便、漫无目的地看看，一般都不能获得良好效果。

对于中小学生而言，观察的目的都应当十分明确而具体，例如，观察青蛙的形状，怎样跳跃和捕食等等。如果笼统地提出“观察青蛙的生活习性”这样的目的，反而会使学生不知从何着手进行观察。

二、统揽全局

大家都知道《战争与和平》是俄国作家托尔斯泰的代表作，这部作品以史诗般的文字震撼了读者的心，给人留下深刻的印象，成为世界文学史上不朽的名著。在创作这部作品时，当写到俄法双方在鲍罗京诺会战时，托尔斯泰总感到描写得很抽象，不具体，整整几天也没有什么进展。最后托尔斯泰长叹一声："关在屋子里是不行的，我要去战场上考察一番！"

托尔斯泰来到鲍罗京诺。他仔细地巡视着整个遗迹，把它的地形地貌牢牢地记在心里，还按照实物绘制了一份地图，画上河流、道路、房屋以及它们的名称，另外他还把当时双方军队的运动情况、太阳的方位等等有关的情况都用特别的符号标在图上。经过这次实地调查，特别是绘制了这张反映战争的全貌的地图之后，托尔斯泰心里有底了。回到家后，他把自己现场调查的鲜明印象与文献上记载的情况相对照，反复研究，直到对这场战争有了全面的了解。这时他把原来写的那段文字全部删去了，重新写。这一次，不仅写得气势恢弘、场面壮观，而且生动具体、色调明朗。

中国古代有一个盲人摸象的故事。由于盲人看不到象的形状，他们只能用手去摸。但因手摸的范围小，并且盲人们又各自都盲目地自信，于是，他们分别宣布"象"是一个"柱子"（他摸到的是"象腿"），一把"扇子"（他摸到的是"耳朵"），一面"墙"（他摸到的是"后背"）和一根"绳子"（他摸到的是"尾巴"）。实际上这几个盲人"观察"的结论都是不全面的，因而也是错误的。

全面的观察，应当是对事物主要的、必不可少的方面（现象和特征）的观察。其中，明显的方面自不待言；而那些隐藏的，或在运动变化中才能观察到的方面，尤其不可忽视。有些对象应从多角度、多方位进行比较观察，连续观察，否则必将遗漏某些重要的现象和特征，导致观察片面，使人不能正确分析现象与本质之间的关系。

三、细致入微

鲁迅先生写《阿 Q 正传》时，写到阿 Q 赌钱的时候写不下去了，因为先生不会赌钱。于是他请了一个叫王鹤照的人来表演。这个人十分熟悉绍兴的平民生活，他将自己了解的压牌宝、推牌九和赌牌时的情景，津津有味地讲给鲁迅先生听，高兴之处还哼起了赌钱时人们惯唱的小曲儿，绘声绘色，十分热闹。鲁迅先生像学生听老师讲课一样，仔细地观察着，认真地做着记录，到后来再动手写作时，就把这些调查来的素材融进了作品。于是，阿Q赌钱时的生动场面才呈现在读者面前。

如果说鲁迅先生是将“观察对象”（知情人）请回家里来“仔细”了解情况的话，那么下一个例子讲的则是自己“深入”到“观察对象”中去观察的故事：

伦敦东区的贫民窟是世界上有名的穷苦人居住的地方。有一天，这里的人们发现又来了一个穷汉。这人衣衫褴褛，自称是流落异乡的美国水手。别看他模样寒酸，但对人特别热情诚恳，不久他就和许多人交上了朋友。他很喜欢到别人家里串门，也常出入收容所。该领面包了，他和大家一起去排队，吃饱了就和大家聊天。他好像对什么事情都感兴趣，总是听不够。大家也觉得这个水手很善良，关心人、理解人，很多心里话都愿意讲给他听。过了几个月以后，这个穷水手告别大家回美国去了，临走时他带走了一箱子的稿纸。事后大家终于知道，这个水手就是大名鼎鼎的作家杰克·伦敦，那部轰动世界的名著《深渊中的人们》就是凭着手提箱中的素材写成的。

从以上例子中可以得到启示：第一，观察必须亲自在活生生的现实生活或现场中进行，走马观花、浮皮潦草地观察，显然不可能获得观察对象真实的现象和特征。第二，只有深入（乃至长期深入）观察，才能观察到貌似无关紧要或杂乱无章、稍纵即逝的（事物的）细枝末节，而正是这些细枝末节，却往往与事物的本质有着千丝万缕的联系。

一个观察力强的人，不仅善于从一般中观察到特殊的东西，也善于从特殊中观察到一般的东西。这种差别往往就隐藏在细枝末节之中。当然，能否深入、细致，不仅与观察的态度有关，而且也与方法有关。例如可以采用电子摄影、录音及实验等手段，以获得观察对象必要而又可贵的资料。

四、认识准确

一次，一位老友去看望齐白石，一进门发现白石先生的案头上摆着一个大海碗，老人正趴在碗旁仔细观看。走近一看，原来碗里养着几只鲜活的小虾，此刻小虾们正在进行一场“短兵相接”的战斗。开始小虾们两军对垒，缓缓游动，仿佛都在寻找对方的突破口。突然，它们举起双钳，扑上去勇猛格斗起来，厮杀得难分难解。白石老人看得十分入神，没有发现友人的到来。友人笑着问怎么忽然有兴趣养虾了，白石这才讲出其中原委。原来，以前他画虾，长臂和躯干变化不多，长须也都是平摆着。养虾，可以随时观察虾的形态特征。他发现虾在破水冲跃时，双钳闭合，躯干伸展，长须甩于身后；虾在轻浮慢游时，则是双臂弯曲，长须缓缓摆动的。由于把握了虾的形态特点，所以后来白石老人所画的虾，虽然寥寥数笔，但却十分生动传神，成为一绝。

齐白石先生画虾的故事，说明观察之中一个十分重要的方面，就是准确地把握事物的特点。事物总是有普遍性和特殊性两个方面，特殊性是一种事物区别于其他事物的地方，只有捕捉到事物的特殊性，才能准确地把握这个事物区别于另一事物的特点。也就是说，准确认识事物的能力，主要就是把握事物特殊性的能力，在观察中就是把握特殊现象和特征的能力。

五、加强理解

观察与思维的关系十分密切。因为观察是一种知觉，但又不限于知觉，常同积极的思维相结合。真正的有效观察必然是观察中有思考、有分析。这体现在观察过程的有序进行和对观察结果做出合理的理性解释上。

弗莱明教授像往常一样细心地观察培养细菌的玻璃罐。“哎，罐里的细菌又被霉菌污染了。”弗莱明皱了皱眉头，这意味着细菌培养的失败。可是，他忽然发现在绿色霉菌的周围，葡萄球菌停止了生长。教授没有忽略这个实验目的以外发生的细节。经过思考，他认为这可能是人类征服细菌的开始。后来的实验终于证明，他的判断是正确的，绿色霉菌含有抑制和杀灭细菌的成分。这种成分后来被他命名为今天所熟知的“青霉素”。青霉素的发现，使人类从死神手中夺回了更多的生命。

为什么弗莱明发现了青霉素而别人没有发现呢？是他的运气好，碰巧遇到青霉菌掉入了培养基吗？在他之前，我们假设也有人细心地观察到了这种现象，但是如果仅仅是停留在观察的表面现象上，没有深入地思考出现这种情况的内在原因，那就不会有青霉素的发现。我们认为，弗莱明之所以是弗莱明，就是因为他在仔细认真观察的同时，还在积极地思考。

第五节 培养观察力的基本原则

观察力训练必须遵循的一些最基本的要求，就是观察的原则。

一、统一、全面、和谐发展的原则

我们知道观察力是智力的基础、思维的起点，所以必须将观察力的发展与其他智力成分内容相统一，才能从总体上促进青少年的全面发展。

在实践中，教师和家长通常有两种不正确的倾向：一种是片面强调知识的掌握和积累，不注重技能的锻炼和提高；另一种是热衷于各种技能的训练和提高，不注重知识的掌握和积累。前者导致生搬硬套和死记硬背知识；后者的结果是热衷于各种乐器、美术、语言的专长班，以及各类考级的专门学习。这两种倾向都有失偏颇。

观察力的培养是一个多内容、多方法的综合训练过程。如上所述，观察不仅仅是简单地看和听，而且是综合运用多种感官以获取知识的过程。尤其是良好的观察力本身包含着较强的分析、判断等思考能力，这更不是一蹴而就的事情。观察力的训练主要是培养青少年优良的观察品质，发展其正确的观察类型，养成其积极主动的观察习惯，学会必要的观察技能。所以，观察力的培养与训练要遵循综合开发、统一发展的原则，不但要使青少年在观察力品质的各方面和谐发展，还要使观察力训练与知识积累、智力开发相统一。

二、多种感官并用的原则

美国教育工作者曾做过一个实验，请一些青少年观察图片。结果发现，当只用视觉观察时，其保持率为25%；只用耳朵听有关图片的描述时，保持率为15%；当视听觉共用时，保持率可以提高到65%。显而易见，这是由于多种感官协同活动，因而大大地提高了感知的效果。现代生物学的研究也表明，当某一种感官感知某种事物时，别的感官会自动参加进来，使人得到一个完整的感性认识，这就是“感官的相互支援能力”。因此，有意识地使多种感官并用，应当作为训练观察力的一个原则。

三、直观、生动、形象的原则

感知的规律主要有以下几种：被感知的事物必须达到一定的强度才能感知清楚，这被称为强度律；被感知的事物必须与它的背景有所区别，区别越大越容易感知，这被称为差异律；活动对象较之静止的对象更容易吸引人的注意力和观察的兴趣，这被称为活动律；凡是空间上接近、时间上连续、形式上相同的事物，易于被构成一个整体来感知，这被称为组合律。

将以上感知的规律应用于观察力训练中，既要注意选择那些直观、生动、形象的对象，又要选择科学合理的直观教具。

四、主动性原则

观察力的培养同样是一个学习的过程，它涉及教与学两个方面。在这个过程中，作为教育对象的青少年的学习主动性十分重要。培养观察力的最终目标是青少年自身观察力的良好发展。没有青少年自身的积极参与，要取得好的效果是不可能的。

当然，主动性的发挥在很大程度上还要取决于教师的指导和启发，特别是小学低年级学生。

第六节　如何提升观察目的性

观察目的性至少应当包括明确观察的对象、观察的要求、观察的步骤和观察的方法。而这些内容，往往又可在观察计划中把它们规定下来。这也就是说，观察的目的性，一般都是通过观察计划体现出来的。观察计划可以是书面的，也可以是头脑中的；可以是详细的，也可以是简略的。这完全依观察的性质而定。一般地说，凡是长期的、系统的观察，就应当制订较详细的、书面的计划；凡是短期的、零星的观察，只需在头脑里有个粗略的计划就行了。

训练观察目的性可采用以下方法：

一、任务法

小学生感知的特点是无意性、情绪性和笼统性。未经过训练的低年级小学生在观察时，往往注意力不集中，看看这又看看那，而且很容易受其他事情的干扰，分散了注意力，忘记了最初的观察目的。因此，在观察训练的初期，应适时地围绕观察目的提出一些要求和任务，带着任务和要求去观察，这样就有助于学生确立一定的观察目的，使观察有计划地进行。

任务可以由成人直接提出。如，“小白兔长得像什么样子?”“玲玲和东东裙子上的图案有什么不同?”“下雨之前天空有什么变化?”等。问题可以是比较具体的，也可以是比较概括的，一般来说，训练初期问题越具体越好，因为学生的思维能力较弱。具体的问题，可以使自己注意观察与问题(目的)有关的事物特殊，抓住事物的属性。随着观察准确性和完整性的提高，就可以提出概括性较强的问题，并可以分别列出一定的具体要求，帮助学生有计划地完成任务。

任务也可以是教师与学生就观察的内容进行协商后共同确定的，就像命题作文。比如：学生对日出和日落等自然现象感兴趣，就可以让他以“日出”或“日落”为题，细致全面地观察一次日出（日落）的全过程。如果学生对四季树叶的生长变化感兴趣，那么教师在给学生介绍气候、植物等必要的背景知识之后，列出“春天里的树叶的生长”“秋日的落叶”等题目，让学生有目的地注意观察叶子的颜色、形状、生长变化等。

“任务法”是比较常用而且易行的方法。在学生观察初期，如果学生不考虑自己的兴趣特点和接受程度，命令式的任务就容易脱离实际，就会破坏观察时的兴趣，影响观察训练的进一步开展。真正的“任务法”应该是在轻松自然的状态下，于自然而然中提出的。

二、列项画勾法

“列项画勾法”是“任务法”的进一步深化，具有较强的操作性。

在与学生共同提出观察目的后，可以自己列出一个内容围绕观察任务的项目表。这个项目表就好像准备做一桌菜待客，首先要列出菜谱，弄清需要采购和准备哪些原料。有了这个项目表，学生就能按照项目，围绕目的逐项地去观察了。在实际运用中，将观察任务分解成若干个具体的项目，学生每观察完一个对象与内容，得出一项结果，就在该项目的后边画勾。画勾还可以用贴小红花、画小动物等形式代替。由于这种形式十分生动具体，所以对于低年级小学生效果更好。

“列项画勾法”的好处还在于，其逐项画勾本身已在做观察记录。所以观察结束后，就可以得到比较完整和全面的观察结果。它同时也在培养着儿童做观察摘记的好习惯，有利于观察知识的积累和观察自觉性的形成。在开始阶段，学生要整理和保存每一次的观察结果，将项目、表格和结果装订成册，这对于学生是很大的支持和鼓励。

使用“列项画勾法”的初期，项目可以代为列出。因为这时的学生做事计划性差。随后，应该鼓励学生自己根据观察目的，列出观察对象的各项具体内容。而且，在实际观察中，学生很可能还会发现项目表以外的重要特征和内容，这就应当在项目表中预留“备注”的空格。当学生发现特别的内容时，要及时充分肯定他观察得细致、认真，并提示将这些额外的发现填写在“备注”格中，或用色笔或其他形式标记好。

三、看图说话法

学生将图片上的内容用自己的语言表达出来。这一传统的方法如今已经广泛应用在儿童教育当中，并深受家长和学生们的喜爱。

刚开始进行这种训练时，小学生往往目的性不强，东指一下西指一下，表达出的内容也杂乱无章。通常他们都首先说出容易引起他们注意的部分（如色彩鲜艳、形状怪异的部分）。另外，他们对生活中已有接触的对象常常能描述出来，比如日常用品、常接触的人等等，而一些在成人看来十分重要的内容，他们却可能忽略掉了。所以，“看图说话法”最重要的是教师和学生共同观看画面，教师要用直接或间接的言语来指导学生。

当小学生已经可以独立进行观察时，就不用再像从前一样回答老师提的十分具体的问题，而是比较概括的问题，比如：“这张画片上画的是什么呀？”学生可能说得不准确、不全面，这正是需要我们去引导的地方。所以，对学生的回答不要急于下结论去否定或肯定，而是要对照画面帮助学生比较分析，找出更确切的表述方法和语言。对画面主题的概括，不仅有利于观察目的的确立，而且有助于帮助学生找出事物的因果联系，也是训练观察分析能力的好方法。

确定主题之后，可以继续以讲故事的形式引导学生观察画面不同部分、不同位置的内容，找到它们之间的联系与区别。对低年级小学生来说，训练观察力，选择的画片最好是富有教育意义的卡通连环画。卡通人物造型为小朋友所喜欢，连环画之间情节上又有联系，便于观察人物、事件的发展变化，蕴含树立良好生活习惯等教育的内容，还能在训练观察力的同时培养良好的行为习惯。

高年级小学生也可以使用“看图说话法”，以训练他们的观察目的性和完整性。这时可以选择一些颜色单一、情节暗示性不强的独立画面。这样既可以提高他们观察的分析能力，又能够鼓励学生的发散思维。所以，教师应鼓励学生大胆地表达画面上没有直接显示的内容。

中学生仍然可以运用“看图说话法”来训练观察能力。学生通过观察一组连环画，按照记叙文的六要素（时间、地点、人物、事件、原因、结果）来编写出一个完整的故事。在中学毕业考试中，也曾出现过给一幅漫画，请学生根据自己的观察和理解来进行议论的作文题目。

第七节　观察积极性的训练

观察活动是一种有意注意的活动，它以感知为基础，个体能够自主调节注意的对象和观察的时间。因此，凡是能够使儿童产生兴趣和积极性的对象，其注意和观察的效果就好。所以，观察积极性的培养是观察力提高的又一重要内容。

一、发展特长法

人的能力发展是不平衡的，观察能力也是如此。发现学生某种突出的观察力并加以鼓励和引导，是调动、提高其观察积极性的好办法。

科学界的泰斗、相对论的提出者爱因斯坦小的时候智力水平并不出众，甚至比周围的孩子还差。到 3 岁时他还不会讲话，而且是一个不爱玩耍的“问题”儿童。6 岁时，一次老师在课堂上叫到他的名字让他回答问题，他竟呆若木鸡，引起同学的哄笑；有人还给他起了个绰号“差劲的笨瓜”。在他小学的成绩册上，老师的评语是：“智力迟钝，话说不清楚，成不了才。”后来爱因斯坦上了中学，学校的教导主任说他：“干什么都一样，反正一事无成。”

令人感到庆幸的是，爱因斯坦的父母并没有对他失去信心。他们经常带小爱因斯坦去郊游，开拓他的视野，培养他的探索精神。爱因斯坦 8 岁时，从父亲那里得到一个罗盘，谁也没想到他竟然围绕罗盘一连串地提出了二三十个问题。大人对小爱因斯坦的问题没有敷衍了事，而是鼓励他求知。父母不能给他以满意的答案，就找到他的一个从事技术工作的叔叔雅格来专门给他讲解。此后，雅格叔叔经常给爱因斯坦讲解数学上的难题，解释欧几里得的《几何学原理》，父母还专门为爱因斯坦请了一位博学的家庭教师。正是这位教师不断地发现他身上可贵的品质，给予他不断的鼓励和循循善诱的培养，爱因斯坦才逐渐养成了独立思考和不断探索的个性。这些与当时学校刻板守旧的教学方法形成鲜明的对照。后来在瑞士读大学时，由于没有按照老师规定的方法完成实验，他遭到校方和导师的批评。但爱因斯坦不以为然，他说："认为用强制和责任感就能增进观察和探索的兴趣，那是一种严重的错误。"

很多事例都表明，采取因势利导的方法将学生的能力转移到我们希望的方向上来，比单纯的强制办法，实际效果要好很多。如果教师能让学生尝到观察的甜头，那么接下来的情况就会顺利很多。

二、远足法

"远足法"就是通常所说的郊游法，是家庭教育中固有优势的一种观察力训练方法。这种方法，不同于学校组织的春游活动和一般意义上的"玩"，也不同于以消耗体力、锻炼吃苦精神为主的"磨难教育"，而是一次生动、活泼、形象的观察教育活动。这种活动不仅有利于家庭成员之间加强了解、沟通感情，而且在宽松亲切的环境下，使训练的兴趣更高、效果更好。上了高中以后，学生们也可以结伴同行去附近的城市或乡村旅游、考察。这样，既增强体魄，加深了同学之间的友谊，又提高了观察力。

怎样运用好"远足法"呢？

首先，在郊游前要做好充分的准备，如对于郊游地点的选择。最好教师对有关景点及有关的知识要有一定的了解，地点与准备进行的观察力训练有一定的关系。当然这些准备最好事先保密，以便达到好的效果。学生们自己组织的郊游，更要对前往的地点做充分的调查和准备，这样做既是出于安全方面的考虑，也是为了观察取得更好的效果。

其次，要选择合适的交通工具。对于小学高年级学生和中学低年级学生，在教师的带领下骑自行车出游是一个好的选择，因为这样在郊游过程中就有较大的灵活性。

第三，要把“观察”作为郊游的主要内容。儿童与家人一起进行的郊游，能够引导孩子观察的极大兴趣。家长如果表现出极大的“游兴”，可以极大地感染孩子。相反如果家长仅仅满足于把孩子“带出来”，自己累了就找个地方一坐，对孩子说“自己去玩吧，别跑太远了”，这样也会失去郊游的意义。如果家长的身体状况欠佳，可以选择游客较少的旅游景点，放慢旅游的速度，这样既避免了过度的疲劳，又增加了与孩子的交流。

第四，郊游结束后不要只顾“休息”，“玩”过就忘，应鼓励学生将郊游写成感想和随想。这样做有利于学生重温观察的情景，总结和归纳事物的梗概。但是我们也发现，一些教师不管学生观察、游览的情况，效果如何，都以成人的观点布置任务、验收结果。这种做法是有害的，因为“游记”应是有感而发，重在自然、写实，要孩子自觉自愿才好。其实，只要教师做好了前几步的工作，这一步就会水到渠成。

实际上，郊游的主要目的应该放在培养观察的积极性和兴趣上。当然，郊游的次数和时间要得当，绝不是地点越远越好、时间间隔越短越好。

三、智力竞赛法

“智力竞赛法”是通过一些生动有趣的智力训练题的练习来提高学生对观察活动的积极性。在目前众多的儿童读物、家庭教育丛书中，不乏一些适合儿童的智力训练题集。

在选择智力题的时候，特别是要注意智力题适用的年龄和针对的主要内容，要选择那些与培养观察力和观察品质有关的智力题。对于智力测验的分数，既不能因为一次得分较高就高兴，也不要因为一次成绩较低就怀疑学生智力存在障碍。这两种态度都不是客观的，因而对于学生的自我认识和发展会产生误导。因为学生的智力水平和实际的观察力并不是一两次智力测验结果所能反映的，而且学生的智力水平还处于发展的阶段，有的学生发展早些，有的学生发展晚些。我们的目的就是通过心理测试的题目，有意识地提高儿童的观察力。

在家庭教育中可以采用父母与子女共同答题，进行智力竞赛的方法来激发孩子的兴趣。这种形式比单纯用智力题来测验孩子的效果要好。

第八节　观察条理性的训练

观察是一种复杂而细致的工作，不是随随便便、漫无条理就可以收到效果的。观察必须全面系统、有条不紊地进行。不仅长期的观察需要如此，即使是短期的甚至临时的观察也同样需要如此。

作为观察力的条理性，就是要保证系统地进行观察。任何一种事物不仅它本身的各部分、各属性之间具有一定的内在联系，而且各种事物之间也存在一定的关系。我们在观察时，就必须紧紧抓住客观事物的这一性质，有步骤有条理地进行观察。

一般说来，有这样几种方式：

①按事物出现的时间说，观察可以由先到后；

②按事物所处的空间说，观察既可以由近及远，也可以由远及近；

③按事物本身的结构说，观察可以由外（左、上）到内（右，下），也可以由内（右、下）到外（左、上），可以由局部到整体，也可以由整体到局部；

④按事物的外部特征说，可以由显（大）到微（小），也可以由微（小）到显（大）。

观察的条理性，可以保证输入的信息是有系统、有条理的；而这样的信息，也就便于智力活动对它进行加工编码，从而提高活动的速度与正确性。如果一个人的观察杂乱无章，那通过它所获得的信息也就必定是杂乱无章的；这样，他的智力活动要在一堆乱麻中理出一个头绪来，必然要花费较多的时间和精力，甚至还可能影响到智力活动的正确性。

一、程序转换法

一个观察过程总要经过一个顺序来逐渐完成。能否迅速地找到适合观察对象的观察顺序，是一个人观察力高低的一种表现。因此，学生要用一种观察顺序来观察不同的事物，或用不同的观察顺序、角度来观察同一种事物，都是帮助学生获取丰富信息、学会比较分析、提高观察力的有效手段。

观察顺序首先是被观察事物的不同空间顺序，如从上到下、从左到右、由表及里、由远到近等等，还可以由部分到整体、由整体到部分。对于同一个事物而言，既可以依循空间顺序，也可以从不同结构次序入手，以获取不同信息，从不同角度认识事物。

“程序转换法”是让学生们学会选择不同的顺序来观察不同类的事物。比如，观察某种动物、植物或某个物体，通常采用从整体到局部，再从局部到整体的顺序分析法；观察街景、山色、水光等自然景物时，多采用由近及远或由远及近的方位顺序法；而观察某一事件，则必然按照开头（起因）、中间（经过）、结局的时间发生顺序法。这种训练可以使学生学会有条不紊地进行观察和分析，抓住事物各方面、各层次的特征，使观察力、思考力都得到相应的提高。

二、找同伴法

这是训练学生学会比较、求异同，从而抓住事物特征的方法。顾名思义，“找同伴法”，就是寻找不同事物的共同点，比较它们的特征，并试图发现其间的联系。这一方法十分灵活，在实际运用中可深可浅、可长可短，有助于提高中小学生的观察、分析、思考和概括能力。

对于一二年级小学生，这一方法的运用重在求“同”，即找出同样事物间的相似性。比如，学生对蚂蚁发生兴趣的时候，可以仔细观察蚂蚁的形状，了解它的身体结构，另外，找出与蚂蚁身体结构相似的昆虫。一般学生可以想出蚊子、苍蝇、蜘蛛、蜻蜓、蝉等等。再通过细致的观察以了解它们的共同点，比如：圆圆的头部、胸部和长长的腹部；头上都有两只触角、两只大复眼；胸部长出成对的细长的脚、薄薄的翅膀；腹部的横纹、尾部的小刺等等。随着观察的深入，通过实物和放大的图片，这时学生会注意到昆虫之间有许多相同点，观察兴趣就会大大增加。

三四年级小学生观察力有了较大的提高，可以在众多的事物中找到相同之处。在这种情况下，学生开始注意事物的不同之处，知道它们的差异。还以昆虫做例子，除了归纳相同的地方以外，还要发现它们之间的不同之处。某些看起来相似的树叶，其实也有很多的不同，有的与树的种类有关，有的与生长的环境有关。

在观察过程中，注意力由求“同”转为求“异”，是人的观察力的一次飞跃。因为，找“异”的过程就是锻炼观察分析、比较、归纳的过程，也是早期发明创造、科学实验的萌芽。

三、补全法

没有经过观察训练的学生，对观察的对象往往丢三落四、不得要领，获得的印象是支离破碎的，没有一个全面的印象。“补全法”就是针对这种情况，锻炼学生观察得全面细致的一种方法。培养低年级学生观察力时，可以做这样一个游戏：准备一个人脸的图板，将眼睛、鼻子、嘴、耳朵、眉毛等部位做成单独可以移动和安装的小图片。在游戏时，老师可以将五官安装好四个，学生们将剩下的一个补在合适的位置，以后熟练了还可以全由同学们来“补全”。在开始运用“补全法”时，由于学生的观察力弱，往往只注意事物的个别部分，而不注意其他。比如，只注意到“眼睛”的位置，对其他的器官印象不深。这时，家长和教师不要替学生“补全”，而是要引导学生发现有哪些“不全”的地方，然后加以“补全”，这是“补全法”的关键。例如，教师可以这样说：“看看我的脸，除了眼睛还有什么？它们都叫什么名字？分别在脸的什么位置？”

除了小学生这种简单的人物补全以外，中学生还可以对于人物的活动背景、建筑、树木等对象进行补充。其实很多课程中的填空练习，都是“补全法”的一些“变式”。

应注意的是，“补全”并不是没有秩序的拼凑，而是按照一定的规律来完成的，否则观察的结果依然会是支离破碎的。对于学生们的观察，首先要注意他们观察到的东西，肯定其中反映了事物本质的内容，进而启发他们去发现另一些与其他事物显著不同的方面，再借助他们已有的知识和经验，去反复比较和分析此事物与彼事物的异同。在这个过程中，学生们不仅在全貌上把握了对象，而且在比较分析中加深了对事物联系的认识。

“补全法”除了可以将分散的片段“补”完整，“补”全面以外，还能够将笼统、模糊的印象“补”生动，“补”清晰。比如中小学生在写作文时，常感到无话可说，描写一座新落成的大桥，只会写“桥可真大呀！”之类的话。对于这种情况，教师运用“补全法”可以启发学生描述主要特征，并加以联想和想象，将景物变“活”。除了桥长、桥大以外，桥还可以分几个部分？桥上有什么？桥下有什么？桥两边连接的是什么？桥孔、桥拱像什么？……这样一来，恐怕就不会“没有什么可写的了”。

四、提示法

一般来说，如果观察方法不当，观察就不会得到有效的结果，学生对活动的兴趣也就会降低，观察往往因此而中断。这时，教师和家长的帮助、启发等“提示性”语言或行动就显得十分重要。在数学学习中就需要较强的观察力，这样才能发现运算的特征，并发现其间的联系。例如，在数列的学习中有一道题是这样——要求在(　　)中填上恰当的数：1、1、2、3、5、8、(　　)、21、34。一般学生刚接触这类题目时往往束手无策，教师如能及时启发学生观察数列的基本规律——从相邻数的和差关系、倍数关系及相邻三数的和差关系等这些入手，就会使学生心中有了解决问题的线索。比如解这道数列题，关键就是能“看出”数列的规律是“前二个数之和得出后一个数”。让我们来看一下是不是这样：1 加 1 为 2，1 加 2 为 3，2 加 3 为 5，3 加 5 为 8，5 加 8 就得出了未知数 13，8 加 13 为 21，13 加 21 为 34，也进一步验证了我们的结果。

提示作用远不止于防止学生观察的中断和分散，更多的是要引导孩子运用对比、联想、想象等方式，以便透过事物的现象抓住其本质，使观察深入。观察力的重点不仅在于学生“看到了没有”，更在于“看到了什么”，这是家长和教师提示的目标所在。

严格地说，“提示法”还不是一种具体的方法，它要贯彻于整个观察力训练的始终。“提示法”的核心是，发挥成人的主导作用，用提问、暗示、提供材料等方法，引导学生学会用正确的方法进行观察、比较和综合。在学生的观察方法训练中，成人的提示具有更大的特殊性和启发性，对学生帮助更大。在观察力发展的各个阶段，观察方法的提高都是必要内容。观察方法的每一次进步都在一定程度上标志着观察持久性、准确性、完整性的提高。

第九节　观察准确性的训练

细致、精确的观察是确保观察质量、提高观察力水平的重要内容和条件。一般而言，准确性训练应围绕观察的完整性和有序性来开展。

一、中心单元法

这种方法是围绕某一观察对象或内容进行一系列观察活动，以求完整、准确地把握和理解事物的现象和本质。这种方法有着十分便利的条件，它能够结合日常生活灵活开展，而且易于坚持。

例如，有位家长为了提高孩子的观察力，设计了一系列观察星月的活动。首先，他和孩子一起在夜空下观察星星和月亮，让孩子获得初步的印象，用自己的话简要地记录下来。接着，要求孩子观察星星和月亮的出现。比如，什么时候能看见第一颗星星；到什么时候，星星有几颗；到什么时候满天星斗。同时还鼓励孩子运用想象，记录星月的形状，启发他用比喻和拟人的方法将星星和月亮看“活”了。这一过程实际也是运用分析和比较的过程，孩子的观察兴趣会随着对观察对象的了解而进一步增加。遇上阴雨天，当孩子表示“什么也没有啊”，便进一步提问：“没有看见星星和月亮，看见了什么?”“好多云。”“那么你想一想，为什么有了云就看不到星星和月亮了呢?”——这样，实际上引导着孩子在不同的天气里进行观察。随着时间的推移，孩子不但学会了将满天的星星分组，找到不同形状特点的一组星，而且掌握了新月、满月、残月等的变化规律。在这一过程中，成人根据孩子观察中的疑问或发现，一同查找有关书籍，在大量感性认识的基础上，学习有关天文、气象等方面的知识。整个过程轻松自然，而且留给孩子的印象丰富而深刻。

“中心单元法”旨在围绕“中心”坚持下去。当然这种坚持也是有序进行的，要根据学习的材料和知识积累而循序渐进，否则杂乱无章的内容不会构成一个“单元”。

二、造型艺术法

七到十二三岁的儿童，一般都非常爱画画。感受美、欣赏美、表现美、创造美，就是观察力的一个重要组成部分。因此，家长和教师应根据美术这一造型艺术的特点，运用科学的方法，有步骤、有目的地发展儿童的观察力。尤为重要的是，一次完整的造型艺术活动，同时也是有序的观察活动，因而“造型艺术法”是训练观察完整性、有序性的好方法。

画画是造型艺术的基本活动。小学阶段，特别是八九岁以后，儿童绘画进入写实阶段，这时他们画画力求逼真，画得好不好主要在于像不像。儿童绘画不真实，主要是由于观察的准确度不高，常常突出自己关注的、感兴趣的部分，而忽略其他，这样画出的图画自然就会比例失调。教师可以利用学生的兴趣，教给他观察物体时，首先要对实物整体有一个全面的了解，无论是形体、结构、轮廓、明暗、色彩和比例关系，都要先从整体上去分析和比较，然后再观察整体中各部分的位置以及他们之间的关系，最后再回到对整体更进一步的认识。

在临摹、素描、写生中，都应围绕物体，从正面、侧面、后面各角度有序地进行观察，才能获得完整、准确的印象。随着儿童合理、有计划、有步骤地运用视觉能力的增强，绘画水平会逐渐提高。

除了绘画以外，高年级小学生、初中生还会逐步发展对篆刻、泥塑等造型艺术的兴趣。《天津日报》1998 年 3 月 5 日第 8 版以《根雕爷爷》为题，讲述了 62 岁的退休警察陈凤山爷爷义务辅导滨湖中学学生开展根雕活动的故事。滨湖中学的领导十分重视对学生美育的培养，他们聘请陈凤山老人为全校学生开办“根雕欣赏课”，有意识地培养学生这方面的素质。别看这是选修课，但很多同学都表现出浓厚的兴趣，因为在这个课堂上，每个人都能展开想象的翅膀。课堂上，学生们捡回各式各样的树根，陈爷爷让大家自己说它像什么。大家畅所欲言、各抒己见，有时还争得面红耳赤。每当这时，陈爷爷就对着树根动几刀，让大家看看能雕出个什么来。大家对他敏锐的观察力都十分佩服，整个课堂也充满了情趣。为了做好根雕，有的学生自费购买有关花、鸟、鱼、虫方面的书籍，丰富自己的知识；有的学生利用业余时间上书法、绘画班，提高自己的技能。用学生的话说，上根雕欣赏课，总要动脑子，学生之间比观察、比知识、比想象、比思维，特有意思。正是因为陈凤山爷爷把根雕这门学问带给了学生，学生们都亲切地称他“根雕爷爷”。

三、边缘视觉法

说起边缘视觉，其实大家并不陌生。有人从一大堆名单中可能一下子就会找到自己的名字；有人可以知道从自己身边飞驰而过的汽车的品牌、车型及其他一些细节特征。也就是说，观察者对于自己感兴趣的事物特别敏感，而且也善于观察到别人容易忽略的某些特征。如果你对某些人具有很强的观察力而十分惊讶，那其实只不过是他的边缘视觉比较清晰而已。

神经生理学告诉我们，在人的中央视觉区的外缘，还有一块很大但相对来说没有很好利用的视觉区域，相对于这个区域所产生的视觉就是边缘视觉。在人的视网膜上，大部分都是边缘视觉地带。对于边缘视觉的开发和训练，可以大大提高视觉的感受力范围和感受性程度，对提高观察的完整性和准确性很有帮助。

观察准确性高的人，一个突出特点是“既见森林，又见树木”。就是说，既能把握事物的整体，又能敏锐地观察到事物的细节。这一能力需要观察者既具有广泛的视觉范围，又有较高的视觉敏感度。为此，可进行“边缘视觉法”的训练。训练方法是，先保持固定的目光聚焦，凝视正前方，同时用“余光”观察四周。开始可能不会很自如地控制“余光”，而且范围较窄，随着有意识地锻炼，用眼睛“余光”看东西的清晰度和范围都会增加。这种方法训练的是“边缘视觉”。除了生理训练外，心理训练对于边缘视觉也很有帮助。

第五章　兴趣创造未来

兴趣是一种无形的动力，当我们对某件事情或某项活动感兴趣时，就会很投入，而且印象深刻。每个人都会对他感兴趣的事物给予优先注意和积极的探索，并表现出心驰神往。例如，对美术感兴趣的人，对各种油画、美展、摄影都会认真观赏、评点，对好的作品进行收藏、模仿；对钱币感兴趣的人，会想尽办法对古今中外的各种钱币进行收集、珍藏、研究。

第一节　兴趣是成功的基石

兴趣就是力求探究某种事物或从事某种活动的心理倾向。这种倾向是和愉快的情感体验相联系的。人的兴趣是多方面的，如对科学的兴趣，对艺术的兴趣，对经济的兴趣，对政治的兴趣，对学习的兴趣，对劳动的兴趣，对体育的兴趣等等。对学习有兴趣的学生，有很高的学习积极性，不管课内还是课外都喜爱阅读。这样的学生课前能主动地预习，上课认真听讲，并以思考老师提出的问题为乐趣，能不断地强化自己的求知欲望，做必要的笔记和心得；课下能及时复习功课，乐于总结自己的学习经验，并以能快速、高质量地掌握知识、技能为满足，特别是以发展智能为满足，以提高学习能力和创造能力为满足，以快速、全面发展为满足。若长此坚持下来，他可能会在学习方面取得成绩甚至有所创造，成为一个全面发展的学生。兴趣能使我们对某事物和相应的活动表现出积极的接受和深入的探究，并且总是伴随着快乐、欢喜、满意等肯定的或积极的情感体验。

兴趣是一种认识倾向，它本身具有相对的稳定性。人的认识指向或趋向于某一事物，只有在持续时间较长、比较稳定的条件下，才能构成个性心理特征之一。比如，一个人有体育方面的兴趣，他对体育方面的消息总是格外关心，常被国际、国内体育竞赛活动及报刊、杂志上有关体育方面的报道所吸引，不论是现场直播还是电视转播的体育赛事，对于他都有极大的吸引力，甚至废寝忘食，在观看比赛时情绪高昂，兴高采烈，在与体育活动爱好者进行交谈时，感情融洽，并力求经常参加体育活动和体育竞赛，奋力拼搏。这些行为前后是一贯的，而且还经常地在他身上表现出来。相反，那种由于事物本身特点引起的，偶尔出现的对某一事物的认识，并不能作为兴趣的表现。比如，一贯对体育运动表现淡漠的学生，也可能在别人的鼓动之下去观看体育比赛，但这不能说明他对体育活动感兴趣。

兴趣是在需要的基础上产生和发展的。需要激励人们积极行动，是个体活动积极性的源泉，是人从事活动的基本动力。一个人只有对某种客观事物产生了需要，才有可能对这种事物发生兴趣。比如，某人感到了物理知识的必要，有了学习物理知识的要求，才产生了对物理知识的兴趣。当人的某种需要满足之后，他又会产生新的需要，这就使原来的兴趣也得到丰富和发展。1986 年曾在中央电视台现场表演快速记忆的王维，只不过是位初中毕业当过二级水暖工的普通工人。通过自己的艰苦努力，他在 1985 年写出了 60 万字的《实用记忆》一书，随后又推出了一系列著作。这是我国第一批有关实用记忆的专著，他也被誉为今日“张松”（张松为传说中三国时代记忆力超群的人）。他的成功就源于记忆知识的需求。王维在工厂当工人时，感到自己的知识不够用，就报考了辽宁大学中文、历史两个函授班。既要工作又要做家务，再加上两个专业的课程，把他累得焦头烂额，于是对记忆各门功课的内容产生了兴趣。他想通过研究人们的记忆找到一条高效率学习和记忆的捷径。有一天，他用自己创造的“奇特联想法”把所需记忆的文学作品都记下来了。于是，他把这种方法推广到他所学的各科功课，学习成绩突飞猛进。所取得的成绩进一步加强了他研究记忆的兴趣，他又组织记忆研究小组，选择试验课题，专门进行记忆方法的研究。经过不断探索，他终于写出了 60 万字的《实用记忆》，并且成为研究实用记忆的专家。可见，人的兴趣在认识过程中得到满足，并不导致兴趣的消失或减弱，相反，兴趣会更加浓厚。

兴趣与动机既有联系，又有区别。动机是直接推动人进行活动的内部动因或动力。兴趣和动机都起源于需要，都是需要的表现形式，都是行为的动力因素。但是，兴趣和动机不能完全等同。首先，兴趣是动机的深化。对某一事物产生了动机，还不一定发展成为兴趣，但一旦成为了兴趣，则必然有与之伴随的动机。例如，某学生有学习外语的动机，但学外语未必是他的学习兴趣，但如果学习外语是他的学习兴趣，那一定伴随着学外语的动机，推动着他去学习外语。其次，兴趣因行动结果获得的满足感而巩固加深。一个人虽有学习动机，若无学习行动，是不会产生兴趣的；如果有动机，也有行动，但行动结果没有使其获得满足感，也难以产生兴趣；只有行动结果反馈回来获得满足感后，才会使学习动机得到强化，并使学习兴趣随之而生。这就是所谓的"学习动机——学习行动——结果满足——兴趣"的模式。还拿学外语来说吧。某学生有学外语的动机，但并没有学习外语的行动，他是不会产生学习外语的兴趣的；假若这个同学有学习外语的动机，也有学习外语的行动，每天念单词，复习句型等，但是学习成绩不理想，没有获得满足感，他也难以产生学习外语的兴趣；只有他学习外语的成绩不错，或受到老师的表扬时，他产生了满足感、自豪感，才会使他原有的学习动机得到强化，并随之产生了对外语的学习兴趣。

第二节　兴趣的作用

一、兴趣的定向作用

兴趣对活动具有定向的作用。许多人的创造性活动都是由兴趣开始的。著名的科学家法拉第有一次听了当时久负盛名的科学家戴维的演讲后，对科学产生了热爱和追求，他写信给戴维，希望得到他的帮助。不久，法拉第当了戴维的助手。他们一起做实验，一起探索科学的奥秘。怀着对科学的强烈兴趣，法拉第苦心钻研，终于成了近代著名的物理学家。

1960 年英国的珍妮·古道尔高中毕业后，出于对动物的兴趣，毅然放弃伦敦舒适的生活，只身来到非洲的热带森林，开始了为期 11 年的对黑猩猩的观察、记录与研究，终于揭开了黑猩猩行为之谜。我国著名的文学家茅盾，当他成年要自谋生路时，他的父亲一再告诫他，一不得经商，二不能从文。可是茅盾偏偏爱上了文学，强烈的兴趣使他和文学结下了不解之缘，最终成为著名的文学家。还有享誉世界的作曲家贝多芬，他将音乐创作视为自己的生命，一生创造了无数感人肺腑的乐曲；大发明家爱迪生的人生追求就是揭示大自然的奥秘，并以此为人类造福；德国伟大作家歌德认为，“如果工作是一种乐趣，人生就是天堂”。他们之所以做出巨大成就，都是出自于对自己所从事的工作的兴趣。

二、兴趣的动力作用

兴趣对活动的最突出的作用即是它的动力作用。所谓兴趣的动力作用，是说兴趣可以直接转化为动机，成为激发人们进行某种活动的推动力。具体表现为一个人在活动中为了达到某种目的，可以产生惊人的意志力和勇气，废寝忘食，夜以继日地工作，并且能在工作中表现出很高的创造力。我国著名的数学家陈景润，把研究数学当作人生最大的乐趣。在他看来，那些数字就如空谷幽兰，高寒杜鹃。“文革”期间，他在不足十平方米的斗室里，牺牲了许多人生应该享受到的娱乐，终于摘下了“哥德巴赫猜想”这颗数学皇冠上的明珠。诺贝尔物理奖的获得者丁肇中先生说：“比如搞物理实验，因为我有兴趣，我可以两天两夜，甚至三天三夜待在实验室里，守在仪器旁，我急切地希望发现我所探寻的东西。”一次有人问他：“这样刻苦研究，你不觉得苦吗?”他笑着回答：“不，不，不，一点也不，没有任何人强迫我这样做，正相反，我觉得活得很快活，因为我有兴趣，我急于探索物质世界的秘密。”正是兴趣的动力作用，使一个人产生惊人的意志力和勇气，勤奋而忘我地工作，并在工作中表现出很高的创造力，从而取得惊人的成绩。

三、兴趣的陶冶作用

兴趣使生活丰富多彩，使人生充实。它不仅开阔人的视野，开发人的智力，同时还能提高人的思想道德修养，陶冶人的高尚情操。

许多对社会作出杰出贡献的人，他们都有各种各样的兴趣。恩格斯不但在物理、化学、生物、数学方面有很深的造诣，还对军事、文学、艺术、击剑、演说、骑马、游泳都感兴趣。列宁爱读书、看报、滑雪、下棋，去野外郊游。他认为旅游不但可以使人消除疲劳，恢复体力，还可以开阔人的视野。接受大自然的熏陶。毛泽东年轻时博览群书，喜爱游泳、爬山，到老仍然不减当年。俄国生物学家巴甫洛夫喜欢集邮、画画。物理学家爱因斯坦喜爱音乐，小提琴拉得很好。居里夫人擅长跳舞，爱好旅游。数学家苏步青酷爱文学，擅长书法。多样的兴趣为他们繁忙的工作增添了乐趣，也陶冶了情操。

四、兴趣对学习的促进作用

美国的拉扎勒斯做了兴趣与智力的对比研究。他设计了这样一个实验：在语文教学的过程中，将高中学生按照智力与兴趣分为两组，一组为智力组，一组为兴趣组。智力组平均智商为120，但对语文和写作没有兴趣，而兴趣组学生的平均智商只有107，可是他们喜欢阅读和写作。在两组学生学习阅读与写作时对他们进行同样的测验，到学期结束时，发现两组学生的总成绩兴趣组高于智力组，同时兴趣组平均每人阅读20.7本书，写了148篇论文，而智力组平均每人阅读5.5本书，写了3.2篇论文。由此，他认为，兴趣与智力相比，兴趣更重要。兴趣具有促进学习的功能。

第三节　兴趣的多样性

人的兴趣是多种多样的，我们可以从不同侧面，对兴趣进行分类。

一、直接兴趣与间接兴趣

根据兴趣的倾向性，可以分为直接兴趣和间接兴趣。

直接兴趣是指由事物或活动过程本身引起的兴趣。新奇的东西，与需要直接相符合的事物，都容易引起人的直接兴趣。如一个喜欢学习地理的学生，学起地理知识来总是那么如饥似渴、津津有味、不知疲倦。间接兴趣是指对某种事物或活动本身并没有兴趣，只是对这种活动的目的或结果感到需要而产生的兴趣。如一个学生并不喜欢学数学，但由于他认识到数学是学好其他各门科学的基础，这样，虽然对数学本身感到枯燥，没有兴趣，但对学习数学的目的和结果有认识、有兴趣，所以还是去克服困难，努力学习数学。在学生学习的过程中，许多学科的内容可能是枯燥的，因此要更多地依靠间接兴趣去学习。直接兴趣和间接兴趣对于学生的学习都很重要，它能激励学生的求知欲望，提高学生学习的积极性，使学生产生积极的认识倾向。一般来说，学生的学习开始更多地受直接兴趣的影响，逐渐转变为更多地受间接兴趣的影响。小学生的学习一般受直接兴趣的影响较大。他们对学习是否有兴趣，更多地依靠教学内容的生动性与教师教学方法的多样性。随着学生年龄的增长，知识经验的增加以及世界观的形成，他们进一步认识到了学习的社会意义，他们生活的目标、抱负则成为推动学习的强有力的动力。

直接兴趣与间接兴趣在一定条件下也是可以相互转化的。一般说来，在教学中凡是与学生的需要及已有知识经验相符合的事物，就会使他们产生直接兴趣；当遇到困难，感到乏味，不愿意再学习的时候，就需要把直接兴趣转化成间接兴趣来推动他们的学习。对某一事物的直接兴趣，只有向间接兴趣发展，这种兴趣才能具有持久性和方向性。比如，一个喜欢学数学的学生，一开始可能被数学活动本身的乐趣所吸引，因此表现出一种积极的学习状态。但是，随着教学难度的增加，一系列抽象的定理、公式的出现，尤其遇到一些不能解决的问题，他便感到学习的乏味，甚至不愿意再学。这时如果他认识到了学习数学的社会意义，用自己的意志力去克服学习数学时遇到的困难，继续保持积极的学习状态，那么他学习数学的直接兴趣便发展为间接兴趣了。间接兴趣也可以转化为直接兴趣，如果间接兴趣能够得到直接兴趣的辅佐，那么这种兴趣也就更扎实。这种现象在学生的学习中更加普遍。比如，有的学生对学习外语没有兴趣，但认识到学习外语的重要性，便产生了学习外语的间接兴趣。在这时，他学习外语要靠一定的意志努力，去克服内外干扰。但当他学习了一段时间，有了一定的外语基础，并初步具备了阅读英语材料的能力后，他对学习外语本身产生了兴趣。这时，学外语的间接兴趣就转化成了直接兴趣，有了直接兴趣，学习外语就不再是苦差事了，他可以从学习外语的活动中得到许多乐趣。

二、广阔兴趣与中心兴趣

从兴趣的广度来看，又可分为广阔兴趣和中心兴趣。

广阔兴趣就是对多方面的事物或活动都感兴趣。兴趣广阔的人对一切事物都乐于探求，经常能注意到多方面的新问题，处处留心学习，因而能获得广博的知识，也能开阔眼界，使生活丰富多彩。而有的人兴趣单调贫乏，除了对自己所学的功课，所从事的工作或专业有些兴趣外，对其他任何事情几乎都不大发生兴趣，这一类人就是兴趣狭窄的人。兴趣狭窄的人，生活内容通常也是单调贫乏的。

当今社会出现了各种学科相互渗透、相互融合的趋势，因而，仅有某一学科的知识和兴趣，难以适应现代社会的需要，也难以成才。谈家桢教授曾发表题为《自然科学家和社会科学家必须结成联盟》的文章，认为：自然界和社会界本身是错综复杂的。科学的划分历来具有相对性。实际上，不可能存在完全脱离社会科学的自然科学，也不可能存在完全脱离自然科学的社会科学，两者本来就存在着某种关系。随着现代科学的发展，这种联系不是疏淡了，而是大大地密切了。科学领域本身的密切联系、互相交错，要求我们的自然科学家、社会科学家适应这种状况，结成密切的联盟。如果我们自然科学家还是囿于自己的研究范围而不肯越雷池一步，对其他科学领域的知识所知甚少，甚至一无所知，那么势必使自己的研究工作迈不开步子，产生种种片面性，这是不利于四化建设的。因此，我的结论是：自然科学家和社会科学家的联盟是势所必然的，这是新形势与新时代赋予我们知识分子的重任。美国也曾经对1311位科学家作了五年的调查，结果发现，有成就的很少是仅仅精通一门专业的“专才”，而往往是既有一门专业，又有广博知识、基础扎实的、思想活跃的通才。

中心兴趣是指在广阔兴趣的基础上，对某一方面的事物或活动有极浓厚而稳定的兴趣。凡是作出重大贡献的人，在广阔兴趣的基础上，都有自己的中心兴趣。

邹韬奋说得好：“无所不能的人实在是一无所能，无所不专的人实在是一无所专。”这句话就说明了有广泛的兴趣而没有形成中心兴趣对人成才的影响。科学史上就有这种广博而不专一的科学家，勤奋了一生而没有搞出值得称道的科学成果。爱因斯坦的亲密朋友米凯尔·贝索就是一例。贝索一生好学而善于思考，有很强的好奇心和对科学的求知欲，曾对爱因斯坦的科学创见的形成起到了“助产士”的作用，特别是对狭义相对论的定型起到了重要的作用，是爱因斯坦最好的“知音”。但是，他的兴趣太广泛了，爱因斯坦说：“他的兴趣之广，简直没有界限。”爱因斯坦曾向他提出善意的批评："我坚信如果你有专注的热情，你一定能在科学领域中孕育出有价值的东西。"正因为贝索缺乏中心兴趣，这样一位才智非凡的科学家，在事业上一生都没有建树。

因此，青少年朋友首先应发展自己多方面的兴趣，从多方面去摄取知识，给自己打下坚实的知识基础；然后在此基础上培养中心兴趣，即要求对某一方面进行更加深入的钻研，并使其他各种兴趣都直接或间接地为它服务。具体来说，小学生由于认识水平所限，兴趣不够深刻和稳定，因此应培养他们兴趣的广阔性，形成对各种事物或各个学科的兴趣，丰富他们各个方面的知识，为他们以后形成中心兴趣打下坚实的知识基础。在这个时期要避免出现偏科现象，避免形成兴趣的狭隘性，防止学习过早专门化。随着儿童年龄的增长，知识的增长，世界观的形成，以及对于自我认识的加强，学生可以在广阔兴趣的基础上发展适合自己特点的中心兴趣，在选准中心兴趣后，再广泛地去收集与此有关的资料，并持之以恒，专心致力于此，努力做出成绩。

三、兴趣的稳定与转移

稳定的兴趣，是指个体对某事物或活动长期地保持浓厚的兴趣。稳定的兴趣能使人的思维专注、连续，保持长时间的一致性，能把人的注意力和探索热情长期指向研究的问题。它往往能使人发现别人未发现的东西，学会别人还未学会的技能，从而使人走向成功，并取得丰硕的研究成果。

稳定的兴趣能使人产生强烈的探索精神、惊人的勇气、顽强的毅力和忘我精神，克服重重困难和阻力，做出惊人的成绩。当代科学最高奖——诺贝尔奖的创立者诺贝尔的一生是与阻力抗争的一生，他的许多发明创造，都是伴随阻力而诞生的。诺贝尔除了发明炸药外，还在革新硫酸生产、改进冷冻设备、火箭发射法、留声机和电池的改良等方面都有发明创造，取得了丰硕的成果。诺贝尔把自己的一生都倾注在了发明创造上，几十年如一日。

兴趣的转移可分为两类不同性质的转移。一类是以高层次需要为背景的主动的转移，另一类是以低层次需要为背景的转移，是被动的转移。

以高层次需要为背景的主动的转移，转移后的兴趣一般是稳定的，对一个人的学习与成才具有促进作用。许多学者在成才之路上都有过兴趣转移。美国著名的科普作家阿西莫夫，本是波士顿大学的生物化学教授，但他在评价自己的才能时说："我决不会成为第一流的科学家，但是我可能成为一个第一流的作家。"因此，他选择了科普读物创作这一事业并作为自己的终生兴趣，40 余年间，他写了 240 部科普读物，可谓多产作家。

也有一些人缺乏崇高的理想和克服困难的意志力，稍微碰到一些困难和挫折就发生兴趣的转移，今天喜欢这个，明天喜欢那个，朝秦暮楚，见异思迁，没有稳定而专一的兴趣，这种不稳定的兴趣就难以形成一种内在动力，也不可能成就一番事业。

第四节　环境对兴趣的作用

环境既包括自然环境，又包括社会环境。自然环境对于我们形成某方面的兴趣，发展某方面的爱好，也起着十分重要的作用，不容忽视。但这里的环境主要指我们周围的社会环境。我们的一生都在各种社会环境里生活，人的生活经验会有意无意地改变自己的思想态度和行为，在周围环境潜移默化的影响下，我们会形成和发展自己的兴趣和爱好。

如今，科学技术的发展提供了完善的机构和完备的训练设施和设备，如游泳馆、体操房、青少年音乐绘画训练馆等，为儿童提供了学习与训练的机会，有益于儿童各种兴趣的形成。而"大众传播事业"，如报纸、广播、电影、电视、杂志书刊等的发展，和社会教育机构，如图书馆、博物馆、科技馆、艺术馆、体育场、音乐厅等的广泛设立，更发挥了社会环境的积极作用，不但给人们提供了丰富的新信息和精神食粮，也为儿童提供了良好的学习与训练环境，使儿童各种各样的兴趣能得以形成并得到高水平的发展。

家庭是儿童生长的最初环境，有人称它是"第一所学校"，对形成兴趣具有重要和深远的影响。在家庭环境中，父母是儿童的"第一任教师"，父母对儿童的特殊兴趣、特殊能力的形成起着非常重要的作用。父母的一言一行，一举一动，都会潜移默化对孩子产生深刻的影响，儿童往往通过耳闻目染，学习和模仿父母的行为与兴趣。因此，孩子的兴趣与父母的兴趣有时是很相似的，父母有什么样的兴趣，孩子也容易形成什么样的兴趣。

一般说，母亲爱好音乐，孩子也往往喜欢音乐；母亲善于刺绣，女儿也喜欢刺绣；父亲是诗人，孩子也喜欢诗歌；父母喜欢研究理论问题，孩子也热心思考、探讨。

第25届奥运会乒乓球女子单打冠军得主邓亚萍，就深受他父亲的影响。邓亚萍的父亲是乒乓球队的教练，她从小就看父亲打球、练球，很小的时候就迷上了乒乓球。一天，她对爸爸说："我要打球。"当教练的父亲吃惊地盯住她看了半天，因为她当时还不到5岁。最后，她的父亲郑重地点了点头。从这时开始，邓亚萍就每天坐在爸爸的自行车后座上，由爸爸送她去训练馆练球。在爸爸的支持鼓励下，邓亚萍苦练乒乓球的基本功，不久便进入了郑州少年体校。父亲对乒乓球运动的喜好，使女儿喜欢上了乒乓球；也正是父亲对女儿的支持鼓励和正确指导教育，使她的球艺大有长进。通过刻苦训练，邓亚萍终于登上了世界冠军的宝座，取得了一系列的辉煌成绩。她的成功与她父亲对她的影响以及教育分不开。

家庭环境，不仅仅指父母本身所具有的兴趣对孩子的影响，更重要的是父母根据孩子的特点适时地进行早期教育。适时而恰当的早期教育不仅有利于儿童形成某方面的特殊兴趣，而且也有利于儿童智能的发展。心理学研究表明，儿童的兴趣和能力的形成有所谓的"关键期"，即学习最敏感、最容易的时期，也可称为"敏感期"。例如，语言的听觉能力在1岁前最敏感，2～3岁是儿童学习口头语言的最佳时期，4岁前是形象认知发展的敏感期，4～6岁是儿童学习书面语言的关键时期，5～5.5岁是掌握数概念的最好时期。国外有的研究者认为，弹钢琴不从5岁开始，拉小提琴不从3岁开始就无法精通，学外语不从10岁前开始就不能真正成为自己的东西。儿童能力发展的关键期的研究，使我们更深刻地认识到早期教育的重要性。

有人认为，世界上几乎所有的"天才"儿童都是早期教育的结果。例如被美国等七个国家授予"世界书画名人"的石彧，她17岁时便被人称为"艺术家"，名字被载入"国际书画名人"史册。当问起她成功的原因时，她说："每当我要谈起自己的时候，就不由自主地想起我的父亲。在我生命的每一乐章中，'爸爸'永远是抹不掉的音符。"石彧出生在一个普通老百姓的家庭，父亲石万清是个科员，但喜爱书法艺术，母亲是个售货员。三口之家住的是10.7平方米的小屋，屋里除了几件简陋的家具，其余都是书籍、字画、宣纸、笔墨，墙壁四周找不到一尺见方的空白。她家还有一本被《天津妇女》杂志称为“世界之最”的大相册，长 50 米，重 17.5 千克。相册记录了石或从出生到小学毕业整整 12 年的历程。这里面既有石或点滴进步的足迹，又真实记载了父亲为女儿成长实施早期教育的过程。相册第一页是一张父女合影照。照片上，父亲抱着刚刚满月的小石或，旁边石万清写下了这段令人深思的文字：“当爹美，但这美中却包含着责任。教子之责，社会之责，民族之责。尽职尽责，才能前无愧于先人，后无愧于子孙，这才是真正的尽职尽责。”从孩子出生的那一刻起，父亲的眼睛便盯向了孩子的未来。他翻阅了大量有关教育的书籍，一遍遍向那些教子有方的父母探讨教子的经验，留心观察周围每一个孩子，观察那些孩子品性和性格的形成与家庭教育影响的关系，并制订出了一套完整的早期教育方案。石或在一篇回忆自己成长历程的文章中写道：“我在 3 岁那年，爸爸买来了毛笔和字帖。爸爸说，这就是兴趣培养。那时我并不知道，有一个长杆，前面长毛的家伙是什么，只是觉得好玩。那毛儿茸茸乎乎的，我把它往脸上刷，往床上刷。那一篇篇都印着毛笔字的字帖，我把它当成小人儿书看，有时甚至把字帖拿倒了，但还玩得津津有味。再大些，我看着大人们用毛笔写字，便也拿着大抓笔蘸着水在地上画道。看着一条条不成样的道，我心里美滋滋的。到 5 岁时，我开始临柳体字帖了。我按照帖上的笔画，一笔一笔地临，虽然写得不像，但是很认真。不知什么原因，一坐就是几个小时，也不觉得累。三伏天，我穿着背心练字，滴滴汗水如同墨汁一样，洒在了纸上；三九天，冻得手发紫，但哈哈气，又开始写……我 7 岁时，考入了河西区少年宫书法普及班，继续学习柳体，在各位老师的指导下，我的字有了很大进步，7 月份我又考入了天津业余书画学院少年班……”经过几年的努力，她终于成功了。8 岁，她写出平生第一幅字“笨鸟先飞”，9 岁她获得平生第一次书法奖；10 岁她的书画东渡扶桑参展；12 岁，她发明了一项获国家专利、国际大奖的“大字钢笔”，并写出了一幅幅自成风格、独树一帜的硬笔书法作品。

每个人的兴趣和能力，都有自己的关键期，有的人这个时期较长，有的人这个时期比较短，如果在这个时期对儿童进行适时而恰当的早期教育，儿童的兴趣容易形成，能力也发展较快；如果在这个时期得不到适当的教育，兴趣形成、能力发展就难以达到比较理想的效果。布鲁姆主编的《青少年的潜能开发》一书，通过对 21 位钢琴家的研究，发现这些钢琴家第一次获大奖的年龄是19～31岁之间，平均年龄为22.8岁；他们开始上钢琴课的年龄在3～9岁之间，平均为5.7岁，他们学习钢琴的年限平均为17年。可见，恰当而适时的早期教育是儿童兴趣形成、能力发展的重要条件，也是一个人成才的重要基础。当然，我们并不否认缺乏早期教育的人也会成才，只是他们要想发展自己的兴趣和才能，直到取得杰出的成绩，要比别人付出更多的努力，克服更多的困难。

但兴趣引导应考虑儿童的意愿、能力、个性特点等，这才更具针对性，也会取得成效。否则，离开孩子的个性特点、能力和意愿，盲目地去进行早期教育，不但达不到预想的效果，有时还会适得其反。因此，家长在对孩子进行早期教育时，应对儿童的特点进行全面分析，在儿童自愿的基础上，选择一项适合儿童个性特点的，能开发儿童潜能的项目，作为早期教育的内容。这样，不但有利于形成儿童的兴趣，也有助于儿童潜能的开发。

第五节　教育对兴趣形成起主导作用

学校作为一种特殊的环境，对儿童兴趣的形成和发展起着主导作用。学校教育是由经过专业训练的教师，根据国家的教育方针，根据教育部规定的教育纲要以及教学计划、教科书而进行的有目的、有计划、有步骤、有组织地对儿童施加系统的影响的过程，它比一般的环境中自发的、偶然的影响，具有更大的目的性、计划性与系统性，对儿童兴趣的形成和发展起着主导作用。学校教育能遵循一定的教学原则，根据儿童的心理年龄特点，选择最好的教育内容和最优的教学方法，实施合理的科学的教育，促使学生在德、智、体、美方面得到全面和谐的发展。因此，学校教育是学生兴趣形成和发展的一个重要途径。

即使有些人没有受到良好的早期教育，但由于受到了系统的学校教育，也能形成某方面的兴趣并得以发展。《半月谈》中学生奖学金的获得者、上海第三女子中学学生裘苑，已连续五次荣获了全国伊里达青少年发明奖。在谈到自己的成功秘诀时，她认为在学校参加的课外小组活动不但不影响她的学习，反而培养起了她对发明的兴趣。因为她喜欢上了小发明，所以才留心到生活中去寻找问题，发现问题，再开动脑筋去解决问题。她建议中学生朋友要多参加一些兴趣小组，多一些兴趣爱好，使自己的潜力得到充分的发挥。是学校教育培养她形成了对发明的兴趣，又是兴趣促使她成为了一名小发明家。

兴趣是一种积极的认识倾向，认识倾向是只能建立在一定认识的基础上的，没有一定的认识（或称之为知识），再奇特的现象出现在面前，也会熟视无睹，毫无兴趣，即使有瞬间的兴奋，也会因知识的贫乏而稍纵即逝。日本的教育心理学家田崎仁认为："兴趣不是原因，而是结果。"那原因是什么呢？是知识，任何兴趣都根植于一定的知识的土壤中，因此，知识是兴趣的媒介。许多事实告诉我们，无知便无趣。当人对事物一无所知的时候，一般不会对它产生任何兴趣；当对某种事物具备了一定的知识后，知识会为人拨开弥漫于事物表面的迷雾，认清隐藏在奇异现象背后的更加奇丽的东西，从而引发人的兴趣。学校教育有目的、有计划、有系统地向学生传授知识，是培养学生兴趣的最佳途径，而有了兴趣才能进一步启发学生去探索大自然的奥秘，揭示大自然的规律。

另一方面，在学习与研究进展中的某些成功，特别是克服困难之后的成功是很能激发起兴趣的。常说"失败是成功之母"，其实成功亦是进一步成功的重要推动力，与"失败"相异的另一推动——"成功是成功之父"，失败与成功交替带来更大的成功，因为成功增添了兴趣。

许多事实充分证明，环境影响、家庭的早期教育和学校教育的有机结合，对人的兴趣的形成和发展，对人才成长起着决定的作用。但环境和教育因素毕竟还是一种外在的客观因素，它不能机械地决定一个人兴趣的形成和发展，一个人形成什么样的兴趣，以及它怎样发展，还取决于个人的需要以及主观努力等主观条件。

第六节 如何在家庭中培养兴趣

在家庭中培养孩子的兴趣，结合我国国情，至少应从以下两个方面入手：

首先，父母以身作则，创造一种爱的和发自肺腑的鼓励的，有利于兴趣培养的良好家庭环境。

拿破仑·希尔在《人人都能成功》一书中描写了他的继母早年对他的鼓励，最终帮助他走上了成功之路：

在我的孩提时代，我被认为是一个应该下地狱的人。无论何时出了什么事，诸如母牛从牧场上跑了，或者堤坝裂了，或者一棵树被神秘地吹倒了，人人都会怀疑"这是小拿破仑·希尔干的"。而且，所有的怀疑竟然还都有什么证明！

我母亲死了。我父亲和弟兄都认为我是恶劣的孩子。所以，我便真正是颇为恶劣的孩子了。如果人们这样看待我，我也不致使他们失望。

有一天，我的父亲宣布他即将再婚。我们大家都很担心我们的新母亲是哪一种人。我本人断然认为即将来到我们家的新母亲是不会给我们一点同情心的。这位陌生的女人进入我们家的第一天，我父亲站在她身后，让她自行对付这个场面。她走进每一个房间，很高兴地问候我们每一个人，就是说直到她走到我面前为止。我直立着，双手交叠在胸前，凝视着她，我的眼中没有丝毫欢迎的表露。

我的父亲说："这就是拿破仑，是希尔兄弟中最坏的一个。"

我绝不会忘记我的继母是怎样对待他这句话的。她把她的双手放在我的双肩上，两眼中闪耀着光辉，直盯着我的眼，这使我意识到我将永远有一个亲爱的人。她说："这是最坏的孩子吗？完全不是。他恰好是这些孩子中最伶俐的一个。而我们所要做的一切，无非是把他所具有的伶俐品质发挥出来。"

一股暖流涌向我的心底。这一时刻是我生命历程的转折点。

我的继母总是鼓励我依靠自身的力量，制订大胆的计划，坚毅地前进。后来证明这种计划就是我事业的支柱。我决不会忘记她教导过我的话："当你去鼓励别人的时候，你要使他们有信心。"

我的继母造就了我。因为她深厚的爱和不可动摇的信心激励着我努力成为她相信的，我能成为的那种孩子。

父母的这种发自内心的爱一旦被孩子所理解，就会成为他们行动的巨大驱动力。而孩子之所以能理解这种爱，就因为这种爱是宽厚的、大度的、信任的、民主的，是父母一直所身体力行的。

其次，要培养孩子的认识兴趣，鼓励孩子的好奇心。

孩子的认识兴趣又叫求知欲，要及早培养，如果等到孩子上小学时，还没有建立起学习知识的渴望，视书本为陌路人，那么，入学适应就会成问题。研究亲子关系的研究人员调查了入小学后孩子的适应情况，发现可以基本划分为三类：①顺教育的孩子。这类孩子由于从小受过良好的家庭教育，在入学之前就在家长的帮助下读过许多书，培养起了对读书的兴趣，所以对于上学后教师讲解知识并不感到陌生，因为家长在家中就常常像教师那样做。②缺教育的孩子。这类孩子入学前文化环境贫乏，父母工作忙，或者父母文化水平低，家里大人在家基本不看书或者很少看书，孩子也几乎没有读过书，没有从书中得到过乐趣，良好的习惯未建立，适应学校生活能力不足，学习困难。如果不能采取有效的补救措施，他们中的一些人可能成为品学低劣的学生。③反教育的孩子。入学前不但没有养成良好的求知欲，反倒养成坏习惯，既缺乏良好的品格，更缺乏读书的兴趣，不遵守校规，甚至对学校持敌对态度。对这类学生，单靠学校教育很难发生效用。

三种类型的儿童来自三种不同的家庭环境，因此，家长要从孩子幼年起，提供各种丰富的环境刺激，充分调动其潜在的素质，使之朝向健康的事物。

家庭对于孩子认识兴趣的培养起着巨大的作用，它为孩子以后的学习打下基础。等到孩子入学后，家长的这种主导作用逐渐被教师和学校所取代，于是孩子转入了另一个更为重要的兴趣培养场所。家庭和教师在不同时期的所作所为以及他们所用的方式，显然决定了儿童每一个兴趣发展阶段的兴趣发展的速度和质量。

第七节　直接培养兴趣法

一、以适当难度的学习内容满足学生的成就感

前苏联心理学家维果茨基提出了关于学生学习的“最近发展区”的概

念。所谓“最近发展区”指的是学生在独立活动中所达到的解决问题的水平，与在成人启发帮助下达到的解决问题的水平之间的差距。他认为，学校的教学难度应该定位在学生的最近发展区，而不是定位在学生的现有水平基础上，学生的学习应当具有一定的难度，而且这个难度是经过学生的努力可以达到的。如果内容太难了，学生经过努力达不到，不但不会对所学内容发生兴趣，而且会减弱学生的信心，降低学生做事的期望水平；而过浅过易的学习内容，学生不费吹灰之力就能学会，不会产生成就感，同样也引不起学生的兴趣。最佳的教学内容，应当是像摘树上的果子一样，让学生跳一跳，努力思索后能够得着。这里面包含着两个意思，即所要教的知识首先是学生现在所不知的，其次应当是经过教学学生能够掌握的。

这就要求教师对学生的情况摸准吃透，对教材要有适当的取舍。说起来容易做起来难，在现实的教育实践中，教师照本宣科的多，有一部分教师只顾在台上自己讲，其实许多知识学生都已经知道，根本用不着再去费口舌。而在某些关键的、学生掌握起来较困难的地方，教师应当多下一些功夫。恰恰是在这些地方，许多教师却仍然像对容易掌握的知识一样去讲授。

学习是艰苦的劳动，不激起学生的求知欲望就不可能取得事半功倍的效果。创设一种学生未知的和具有适当难度的学习情境正是激起学生求知欲的一种手段，在解决问题的过程中克服困难的欢快感受、成功感受，是更深刻的兴趣的来源。

二、调动学生的参与感

形象生动的教学方法和手段能吸引学生的注意力，因为人对奇特的、新颖的、变化的事物更容易注意，而对于单调的刺激却很难保持注意，而且容易疲劳。我们大家都有这样的经验，乘坐火车做长途旅行，火车开出不久困意就来了，虽然我们临上火车前刚刚睡过。这是因为火车的“轰隆隆、轰隆隆”的单调刺激而引起的。人对于单调的、缺少变化的刺激很容易疲劳。同样道理，在课堂教学中，如果一个教师缺乏创造性，每堂课都用同样的语调、同一种教学方法，刚开始可能还有些新意，慢慢地就会如同坐在没有旅伴的长途列车上一样，变得厌倦起来。学生对教学厌倦了，必然导致上课分心。因为人的注意力是波动式的和不稳定的，同一时间总会注意什么，不是注意这，就是注意那，教师的教学吸引不了学生的注意，学生就会去注意教师教学以外的事物。以形象生动的教学方法和手段调动学生的参与感，归根结底就是以变化来吸引学生的注意。在这里，兴趣和注意成了具有同一种心理特征的心理现象。

吸引学生的注意力，激发学生兴趣的方法有许多：

第一，综合运用多种现代化教学手段。

这里，现代化教学手段主要指的是录音、计算机、投影、幻灯、电视、摄像等教学媒体。许多有经验的教师对此给予很高的重视。如张家港市向阳小学四年级语文课在上《黄道婆》这一课时，为了让学生更好地理解课文中有关纺纱、织布的细节，有关教师专程到尚保存有原始织布机的南汇县，拍摄了从采摘棉花到纺纱织布的一系列过程。课堂上，学生结合录像学习课文，收到了很好的效果。再比如上《青蛙》一课，较典型地综合运用了多种现代化教学手段，这对于激发学生学习兴趣、主动参与教学过程有很大益处。在这堂课上，教师运用了录音、录像、投影等数种手段，使学生们整堂课既听青蛙鸣叫，又看青蛙生活、捕虫，再分析、解剖青蛙身体构造，仿佛置身于青蛙的生活世界之中，这样熟悉和了解青蛙的生活习性无疑是直观而又形象生动的。在分析青蛙形态构造时，教师运用了复合投影法讲解，为了讲清青蛙舌头的正确位置，教师还设计了让学生自己动手操作的投影片，使学生通过参与教学活动，对于该掌握的知识点留下了深刻的印象。如此丰富的内容如果全凭教师的语言讲解是断然完不成的，而运用了丰富的教学手段，既节省了教学时间，高质量地完成了教学的内容，又调动了学生的兴趣。

使用现代化的教学手段也不能太多太滥，不能将一堂课搞成现代化教学设备的大展览，毕竟它不能完全取代教师的主导作用，课堂也不能成为游戏厅。

第二，动手动脑，寓教于活动之中。

好动是青少年，尤其是低年级儿童的主要特点，如果一堂课全是以教师的口头讲解为主，其效果不如让学生参与到丰富多彩的教学活动中去好。

教师在课堂上组织的教学活动可以是多种多样的，游戏法、竞赛法、表演法、模拟演示法、辩论法等是较常用的方法。

游戏法在低年级儿童中用得最多。低年级儿童还保留着儿童爱好游戏的一些特征，教师就可以利用这一特点，开展一些寓教于乐，既充满娱乐性，又具有知识性的活动。例如有的教师在教学生识字时，就采用了识字游戏的教学方法。教师请一位同学到前面，面向大家，然后教师将学过的生字写在黑板上让这个同学猜，猜中的大家鼓掌给予奖励。学生们为了猜中，必须将刚学过的所有生字都记住，这样既复习和巩固了知识，而且兴趣很浓，争先恐后要求上前，在愉快的心境中完成了学习任务。

表演法学生也很喜欢，有许多优秀教师将一些故事性强的课文改编成课本剧让学生表演，既锻炼了学生的语言表达和表演能力，又通过表演使之领会课文中的人物的思想感情。听的同学由于是同龄人表演，觉得很新奇，还可以当评判员，这样，所有同学都参与到了教学活动中，注意力处在高度集中状态，课堂气氛十分活跃。

在自然常识课及物理、化学等课中，教师可以根据教学的内容让学生进行一些模拟小实验，让他们亲自去收集一些材料，制作一些模型，演示一下各种知识的获得过程，增加学生们的感性认识。

兴趣在活动中表现，通过活动产生并得到发展。我国著名的教育家陶行知先生当年号召对学生实行六大解放：头脑解放，使他们能想；双手解放，使他们能干；眼睛解放，使他们能看；嘴巴解放，使他们能说；空间解放，使他们能到大自然大社会里取得丰富的学问；时间解放，使他们有时间消化所学和干一点自己愿意干的事。这些见解，对于今天发展学生的兴趣，仍有着深刻的现实意义。

三、以高超的教学艺术激发学生的兴趣

教学艺术是教学的最高境界，日本教育家斋藤喜博曾经说过："教学倘是真正创造性的、探究性的，那么它就会达到艺术般的高度，给人以艺术般的魅力。并且借助这种教学，儿童也罢，教师也罢，才会满足，才会成长，才会变得自我变革。"达到这种艺术境界的教学能够高度唤起学生的求知欲。

有人将激发学习兴趣的教学艺术作了很好的概括：①贵在吸引。一个有吸引力的教师，应是一个精通各路风景的"导游者"，不时有胜景出现，使"游客"们兴致勃勃。吸引力的来源，一要靠教师自身的魅力，学生对教师产生的敬慕之情会被学生迁移到教师所教的那门学科上，形成对那门

学科的兴趣。二要靠知识本身的魅力，教师要善于让知识在学生们面前放射出诱人的光芒。三要靠学生自己在探索新知识的过程中所显示的成绩和优点的魅力。②重在感染。兴趣本身就是一种情感体验，教师以自己的由衷之情感染学生，是诱发学生兴趣的直接手段。国外有人研究得出，信息的总效果 =7% 的文字 +38% 的音调 +55% 的面部表情。教师上课精神饱满，语调清晰，运用语言不慢不快，且不时闪烁出智慧的火花，这是最理想状态。前苏联教育家马卡连柯认为："只有在学会用 15～20 种声调来说到这里来的时候，只有学会利用脸色、姿态和声音做出 20 种风格韵调的时候，我才能成为一个真正有技巧的人。"③效在出奇。有经验的教师总是针对学生好奇心强的特点，化平淡为神奇，唤起学生的"奇趣"。如一位教师在讲初中化学《绪论》时，给学生表演了空杯生牛奶、白花变红花等趣味实验。有的低年级数学课教师在教三角形内角和等于 180 度定理之前先设计一个情境：先让学生们度量各种三角形中任意二个角的度数，报给教师，教师听后即刻说出第三个角的度数，其准确性会令同学们惊奇不已，由此激起了强烈的好奇心，从而把学生领进了一个新的知识领域。④妙在开窍。教师有必要在课堂教学节奏上下点功夫，以使学生注意力高度集中。要做到这一点，必须要对教学内容巧为剪裁，舍得割爱，以便突出重点，主次分明，详略得当。教学过程要疏密相间，张弛结合，有起伏跌宕，形成循序渐进的坡度，多种教法穿插运用，以便"活"中取趣。⑤旨在强化。学生的学习活动并非始终由"趣味""兴致"所牵引，它随时接受着困难、挫折甚至痛苦情感或劳累的考验。这些干扰和阻力都需要学生在教师的激励、诱导下靠自己的力量去战胜。我们强调要激发学习兴趣，其主旨在于强化学生学习的动机、态度和行为。

四、设疑激趣

要在学生已经形成的概念、他们对某些问题的生活经验和对该问题的更精确更科学的解释之间树立矛盾。例如，许多学生认为金属的腐蚀原因是由于潮湿引起的，日常的见闻也使他们对此深信不疑。在学习金属氧化现象的时候，教师如果问："把钢器浸在水中会产生什么变化?"通常学生会这样回答："会生锈。"教师就拿出一个盛满了水的量杯，杯中放着一小块钢，并且告诉学生说，这块普通的钢在水中浸泡了好几个星期了，但是并没有看出有什么生锈的地方。于是，在旧的观念和新感知的现象之间所产生的矛盾起了激发学生求知欲的作用。为此，可以让学生进行一系列的试验、学习作业，让学生带着目的去解决问题。这样就使得学习的过程带上了创造性的成分。每个人都有创造的自然意向，参加积极的创造性的劳动是学生掌握知识的一个重要动机。由此可知，只有在教学过程中给学生积极进行独立思考的余地，学习过程才可能是有成效的。

让我们来比较一下题为《三角形的内角和的定理》的两个教案。

第一是以教师口头讲解教材为基础的教案：

①教师向学生宣布三角形的内角和等于180度。

②教师说明证明方法。

③教师让学生复习定理和证明方法。

④应用定理解题。

第二是教师以利用学生积极性和研究他们所提出的问题为基础的教案：

①提出问题："关于三角形内角的和，我们知道了一些什么？这个和在所有的三角形中是否都是一个常量？"

②教师用纸制三角形进行实习作业（事先准备好一个任意三角形，指明它的三个角，然后把它剪成三块，使三个角能够拼在一起，并且能够求出他们的和）。

③根据实习作业做出结论。

④说明从这个实际工作中得到的结论还有不足之处，因为它是根据有限的几个具体例子做出的，跟学生一起查出证明这个结论的必要性。

⑤在教师指导下，由学生证明这个定理（集体进行）。

⑥教师系统地复述证明方法（如果有可能，由一个学生复述）。

⑦应用这个定理解题。

第二种方案给学生提出了一些需要认识的问题，这就决定了学生在整个一节课内能够积极地进行思考，学生的注意力都集中在对提出的问题寻求答案这个进程上，也就是说，集中在个人进行思考的过程中。很明显，用这种证明定理的方法教学生学习，会比第一种方案更能促进学生学习的积极性和主动性。

五、对比激趣

新旧对比得越清楚，内部的联系越紧密，学生的注意力就会越紧张、越集中。比如在语文课上，教师常常会让学生分析一些课文。在分析课文过程中，教师会教给学生一些分析课文的思路方法。有经验的教师应该在学生学过一二篇课文后，将教师如何对课文进行分析的思路告诉学生，以后再遇到类似的课时，就不必去重复上次的教学模式，而代之以先让学生回忆一下以前分析类似课文的思路，然后让学生用已经学过的方法试着自己去进行分析。教师提出这一任务，有意识地引起学生思维的一定程度的紧张，使他们探求所需要的答案，因此会使他们高度集中注意。

六、使学生认清学习目标

激发学生学习的重要方法之一是对他们展示学习的前景，指出经过一定的努力，他们在学年末了、学期终了甚至每堂课结束的时候所能达到的知识水平。

有经验的教师总是在学年初、学期开始的时候，使学生们能明白本学年、本学期所要达成的学习目标和发展水平。教师可以在开学初的第一节课上给学生观看几个毕业生的优良作业，介绍教师对学生的基本要求以及他们在学习中可能遇到的困难。

每一节课明确具体任务起着重要的作用。教师在引导学生认识每一课任务的同时，就能唤起学生的努力，使全部工作更有意识地进行。所以教师上每堂课之前，一定要讲清本堂课学习的具体目标，让学生带着问题去听课，同时，以此作为评价学习效果的基础。

第八节　间接培养兴趣法

一、树立远大志向

对一个学生来说，追求的目标越高，学习的动力越足，潜能就挖掘得越多，对社会就越有益。

学习中并不总是充满乐趣，大量的知识需要去记忆，而且知识永无止境，单凭一时的兴趣，很难对一项工作持久。真正深厚的、稳定的学习兴趣，来自于远大的理想与抱负。

我们都知道，周恩来总理知识渊博，日理万机，这是与他从小刻苦学习分不开的。他小时候那种饱满的学习热情是怎么来的呢？如果简要地说，就是他有一个伟大的学习目的。

周恩来在沈阳读书的时候才十二三岁。有一次，校长问大家："读书为了什么？"

有的说："为了给自己将来找条出路。"

有的说："为了能发财致富。"

周恩来站起来大声说："为中华之崛起而读书。"

又有一次，上图画课，老师让学生临摹一幅山水画。大家都照样画了，唯独周恩来在光秃秃的山上加了许多树。老师皱起眉头，问他为什么不照原样画。他回答说："大山上应该有树，没树多可惜。"小小年纪的周恩来就有了改造自然的抱负，老师转怒为喜……

正是这种改造社会的远大理想和伟大抱负，激励着少年周恩来发愤学习，为他后来投身革命打下了坚实的知识基础。伟大的目标形成伟大的人物。

如何帮助学生树立远大理想呢？

可以采用树立榜样的方法。如可以向同学们讲述伟人少年立志、刻苦学习的故事；请身边的英雄、模范或同龄人现身说法，更有吸引力和感染力。

可以让学生了解到现在的学习与将来工作的关系，让学生产生创造未来的强烈愿望，以此激发学生的求知欲，提高学习的自觉性和积极性。也就是将现实与未来联系起来，架起一座由现实通向未来的桥梁。这是进行理想教育的关键。为此，教师可以组织各种将现实与理想能够沟通起来的班会或科学幻想活动，如"为祖国现代化而学习""知识与社会""知识与国家""知识与我""到宇宙去旅行"等活动，使学生认识到知识的意义，对未来科技发展有感性的认识，从而产生好好学习的愿望。进行学习目的性教育切忌空洞的理论说教。

教师在对学生进行理想教育时，也可以结合所教学科，介绍一些当前学科发展水平和现状的知识，以及进一步发展的关键和方向，以此激发学生的攻关欲望。数学家沈元在中学教数学课时，用诗歌般的语言指出："自然科学的皇后是数学，数学的皇冠是数论，哥德巴赫猜想是皇冠上的明珠。”正是这启人心扉的话语，在少年陈景润的心田播下了崇高理想的种子，激励他以浓厚的兴趣和顽强的毅力去摘取这颗数学皇冠上的明珠。

进行目的性教育还要注意引导学生将个人的理想抱负与社会的需要相结合，与人类的进步事业相联系，这样才会对学习产生持久、高尚的兴趣。

二、强化成功感

兴趣之所以发生，实际是学习成功的自然结果。盖茨说："没有什么东西比成功更能增加满足的感觉；也没有什么比成功更能鼓起进一步追求成功的努力。"

学生成功感的满足，尤其对于小学生来说，不仅在于学习过程中克服困难的自我满足，主要是要得到他人的首肯。教师在教学教育过程中适度的奖励，便是对成功感的一种强化。

奖励的目的是树立学生对学习的自信心。学生自信心的建立有赖于教师的积极评价。在少年期，每个人"都关注"自己的形象，渴望表现自己，希望得到周围人的肯定、赞扬，但往往又体验到自我怀疑，对自己没有把握。教师要实事求是地对学生做出评价，尽量多鼓励。在课堂上，可以使用语言，也可以使用一些小的实物，如小红花、铅笔、橡皮等不贵重的东西，对同学中的好的行为实行奖励。要注意适度，既要考虑到学生的心理体验，也要实事求是。

三、建立良好的师生关系

有研究显示，学生对教师所持的态度与学科兴趣有着很高的相关性。在被调查的喜欢教师的254名学生中，喜欢所教学科的占253人；在不喜欢教师的223位学生中，喜欢其所教学科的仅有7人。可见教师对学生的作用。中小学生常常会把对教师的感情迁移到学习上来，因为喜欢某一位教师而发展到喜欢他所教的学科，因为不喜欢某位教师而发展到讨厌他所教的学科，间接地影响了学生的学习兴趣。因此，建立和谐、民主的师生关系是学生乐学非常重要的方面。

四、创设良好的学习气氛

学生个体学习热情的高低受集体学习气氛的影响。在一个学习气氛浓厚、轻松、和谐的集体中，个体的学习热情会被充分调动起来；反之，在一个学习气氛淡漠的集体中，个体的学习热情便会受到不利的影响。

五、适宜的课业负担

如果学生的课业负担过重，教师采取疲劳战术，让学生每日疲于奔命，脑袋昏昏沉沉，没有时间去思考、消化和吸收，久而久之，学习变成了一件苦差事，学生自然不会对学习产生兴趣，而且还会产生厌学心理。

因此教师要在精讲多练上下功夫，不能仅靠学生课下大量的机械性的重复练习，死记硬背，作业量要适当。各个学科教师协调，能在课上解决的就不必放到课后去，给同学们一定的自由时间。前苏联著名教育家苏霍姆林斯基在谈到让学生喜爱功课时，特别强调学生的自由活动时间。他认为学生喜爱某门功课，应有个条件，就是学生有充分的自由活动的时间，只有这样，才能产生对功课的热爱和智力活动的积极性。

第六章 打开记忆的大门

公元前6世纪，古希腊人帕蒙尼德认为，人的记忆是由明暗（或冷热）两种物质构成的混合体，只要混合体没有受到干扰，记忆就是完整的，一旦混合体发生变化就会出现遗忘现象。公元前5世纪，古希腊人迪奥泽尼提出了另一种看法。他认为记忆是由使体内空气保持均匀分布的东西所组成的，与帕蒙尼德一样，他也认为一旦平衡遭到破坏，就会出现遗忘现象。

第一节 什么是记忆

记忆是人脑对经历过的事物的反映，是人脑积累经验的功能表现。如人们对感知过的事物、思考过的问题、练习过的动作和体验过的情绪都会有印象，这就是记忆。个体经验的积累和行为的复杂化是靠记忆来实现的。离开记忆就无法形成和积累经验；离开记忆就不能有心理的发展；离开记忆甚至连最简单的行动都难以实现。因为任何活动，都必须以先前的映象为前提。

记忆是一个复杂的心理过程，它包括识记——记、保持——存、回忆和再认——忆三个基本环节。识记是与所要记忆的事物去接触，通俗地讲就是识别和记住事物，从而积累知识经验的过程。保持是巩固已经获得的知识经验的过程，即将识记过的材料贮存在头脑中以备后用。再认和回忆就是恢复知识经验的过程，也就是利用保持在头脑中的经验来处理问题的过程。

当经历过的事物再度出现时，能确认是以前识记过的，此为再认；经历过的事物不在眼前，能重新回想起来，此乃回忆。记忆过程的三个环节是相互联系和相互制约的。没有识记就谈不上对经验的保持，没有保持便无从再认和回忆。因此，识记和保持是再认和回忆的前提，再认和回忆又是识记和保持的结果。

记忆力是指人脑对信息的识记、保持、回忆和再认的能力。

人的记忆潜力是惊人的。有人说，如果要把人的大脑填满，大概需要美国国家图书馆中所有图书信息量的10倍！因此可以说，人脑储存信息的能力几乎是无限的。人们之所以感到有很多事情想记记不住，容易忘掉，完全是记忆潜力挖掘不够、记忆方法不得当造成的。

第二节　记忆的作用

如果说智力是一座工厂，那么记忆就是一个原料仓库，它专门为这座工厂储藏原料。谁也不会否认，工厂是离不开原料的。原料源源供给，工厂才能不断开工；原料供给不足，工厂只好停工待料。智力和记忆的关系也正是如此。只有记忆这个仓库中储存的信息丰富充足，智力这座工厂才能很好地进行加工。正如著名的心理学家鲁宾斯坦在《普通心理学原理》一书中所说："假如没有记忆力，我们便会成为转瞬即逝之物。从将来看过去，所看到的便会是一片死寂而已。而所谓现在，随着它一分一秒地流逝，也会一去不复返地消失在过去之中。基于过去所产生的知识和技能都不可能存在，与个人意识汇成一体的心理生活也不可能存在，就连我们在一生中实际上持续不断地进行的，并且使我们变成今天这个样子的学习活动，也不可能存在。"

有一位数学家名叫欧拉，他28岁时右眼失明，64岁时双目失明，可是在双目失明后的12年间，他仍写下了约400篇论文。我们不难想象欧拉在双目失明后所做的工作中碰到的困难有多么大。双目失明意味着无法再靠查找文献来予以确证，因而对记忆品质有更高的要求。正是欧拉非凡的记忆力帮助了他，使他在双目失明之后仍有大量的杰出的创造活动。

同样的事情也发生在我们身边。中国科学院有一位双目失明的中年优秀英语教师，她的名字叫杨佳。1993年，在她的双眼失明后，靠着出色的记忆力和坚强的意志，杨佳坚持完成了她的第二部英语教学著作。之后在哈佛大学，又是凭借出色的记忆力和过人的毅力，完成了硕士研究生全部的课程学习。

可见，人的智力结构中的诸因素，都不能离开记忆，智力活动是在记忆的基础上进行的，一旦丧失了记忆这个基础，智力活动便无法进行。

记忆还是创造力高度发展的源泉。法国数学家庞卡莱、哈达玛都认为，所谓创造就是选择。头脑充实，记忆的东西很多，可供选择的东西也多；反之，头脑空空，还有什么可供选择的？庞卡莱把记忆中的数学概念或思想比喻为“带钩的原子”，这些“原子”在人的脑中“启动”之后开始活跃起来，这样就有了可能使这些“带钩的原子”彼此钩上、彼此作用或组合而形成新的观念的原子，形成创造。这种创造可以适当拓展为学习过程中的创造性学习。也就说，即便在学习过程中，为了使学习更有效，也需要通过记忆积累很多东西。

第三节　记忆的种类

按照不同的分类标准可以将记忆分为不同的种类，这里主要按照记忆的内容和时间对记忆分类。

一、按记忆内容的性质对记忆分类

按照记忆内容的性质可以将记忆分为形象记忆、词语记忆、情绪记忆和动作记忆四类。

1. 形象记忆

形象记忆是以感知过的事物的形象为内容的记忆，也叫表象记忆。如我们对家乡景物的记忆即属于形象记忆。形象记忆可以是视觉的、听觉的、触觉的、嗅觉的或味觉的等等。正常人的视觉记忆和听觉记忆发展较好，并在生活中起着主导作用。从事某些特殊职业的人由于工作的需要，其触觉记忆、嗅觉记忆和味觉记忆等会获得特别的发展。在某些记忆缺失的人身上（如盲人和聋哑人等），这些非视、听的记忆才会获得高度的发展。

2. 词语记忆

以概念、判断、推理等形式为内容的记忆为词语记忆。这种记忆对于文化知识的学习来讲是非常重要的。课后学生对教师讲课的声调、姿势以及板书的样子可能会很快忘记，但教师讲课的内容却可以比较清楚地用自己的语言表达出来，这是词语记忆。显然，它与形象记忆不同。我们在生活、学习和工作中，有时需要形象记忆，有时需要词语记忆，相对而言，词语记忆更为重要，研究成果也较多。

3. 情绪记忆

情绪记忆是以体验过的情绪或情感为内容的记忆。如有的人不敢一个人待在黑暗的地方，处在那样的环境中会惊恐万状、毛骨悚然。为什么这样，他们也说不出来，此为情绪记忆。如果能够说出情绪产生的原因，就不仅仅是情绪记忆的问题了。纯粹的情绪记忆是说不出原因的。它的产生是因为某一情境（如黑暗）与某种情绪（如害怕）之间形成了联系，以后一遇到这种情境就产生相应的情绪。如有人怕血、有人怕虫子、有人喜欢红色、有人厌恶褐色等等。

情绪记忆虽然说不出原因，但还是有一定原因的。很可能是因为小时候不会说话，没有词语记忆，而形象记忆又因为年久而淡忘了，这样，留在头脑中的就只有情境与情绪之间的联系，成为说不出原因的情绪记忆了。能够言明原因的情绪记忆，实际上是增加了其他内容的记忆。如前述黑暗的情况，可能是因为小时候听人说过黑屋子里有“鬼”或在电影、电视中常见到黑暗中发生恐怖事件造成的。如果主体能清楚地将原因表述出来，则既有情绪记忆，又有其他内容的记忆。

情绪记忆既有消极的，也有积极的。对孩提时代许多童趣的回忆，往往使我们产生一种美感，这是积极的情绪记忆。

4. 动作记忆

以做过的运动或动作为内容的记忆，叫动作记忆。一个人幼年时学会打乒乓球，之后没有机会再打，成年以后重操球拍，虽然会感到生疏，但同不会打乒乓球的人相比还是不一样。这是动作记忆在起作用。写字、画画、打拳、游泳、骑车等等，诸如此类，均需依靠动作记忆。

二、按保持时间的长短对记忆分类

按保持时间的长短可以将记忆分为瞬时记忆、短时记忆和长时记忆三类。

1. 瞬时记忆

瞬时记忆是指保持时间在一二秒钟以内的记忆，也叫感觉记忆或感觉储存。瞬时记忆的一个典型例子就是看电影。本来放映时播放的每一张电影胶片都是静止的，由于放映速度较快，前一张胶片给我们的视觉印象（即瞬时记忆）还未消失时，后一张胶片又出现了，所以我们感觉是连续的。

瞬时记忆的内容人们不一定都能意识到。瞬时记忆的容量（记得多少）要比短时记忆大。

2. 短时记忆

短时记忆是指保持时间在一分钟以内的记忆。如学生上课边听课边记笔记，医生边询问患者的病情边记病历，打字员边看文稿边打字等，都是短时记忆。人们意识到的内容一般都在短时记忆里。随着研究的不断深入，人们发现了短时记忆其他方面的一些特点。

（1）功能

短时记忆是操作性的。它记忆某事物，是为了对该事物进行操作。如上述医生看病，需要把病人诉说的症状、听诊的声音、镜检的情况等等，暂时地保持在记忆中，才好去开处方。任何一种抄写或临摹活动，都需要暂时将视线离开范本，凭借对范本的短时记忆来指导操作。人的大多数活动都是多环节而又连续性的，如果没有短时记忆则无法进行。

即使是储存在长时记忆中的内容，不用的时候处于一种潜伏状态，一旦要用，它也必须首先转化成短时记忆来指导操作，用完之后再转化成长时记忆予以储存。究其原因，储存在长时记忆中的内容，如果不回到短时记忆中，就不能被人意识到，也就无法去利用。当然，如果长时记忆中的内容经常都被我们意识到，那么这种意识状态显然也是不可思议的。

短时记忆的内容如有长期保持的必要，即转入长时记忆，否则便只服务于操作，之后即行遗忘，这是有积极意义的。如果所有服务于操作的记忆全被我们长期保持，那我们的记忆将不堪重负。

（2）容量

多年研究证明，短时记忆的容量是2～7单元，即在5～9单元之内。而单元的大小，则以个人的经验组织体系为转移。凡在经验中形成密切联系的若干项目均可以作为一个单元。如单字、词组甚至句子都可以成为单元。心理学上称此单元为组块（Chunk）。

（3）编码

短时记忆对于字母、字词和句子这些言语信息来说倾向于按声音（听觉）编码。康拉德（Conrad）在实验中选用两组容易混淆的字母BCPTV和FMNSX为材料，以视觉方式呈现给学生，要求学生按照呈现顺序对上述材料给予回忆，拿不准的内容可以猜测，结果发现，记忆混淆经常发生在发音相似的项目之间（如S和X）。而对于大量的非言语材料，视觉编码也许更为重要，因为在生活中，人们所接受到的信息，多数是以视觉方式输入的。

3. 长时记忆

长时记忆是指保持时间在一分钟以至数十年的记忆。与短时记忆相比长时记忆具有不同特点。

（1）功能

从功能来看，长时记忆是备用性的。它记忆某些事物就是为了留备后用。

（2）编码

长时记忆对信息主要是进行语义编码。如呈现词单：狗—桌子—狼—楼房—椅子—茅舍—猫，当回忆词单时，学生往往打乱原来的顺序，将狗—狼—猫，桌子—椅子，楼房—茅舍分别联系在一起，即按意义加以整理，归类储存和提取。人的长时记忆多经语言加工，但其编码方式也有听觉和视觉感觉到的情况。

第四节　识记的方法

回忆往往需要凭借一定的线索，在识记时应努力将线索建立起来，这样就能提高识记的效率。如何建立回忆的线索呢？可以采用意义识记、归类识记、中心词识记、编写识记材料的提纲、结构网络（轮廓骨架）识记、多种感官并用识记、区别特征识记、人为意义—规律识记和数字—谐音—换字识记等方法。

一、意义识记

需要识记的内容，简单的如一个词，较复杂的如一个公式、原理、规律，更加复杂的如一次历史事件、一种物质的构造、一篇文章的论点及中心思想、一种思想理论体系等，都必须以弄清其成分及内在相互关系为基础，然后加以识记，也就是通过思维的分析与综合、比较与分类、抽象与概括，彻底掌握记忆对象的内在关系并融化在自己的知识体系中。

二、归类识记

如果把材料归类或者系统化，就能提高识记效果。在鲍斯菲尔德（W. A. Bousfield）的实验中，让被试学习一个字表，上面印有：长颈鹿、萝卜、斑马、潜水员、菠菜、掮客、面包师、黄鼠狼、南瓜、打字员等60个单词。被试可以自由地研究和分析。当被试发现这些词分属四个范畴——动物、植物、人名、职业时，记忆效果便显著提高。可见，为了提高记忆效果，学习者应在理解的基础上识记，对材料加以组织，形成一个系统，并将它纳入到已有的认知结构中去。

我们生活着的世界是一个五彩缤纷的世界。这个世界不是杂乱无章的，而是统一有序的。因此，无论是记忆生活中的一般事物，还是记忆规律性的知识，都应该进行筛选，按其一定的性质、特征和内在联系，把它们分门别类地整理一番。这样就可以化繁为简提高识记效率。例如，人们生活的开支或花销，可分为吃、穿、住、行四大类；把家庭用品分为衣服类、家具类、炊具类、食品类、书报文具类、家用电器类和交通工具类等等。植物体可以分为营养器官（根、茎、叶）和生殖器官（花、果实、种子）两大类。植物的果实分为干果和肉果两大类。其中，干果又分为裂果和闭果两类；肉果又分为核果、浆果和梨果三类。语文知识按词类可分为名词、动词、形容词、副词、连接词等；按语法结构成分分为主语、谓语、宾语等；按句型分为简单句、复合句等。

三、中心词识记

将所识记的对象（内容）概括、简略、压缩为一句话，或一个词语，乃至一个字。这种方法适合于记忆长篇文字或诗歌。例如，《北朝乐府·木兰辞》，全辞326字。如此长的诗文，第一步当然是依据理解进行分段（节）。本辞分为六节。以第一节80字为例：

“唧唧复唧唧，木兰当户织。不闻机杼声，唯闻女叹息。问女何所思？问女何所忆？女亦无所思，女亦无所忆。昨夜见军帖，可汗大点兵。军书十二卷，卷卷有爷名。阿爷无大儿，木兰无长兄。愿为市鞍马，从此替爷征。”

本节可按每句首字（或词）作为重点记忆的提纲，在诵读数遍之后，对“唧”“不”“问”“昨”“阿”五字做重点重复记忆。日后回忆时，则由此五字而能引出全节。

学习外语，如记忆美国五大湖：Huron（休伦湖）、Ontario（安大略湖）、Michigan（密执安湖）、Erie（伊利湖）、Superior（苏必利尔湖），也可取其字头从而构成一个新词（HOMES），以利于识记。

四、编写识记材料的提纲

理解较长的材料，方法之一就是编写材料的提纲。由于编制提纲，材料获得了条理性，而且将繁难、冗长的文字内容简化了。这种简化的方式不仅便于识记与保持，而且也便于回忆。编写提纲一般包括三步：

第一步，把材料按照意义分成几个组成部分；

第二步，提出每个部分的小标题或容易联想的支撑点；

第三步，将各个部分按照标题或分出的支撑点联结成一个系统。

五、结构网络（轮廓骨架）识记

如果要识记的内容较长，编写的大纲要点较多且相互之间有交叉，可以形象的方式将大纲的结构网络（轮廓骨架）展示出来并进一步识记。

六、多种感官并用识记

对于一个新的事物，用眼睛看，只能见其外形，如果加上耳朵听、动手触摸，能嗅、能尝的，连嗅觉、味觉也用上，这样，利用多种感觉器官与该事物接触，就可获得对该事物的多种信息，这些信息由大脑进行综合的加工，必然获得更加丰富、深刻而牢固的认识。日后在应用、提取的时候，由于多种感官之间已经建立起了神经活动联系，恢复该事物痕迹的线索也会更多。这种方法用之于读书，就是我国自古以来提倡的眼、耳、口、手、心“五到”读书法。尤其是用于学外语，效果显著。把眼看、口念、耳听、手写、脑记结合起来，绝非愚笨，而是自觉地应用了符合科学原理的记忆方法，其效果必然显著。即使是学习物理、化学与数学公式，未尝不可在眼看的同时，也用口念出声来，再加上手写。道理是完全相通的。

“看图——动手操作记忆法”是多种感官并用法中的一种。例如，有的人爱看图，如地图、电路图、生理解剖图……这是很好的习惯。尤其是用铅笔或小棍指着看，效果更好。这是因为将视觉与动觉结合起来，既提高了注意的集中程度，又使视觉和动觉之间建立起了神经活动联系。日后在回忆时，多重联系较单一联系更容易恢复起来，从而显示出极其良好的记忆效果。

就学生在课堂上听课而言，多种感官并用的效果比较如下：单纯听课<看图<边看边画<学生填图<学生画图。

如果把多种感官并用的渠道扩充到学生生活的各领域，包括在大自然中“沐浴”，到历史名胜古迹去旅游，亲临现场以及劳动等等，必将获得更多的有用的知识。

七、区别特征识记

你曾听说过宋代大书画家米芾被人拉去见官的故事吗？据说，当年米芾于市场上见一粗俗之人手持唐代大画家吴道子《牧牛图》真迹，惊喜之下欲买，但一问价钱十分昂贵，他哪里买得起！于是心生一计：是否借我三日？卖主答应后，他当即回家，连日品味临摹，并仔细比对，自认为已画得一幅与吴道子真迹一模一样、毫无破绽的《牧牛图》。当他拿去归还原主时，卖画人竟一口认定米芾用假画换了他的真迹，拉着他要去见官。米芾再三申辩，并理直气壮地问卖画人：这画哪点儿不是真的？卖画人也针锋相对地回答道：我的画牛眼睛里有牧童，你的画牛眼睛里无牧童！弄得米芾十分尴尬。于是，他只好将牛眼里依稀可见牧童身影的真迹归还原主。

从这个故事中可以知道：在细致观察与画技方面，吴道子确实比米芾艺高一筹，而大画家米芾疏于观察真迹的细微特征，竟也闹出千古笑话。

我们如何从上述故事中学到识记的方法呢？

原来，凡事都有共性，又都有其个性。例如我们常常见到双生子，长像、高矮、穿着打扮都一样，确实使人难于弄清谁是哥哥，谁是弟弟。但仔细看一看，还是会发现哥俩的面部、耳朵、头发、肤色总会有或多或少的差别；而说话的声音、语调，习惯动作，坐、立、走的姿势，以及各自的爱好、脾气，就可能有更大的差别。只要抓住其中的一两个小差别，哥哥弟弟便分清了。同类事物，唯其相似，容易混淆，才需要辨别其特性，以便将它们区别开来。如果不能在相同之中找出差异，区别出各自独有的特征，就不容易把握事物的本质，也难于牢记于脑中，进而可能由于小小的疏忽或谬误，闹出种种笑话来。所以，区别其特征并加以识记，就成为客观的需要。仔细发掘事物的特征，从识记其差别入手，不论是一般的处世待人，还是处理工作与学习知识，都有好处。

例如：混合与化合、熔点与沸点，三角形的垂心、重心与旁心，物理学中的速度与加速度，电磁学中的左手定则与右手定则等等，这些概念都有相似之处但又并不相同，你都能够认清其不同特点并记住吗？

八、人为意义—规律识记

人为意义—规律识记是指要努力应用自己的各种知识，去寻找出材料自身本来没有的规律。

如用数字表示的历史年代、领土面积、山脉的高度、河流的长度、数学中的常数等等，离开其特定的内容，就很难说清这些数字代表什么意义，而这样的对象和内容肯定又是需要记住的。那又怎样把它记住呢？方法是这样的：

例如，富士山的高度是 12365 英尺，可以利用一年有 12 个月 365 天，识记它。

再如，爱因斯坦的一个朋友的电话号码是 24361，爱因斯坦将其加工为“两打加 19 的平方”，两打是 24，19 的平方是 361。

又如，我国山脉由东（和近东）至西（和近西）走向计有：天山、阴山、昆仑山、秦岭、南岭、喜马拉雅山；由东北至西南走向计有：台湾山脉、长白山、武夷山脉、大兴安岭、太行山、巫山、雪峰山。编成一副对联“天阴昆秦南喜马，台长武大太巫雪”。南—北及西北—东南走向计有：横断山、贺兰山、祁连山、阿尔泰山。编成横额：“横贺祁阿。”略加调整记为：“天阴难晴困死马，舞台太长巫雪大。”横额：“横祸起阿。”

九、数字—谐音—换字识记

对于记忆数字，每一个人都会感到困难。因为数字间常常不存在内在的逻辑联系。

据说早年曾有一位乡村教师，想到山上的寺庙里去喝酒。于是他给学生布置作业：背熟圆周率23位数。他认为，学生们花很长时间也难于将这一长串数字背下来，这样，他就有时间去喝酒了。但老师没有想到，竟然有一个学生灵机一动，想出一个顺口溜：“山线一寺一壶酒（3.14159），尔乐苦煞吾（26535），把酒吃，就杀尔（897932），杀不死，乐尔乐（384626）！”

记住这一长串数字的诀窍显然是“数字—谐音—换字”。依此法炮制，还可将圆周率编成：“要是要我走暗路（1415926），无伞无伴就去走（5358979），上梁山怕死溜两溜（32384626），石山上把山狼气走（43383279）。”日本人友寄英哲就是按日本语音用数字—谐音—换字法背下圆周率一万五千位数字，被录入“吉尼斯世界纪录大全”的。应用此法，我们每一个人都有可能较容易地就把难于记忆的长串数字记忆下来。

第五节 复习方法

一、及时复习

识记以后几小时以内遗忘得最快，两天以后遗忘就很少了。为了防止遗忘，要及时进行复习。但复习之后，仍会遗忘。遗忘的规律依旧是先快后慢，总不能没完没了地复习吧！怎么办？在实践中我们只要做到当天学习的当天复习就可以了。

二、复习时先尝试回忆后反复阅读

人们复习时，可以有两种方法：一是从头到尾阅读；二是先尝试着回忆，回忆不出来的地方或遗漏的地方再看书纠正。实验发现第二种方法(叫尝试回忆）比第一种方法好。其原因有三：一是尝试回忆可以使我们在每复习一遍时，都有明确的识记目的；二是它可使我们及时知道自己的学习效果，这对于提高学习成绩非常重要；三是它还可以分出已经记住的和尚未记住的部分，把注意力逐渐集中在最难记住的部分上，予以突破。

经常使用尝试回忆法就会体验到该法对于克服遗忘的作用。最简单的做法是把老师讲过的东西自己试着讲一遍，或者把书上所讲的东西看过之后，合上书，自己复述一遍，是计算题则要把计算步骤复述一次。复述后，打开书再查对一下自己是否复述对了、是否记准了。如果在复述时卡壳了，或者离开书证明或计算不下去了，再打开书，看看是哪个环节卡壳了，这样也能帮助自己明白，记住这一问题的关键在哪里，记忆的薄弱环节在哪里。

三、复习时仍要加强建立回忆的线索

前面谈过回忆一般要凭借线索，遗忘的原因往往是回忆的线索没建立起来。因此，复习中仍要加强对回忆线索的建立。识记方法在复习中都可以继续使用。特别要注意加强对识记材料的理解、归纳总结、编写提纲、找出知识的网络结构，既要把知识条理化，又要化繁为简，最后达到以简驭繁的目的。

四、睡前回忆

在晚上睡觉之前将一天所学知识回忆一遍特别有利于记忆痕迹的巩固。如能长期坚持睡前回忆，会大幅度地提高记忆效果与学习成绩。作者本人在上大学期间曾长期坚持这样做，取得了良好效果。

第七章 想象是破译达·芬奇密码的钥匙

想象是人在头脑里对已储存的表象进行加工改选形成新形象的心理过程。它是一种特殊的思维形式。想象与思维有着密切的联系，都属于高级的认知过程，它们都产生于问题的情景，由个体的需要所推动，并能预见未来。心理学上指在知觉材料的基础上，经过新的配合而创造出新形象的心理过程。

第一节 什么是想象

想象是指在头脑中对已有的表象进行加工、改造、重新组合形成新事物的形象。例如，文学作品中各种栩栩如生的人物形象，就是作者借助想象创作出来的。再如，一位学生在作文中写道：长大后当个侦察员，驾驶着新式潜艇，到深海去侦察，到水晶宫去勘察，在那里发现了新命名的“油气”，1 千克可发电 2000 万千瓦。文章中涉及的内容是现实生活中没有的，学生能够将其描述出来，是学生的想象发挥了作用。读者没见过文章中的事物，但读起文章，所描述的内容在头脑中以形象的方式一幕幕映现，也是想象造成的。

形象性和新颖性是想象的基本特点。想象是以“新形象”为其活动结果的，它自然具有形象性；而且想象是对已有表象进行了加工、改造、重新组合，因此所产生的形象是新的，不同于已经接触过的事物的形象，因而又具有新颖性。

想象具有预见、补充和替代作用。在劳动过程中，如果没有想象的参与，没有先想象出劳动的结果，就不可能有效地进行工作。比如，进行服装裁剪，一定事先想好衣服的式样。

想象一般包括无意想象和有意想象。无意想象是指没有目的的想象；有意想象则是有目的地进行的。看到天上的白云想到那是一群奔马，这是无意想象；而在进行文学创作时构思一个人物形象，则是有意想象。

根据有意想象的独立性、新颖性和创造性的程度不同，又可分之为再造想象和创造想象。

根据语言的描述或图形等的示意，主动地在头脑中形成新形象的心理过程称为再造想象。读小说，有意识地在头脑中想象福尔摩斯的机敏、简·爱的善良、于连的狡黠等等，均为再造想象。这里所谓"再造"，一方面指想象的内容不是自己独创的，而是借助别人创造出来的、现成的语言描述或图形而进行；另一方面，也可称为"造"，因为一本《红楼梦》，千万个林妹妹，每个读者头脑中的形象各有其特色，是经过主体再一次加工了的。由此可见，再造想象中也有创造的成分。

我们为什么能进行再造想象？关键在于起示意作用的词语与它们所代表的事物之间建立了巩固的联系。这样，当许多词语组织到一起时，它们所联系的表象也就组织起来了。词语的组织情况决定了表象的组织，也就决定了想象中新形象的情况。当然，这必须以主体对词语的理解为前提。

再造想象是非常重要的，没有再造想象，人们就不能取得间接经验。借助于再造想象，可以使人们间接地领略到热带雨林的风光，奴隶主的残酷，孔子的和蔼与严谨……总之，有赖于再造想象，才使我们作为理性认识基础的经验事实得以无限扩大。

创造想象是指主体按照一定的目的，运用自己以往积累的表象，在头脑中独立地创造出新形象的心理过程。如作家对小说情节、人物形象的构思想象，发明家对自己将要发明、创新的工具、机械形象的想象，均为创造想象。创造想象与再造想象不同，它并没有依靠任何现成的描述，而是运用记忆表象，按照自己独到之见解而独立地创造新形象。当这种创造想象指向未来并与个人愿望相联系时，也称之为幻想。

第二节　想象是智力活动的翅膀

有人说，如果把知识比做空气，智力是雄鹰，想象就是翅膀。没有翅膀，雄鹰也难以凌空飞翔。《文心雕龙》的作者刘勰把想象称为“神思”，认为通过想象，一个人就可以“思接千载”“视通万里”，即可以打破时空界限而任意驰骋。

俄国教育家乌申斯基说：“强烈而活跃的想象是伟大智慧不可缺少的属性。”狄德罗也指出：“想象，这是一种特质。没有它，一个人既不能成为诗人，也不能成为哲学家，自然就不是一个有机智的人，有理性的生物，也就不成其为人。”

当人们问到爱因斯坦的实验室在什么地方时，他会顺便拿出钢笔敲一敲脑袋说：“在这儿。”的确，他对科学所做出的最卓越的贡献并不是实验的产物，而是在他的脑子里所进行的“思维实验”的结果。在脑子里进行实验，是爱因斯坦偏爱的研究方法。他曾经说过：“当我反省自己和我的思维方法时，我得出了这样的结论，想象的才能对我来说比吸收知识具有更大的意义。”

20 世纪初，爱因斯坦做了一个在整个物理学世界产生极大震动的思维实验。他认识到，牛顿的万有引力理论存在着严重的缺陷，而这个理论当时被公认为是无可争议的真理。为了检验这种认识，他把自己想象成一个升降机上的乘客，正以比光还要快的速度急剧穿行太空。然后，他设想在升降机的一面开一个小孔，以便有一束光透射到对面的壁上。这使他发现，如果升降机以足够快的速度运行，那么，光通过升降机的瞬间里运行了一个有限的距离，于是，一个在升降机里的观察者将会看到光束发生弯曲。在这个想象的实验基础上，爱因斯坦提出了著名的相对论，断言引力能够使光发生弯曲。没有出色的想象力，这是不可能做到的。

第三节　想象的品质

正如衡量记忆的好坏从记忆品质入手一样，想象也有自己的评价指标。

一、想象的主动性

想象的主动性是相对想象的目的性的程度来说的。一个具有想象主动性的人，他就能围绕特定的课题，有目的、有计划地去展开自己想象的翅膀，当行则行，当止则止。

二、想象的丰富性

想象的丰富性是相对想象内容的充实程度说的。一个想象丰富的人，他对于同一个课题，能够从不同的角度多方面地去展开想象；能够同时唤起许多的表象。一个缺乏丰富想象的人，他的想象内容则是很不充实、平淡无奇的，他只能从一两个方面去展开想象，也只能同时唤起极少的表象。

想象的丰富性取决于表象的储备。一个人的表象储备得越多，则他的想象就愈丰富；反之，一个人的表象储备得越少，则他的想象就愈贫乏。因此，要具有想象的丰富性，就必须多多地储备表象，也就是要充分利用各种感知，以便获得视觉的、听觉的、味觉的、嗅觉的、触觉的表象。

三、想象的生动性

想象的生动性是相对想象表象的鲜明程度说的。一个具有想象生动性的人，他想象某一事物时，就真的如见其形，如闻其声，历历在目，栩栩如生；一个缺乏想象生动性的人，他想象某一事物时，所唤起的表象极其淡薄，并且是片断的和不稳定的。

想象的生动性是与表象的直觉性直接相联系的。所谓直觉性，是说表象直接类似于各种感知。比如，一个视觉表象的直觉性很突出的人，他就好像在内心或头脑里“看到了”某种事物；一个听觉表象的直觉性突出的人，他就好像在内心或头脑里“听到了”某种声音；其他如嗅觉表象、味觉表象、触觉表象等等，都可以这么说。总之，表象的直觉性越突出，则想象愈生动、鲜明；反之则愈枯燥、暗淡。

法国作家福楼拜说，当他描写包法利夫人自杀时，他生动地感觉到自己口中有砒霜的味道。俄国作家阿·托尔斯泰的想象生动性发展到了这样的程度，以致他有时把过去的东西和想象的东西混淆起来。俄国作家冈察洛夫这样说明了他头脑中进行的活动：“人物使我不能安静，他们死跟着我……我听到谈话的片断，我常常认为这不是我想象出来的，这一切都是凭空来到我的身边的，我只应当观看和思考。”这些均是想象生动性的具体表现。

四、想象的现实性

想象的现实性是指想象与客观现实相关的程度。一般而言，想象总是来源于客观现实，总是以一定的客观现实为基础而产生的。但是，想象又总是离开现实或“超脱”现实，跑到现实的前头，这在创造想象特别是幻想中表现得最为明显。从想象与现实性的相关程度来看，有的人的想象与现实的关系若即若离，可望而又可即，这种想象是富有现实性的；有的人的想象与现实则根本脱节，可望而不可即，这种想象缺乏现实性。我们的要求是，一个人的想象可以而且应该“超脱”现实，可以而且应当跑在现实的前头，但它必须最终能在现实中体现出来，能在实践活动中创造出来；那种远离现实以致根本不可能实现的想象，则是一种空想，应当抛弃。

五、想象的新颖性

想象的新颖性是指想象的新奇程度。想象越新奇独特，就越富有新颖性；反之，想象越是“依样画葫芦”，甚至“画虎不成反类犬”，就越是平淡无奇。当然，想象的新颖性必须与想象的现实性结合起来。就是说，不管多么新颖的想象，必须以现实为基础，最终也必须“能获得客观的、物质的表现”，即能通过实践活动而把它创造出来。

1895 年，16 岁的爱因斯坦就曾经有过这样“怪诞的狂想”：假如我骑在一条光上去追赶另一条光，将会产生什么现象呢？他这样大胆地提出问题，又不迷信前人，终于通过自己那颗怀疑批判的头脑，独具慧眼地提出了相对论的假说。

正因为想象的新颖性有助于科学创造，所以国外有的大学在招考新生时，通过笔试口试、层层筛选之后，最后还要来一个别具一格的考试，即要与试者当众发表一次富有科学幻想的演讲，谁越是标新立异而又能自圆其说，谁的考试成绩就越高。他们认为，通过这样的考试而被录取的学生，才会有较大的培养前途。

第四节 如何在日常生活中培养想象力

一、丰富表象

想象的水平是依一个人所具有表象的数量和质量为转移的。表象越贫乏，其想象越狭窄、越肤浅，有时甚至完全失真；表象越丰富，其想象越开阔、越深刻，其形象也会越生动逼真。因此，一个人为了培养想象力，就必须不断充实已有的表象的数量，改善已有表象的质量，以扩大已有表象的储备。

绘画大师达·芬奇在少年时代，曾到一座寺院游览，被满院的壁画所吸引。回家后，他竟然凭借高超的记忆表象，把壁画全部默画下来，达到物象、比例、细节、色彩都酷似原作的水平，令人惊叹。达·芬奇之所以能在绘画领域作出突出贡献，与其平时的表象积累密切相关。

二、丰富语言文字

想象活动是在语言的调节下进行的，也常常基于文字的描述说明而展开，并且还往往借助于语言文字的形式表达出来。仅有丰富的表象而没有丰富的语言文字，就会使人们的想象永远停留在直观形象的水平上，而不能上升到语词的抽象的水平上。丰富语言文字，可以使想象具有更大的概括性、深刻性和内在逻辑性。

少年时代的郭沫若，善于借助自己丰富的想象力，用诗或者对联讽刺坏人坏事。他的家乡沙湾镇上，有一个作恶多端的地头蛇，名叫徐品三。郭沫若十分鄙弃和憎恨他，专门作对联嘲笑唾骂："无点骰儿不算快，没边梯子有点悬。"咒骂这个坏人没有好下场，迟早要垮台，长了民众志气，灭了坏人威风。

三、丰富生活经验

人的生活经验的多寡，直接影响到想象的广度和深度，丰富生活经验是提高人们想象的重要因素。因此，我们应当广泛地接触、观察、体验生活，并有意识地在生活中捕捉形象，积累表象，为培养想象力创造良好的条件。

四、阅读文艺作品

文学和艺术作品是想象的学校。一方面，文学艺术作品可以给人们提供丰富的形象，特别是典型形象；另一方面，欣赏艺术和阅读文学作品，又要求人们必须展开想象的翅膀，于是在运用想象的过程中，自然也就发展了想象力。当然，培养想象力不要只限于阅读文艺作品，广泛阅读其他各种书籍以吸取渊博的知识，对于培养想象力也是十分必要的。

写作诗词是开发想象力的最佳策略。我国素有“诗国”之称，历来崇尚诗教。古代诗人骆宾王七岁作《咏鹅》诗；王勃六岁善文辞；李白十岁通晓诗书。古人的诗教是从儿童少年时期开始的。

五、参加创造活动

创造活动特别需要想象，想象也离不开创造活动。因此，积极参加各种创造活动，乃是培养想象力特别是创造想象力最有效的途径之一。

德国诗人歌德曾受过良好的家庭教育。父亲为他讲述故事，培养他对历史的爱好；母亲也时常给他讲富于想象的传奇故事，培养创造想象的能力。因此，他六岁半就会自己演戏，十岁就开始写剧本了。

六、运用各种想象

在这里，我们主要是指必须把再造想象和创造想象结合起来加以运用。因为再造想象是创造想象的基础，创造想象是再造想象的发展；再造想象中有创造想象的参与，创造想象中也有再造想象的成分。因此，有意地结合这两种想象并运用于学习、生活，就不仅能提高学习效果，而且也能使人的想象力得到培养。

七、培养正确幻想

富于幻想是青少年的一种宝贵品质，但一个人必须把幻想和现实结合起来，并且积极地投入实际的行动，以免幻想变成永远“超脱”现实、永远不能实现的空想。同时，一个人还应当把幻想和良好愿望、崇高理想结合起来，并及时纠正那些不切实际的幻想或不良的愿望等等。

第五节　如何在美育活动中培养想象力

一、美育活动及其特征

美育活动是向青少年传播审美知识技能，培养正确的审美意识，提高感受美、鉴赏美的能力，并激发表现美和创造美的才能的活动，也是以自由想象和创造为本质的审美活动。它包括自然美、社会美、艺术美三种活动领域。

美育为什么能够丰富想象力呢？这是由美的本质特征所决定的。

①美育活动具有形象性。美育内容都是具体生动而且带有一定观赏价值的形象。例如，几位同窗好友聚在一起欣赏贝多芬的《田园交响曲》，它之所以令人陶醉，是因为在人们心灵深处展现出一幅幽静森林、鸟语花香、水流溪畔的自然风光，这种想象是油然而生的美好的事物激活了人的想象力。

②美育活动具有强烈的感染性。无论参观和欣赏自然风光的美，还是享受文艺作品的美，都可以使人产生心旷神怡的感觉，引起人们强烈的情感体验，使人不由自主地创造美好形象。有一次，一位教师带着学生们去北戴河旅游，当蔚蓝色的大海映入学生们的眼帘时，有人即刻带头朗诵起高尔基的诗《海燕》，几乎是全体学生集体表演。他们是那样兴奋，那样投入，像艺术家在舞台上表演和宣泄，使年长的教师激动不已。

③美育活动可以净化灵魂。当人们参与美育活动时，真、善、美和假、恶、丑两种性质的特征，在人们心里展开激烈搏斗，人的精神世界被冲刷和荡涤得干干净净。在两种观念的斗争中，人凭借巨大的想象力，逐渐树立起真、善、美的形象，去战胜一切龌龊的东西。像乌宾斯基描写“维纳斯雕像”的美，不单单写出了女性之美，而主要描绘出了那个时代各族人们都能认同的“人的生命的伟大的美”。

如果青少年经常参加学校、家庭、社会组织的各种美育活动，就能享受美的事物带来的愉悦，它有利于丰富精神生活，不断提高想象力，并使他们的身心健康得到正常发展。

二、美育活动与想象的关系

美育活动是通过审美需要的过程而实现的。它包括审美感知、审美联想、审美欣赏和审美创造的全部活动过程。例如，青少年在绘画学习活动中，当欣赏达·芬奇的《蒙娜丽莎》画像时，首先让他们感知的是画家笔下的女性美，然后，很自然地联想到周围女教师、女学友的秀美气质。这是因为画家以柔和的笔调、优雅的线条，创造了一个富有深刻情感内涵的温柔、美丽的女性形象，使人赏心悦目。在审美过程中人们会得到启发，学习模仿伟大画家的笔法，创造出让人们感动的美好形象。

美育活动的实质就是审美过程，想象在其中发挥着四种功能：

其一，引发审美感知。

当我们想象某种事物形象时，要捕捉该事物与头脑里经历过的事物之间的特征和关系，而脑子里的事物形象，要靠观察去获得，观察的过程就是对审美对象的感知。青少年参与审美活动，可以从中悟出许多新的知识。

其二，激起审美情趣。

由于审美联想贯穿活动始终，联想是想象的初级形式，所以，使参与美育活动的青少年广泛地涉猎知识，引起对许多新事物的学习和探索，可以增添求知的乐趣。美育的知识多以生动形象的方式表达，这更可激发青少年参与活动的积极性。

其三，深化审美情感。

情感是审美活动中最有感染力量的因素。美的事物能使人产生满足和肯定的情感体验，它是审美活动的一种推动力，促使审美想象和创造活动持续下去。想象以情感为中介，沟通表象与表象之间的联系，加以重新组合，因此，可以说没有情感也就没有想象，想象和情感相互交织，使审美活动不断深化。

其四，加强审美理解。

任何审美活动都有审美知识和技能的学习。没有审美理解，这种学习就不会成功。理解美的内容应当和直觉印象有机地结合起来。例如，对自然美的理解就总是和桂林山水之美的直觉印象结合在一起的。

三、在审美活动中提高想象力

①发展多种爱好。广泛的兴趣和爱好，能使人提高生活的自信心和乐趣，想象也就有了广阔的天地。有的人对任何美育活动都不感兴趣，这是多种原因造成的。有的是受环境影响的结果，有的是受个性特征的束缚。但是，人的生活情趣是通过活动逐渐培养起来的。参与一种艺术活动，就

是让自己在参与学习过程中增添审美情趣，以便丰富自己的想象力。

②尝试学习摹仿。发展想象力的直接方式，就是学会摹仿。摹仿伴随着再造想象和创造想象的活动。例如学习书法，无论是柳体、颜体，虽其风格各异，但都应以临摹字帖为先。摹仿得越接近字帖，表明再造想象和创造想象能力越强。这是因为通过摹仿把握了各种字体的风格特点及其联系，自觉地将字帖上的字与自己临摹的字加以对照，体验美的特征，并且在前人书法基础上加以创造，走出自己的新路。这一临摹的过程就是再造想象乃至创造想象的过程，人们在摹仿的过程中自然提高了想象力。

③提高审美素质。这可有以下几方面：

第一，积极参加美术学习。美术包括绘画和雕塑、剪贴和手工艺制作等。美术是一种“造型活动”。它利用一定媒介塑造新事物形象，创造想象始终贯穿于活动的全过程。参加者应全身心地投入，由感知、情感体验到产生创作动机、创造出新形象，倾注全部热情，使全身心都得到发展。

第二，努力寻求音乐“细胞”的增长。通过对音乐的旋律、节奏和声以及表现力和创造力的感受，可以开发人的想象才能。由此可见，培养音乐素质和发展想象力是同步的。

第三，创编健美操和参加舞蹈表演。参与健美操的设计和表演是发展想象力、提高审美素质最有效的途径之一。它既可锻炼人对音乐的感受能力，又可随音乐的律动提高人的动作协调表现力和创造想象能力。

第四，开展小型的文学创作活动。别林斯基说：“在艺术中，起着最积极和主导作用的是想象。”文学创作要刻画人物，或者描写场景，都要求创作者具备丰富的想象力。文学艺术也是人类社会生活形象生动的体现，主要应用形象思维，它的想象特点更突出、更具体，加之浓郁的情感色彩，更容易发挥感染力。因此，青少年利用业余时间，练习写诗歌、散文、小说，或者朗诵文学作品，开展演讲活动，都是开拓想象才能的最佳活动。

第六节　如何培养富于想象的个性品质

一、培养创造想象的意向

华裔物理学家吴健雄教授，少年时代就有“独出心裁”的志向。在苏州第二女子师范就读时，她的文理科学习是优等。有一次国文教师在她的作文上批示了“眼高于顶，笔大如椽”八个字，称赞她独特的立意和文笔以及超人的创造想象力。人的创造想象能力不是一朝一夕获得的，必须经过长期的熏陶、教育和锻炼，其方法就是培养创造想象的意向。意向也是人脑对客观事物的反映活动，它对人的活动起着特殊的作用，它可以指引活动的目的与方向。创造想象的意向主要指这种“独出心裁”的意向。

发展青少年的想象力，应当从培养创造想象意向开始。如果吴教授没有漫长的刻苦学习过程，就不会形成创造想象的意向。创造想象以知识经验为基础，对它们加工改造，实质就是一种意向活动，表现在所有的智力活动中。演算习题要求创造想象；做好理化实验需要创造想象；参与各种教育活动能够体现创造想象；而命题作文更要应用创造想象，一切意向活动都不能离开想象。培养创造想象的意向，可以促进青少年非智力素质的快速发展。

如何培养青少年创造想象的意向呢？

1. 在实践活动中培养

喜欢活动是青少年普遍的心理意向。参与活动可以使他们的好奇心和求知欲获得满足，有利于培养创造想象的意向。吴教授从小喜欢物理实验，对这门学科有着浓厚兴趣。她以优异成绩毕业于中央大学后，就一心扑在物理学科学实验研究上面，作出了杰出的贡献。科学实验使她具备了强烈的创造意向和很高的创造想象能力。

2. 提高自信心

创造想象离不开自信心这种个性心理品质。自信心就是坚信自己行为的正确性。缺少自信心的青少年，做事情缺少目标，情绪容易波动，或者出现焦虑，在学习活动中不敢说出自己认为正确的答案，不敢表达自己的设想，这必然会直接影响创造想象能力的发展。他们在参加活动时，缺乏战胜挫折和困难的信心，其刻苦性和自制力也很低。而具有自信心的青少年，对实现理想和人生目标充满信心和力量，相信自己的智慧能够战胜各种艰难和险阻。他们在与困难的搏斗中磨炼着创造想象的意向。我们建议青少年：①在活动中经受考验。只有战胜艰难险阻才能锻炼自信心。②不断获得成功经验。为此，除了更加努力外，还应适当调整自己的期望水平，依据主客观条件制定经适当努力可能实现的目标。③在与别人交往合作中体验自己的力量。

3. 勤于动手操作

动手操作不仅发展青少年的技能，同时也培养其创造想象的意向。这里说的动手操作不是写、算、练习那种单项操作，而是系列动作组成的活动过程。动态的操作过程，可以增强学生视、听、动等各种感知的综合能力，促使青少年在学习中有所发现，既训练全身活动的协调性，又培养学习兴趣和主动学习的精神，这有利于创造发现。

二、体验创造想象的加工过程

通过对原材料的加工改造，培养青少年的创造想象力，这是现代教育改革提出的新要求。

天津市有一所中学，三位少年朋友提出了一辆多功能自行车的设计方案，引起一些科技界人士的关注。这三位少年发现，每天有大量骑自行车的人，到处找电打气气枪为自行车轮胎打气，有时一处气枪后面排着长长的一队人，大家感觉非常不方便。为了解决这个难题，三位少年查遍国内外资料，终于想出一个革新方案，试图把自行车车座改制成厚皮囊式直通两个车胎。当人们坐上车座开始行车时，车座里的气自动被人体压到两个车胎里，免去了打气的环节，也减少人们的诸多不便。这个发明受到许多专家的高度评价。从青少年这项发明创造活动，我们可以体验对原材料的加工大致分为三个步骤：

第一步，知觉自行车整体结构和形象。

人的知觉是对客观事物整体的认识，即人脑对事物整体形象的反映。有了整体形象的认识，人们就能熟悉组成整体的各个部分的特点和性能。三位少年熟悉各种自行车的性能，积累了有关自行车结构特点的资料。

第二步，深入研讨各部分结构的特点，确立改造对象。

三位少年朋友对自行车的特征进行了大量的研究和探索，经历无数次实践和考察，才提出了改革方案。如有人提出改造轮胎，有人提出改造车子框架，最后认为还是改造车座比较合理和容易操作，因而提出改革的多种设想和方案。这一过程正是应用创造想象的过程。

第三步，利用模拟形象，实现加工改造。

三位少年朋友改革的中心环节，即解决车座和自行车轮胎结构的关系，必须安置传送带，将车座里的气体压入轮胎内部，这相当于革新前由打气筒向车胎里挤压气体。当事物具有相类似的特点与形象时，就可能以新代旧。这在改造自行车充气的结构中成为关键的环节。

三、养成创造想象的个性品质

青少年创造想象的个性品质，主要包括创造想象的动机、创造想象的兴趣、创造想象的信念和成就感。

创造想象动机是创造想象的直接推动力。动机在创造想象活动中表现出三种功能：①激活功能——即激活表象；②指向功能——即指向创造想象的目标，按目标、标准加工表象；③调整功能——主体进行创造想象时，能否成功，维持整个程序，达到目标，取得成果，都依靠动机的调整功能。北京市一位中学生把全市公交线路进行测量和调查，创造出一幅结构完整、布局合理的现代化交通线路图。图中由哪个始发站到哪个终点站，距离多少千米，途经什么站名，都标示得非常清楚。假如他没有强烈的创造想象的动机，就不能行程往返数百里，走街串巷，牺牲节假日，战胜那么多艰难困苦，也就不可能做出科学认真负责的考察。

这位少年的创造想象结果，也离不开浓厚兴趣的支撑。他对北京交通线路的好奇心已经达到着迷的程度。每天除了学好文化课程和相关技能，他的全部精力和爱好都投入到这项活动之中。为此，他多次受到北京市政府、市教委领导的奖励和表彰，中央电视台曾多次宣传其创造精神和高度的创造想象素质。

兴趣是促成创造想象的巨大动力，它可以提高创造的主动性和积极性。在愉快的活动中，想象的主体也能感受成功后的喜悦和满足。在这位北京少年创造想象的过程中，兴趣发挥了准备、推动和促进的作用。

创造想象的信念是成功的决定因素，成就感则会加强创造想象的信念。这样使青少年产生成就感，关键要建立通过努力可以实现的目标。这样，青少年通过努力就可以体验成功的快乐。

第八章 好口才让你赢得更精彩

口才并不是一种天赋的才能，它是靠刻苦训练得来的。古今中外历史上一切口若悬河、能言善辩的演讲家、雄辩家，他们无一不是靠刻苦训练而获得成功的。美国前总统林肯为了练口才，徒步50千米，到一个法院去听律师们的辩护词，看他们如何论辩，如何做手势，他一边倾听，一边模仿。他听到那些云游八方的福音传教士挥舞手臂、声震长空的布道，回来后也学他们的样子。他曾对着树、树桩、成行的玉米练习口才。

第一节 口才是学识的标尺

中国有句古话：“与君一席话，胜读十年书。”这就是说，跟那些具有口才和知识的人交谈，可以帮助你增加知识和修养，激发你的创造潜力并增进你与朋友之间的感情。

从某种意义上说，人与人之间的相处，首先是从交谈开始的。一个人的才干要被人认识，要被人了解，就必须与人交谈，有时甚至还必须“毛遂自荐”，向对方显示自己的才干。如果不借助口才，很难想象那结果又将如何。卡耐基博士曾举过一个很生动的例子。他说，美国费城有一位青年为谋取职业，成天徘徊在费城的大街上，总幻想有哪位富人能发现他的“存在”，然而，不管他作出怎样引人注目的举动，都毫无结果。有一天，他突然记起欧·亨利的一句话：“在‘存在’这个原味的面团中加入一些‘谈话’的葡萄干吧。”于是，他突然闯进著名富翁贾鲍尔·吉勃斯先生的办公室，请求吉勃斯先生牺牲哪怕仅仅一分钟来见见他，并容许他讲一两句。吉勃斯先生破例接见了他。起初，吉勃斯只想与他谈一两句，然后将他打发了事的，没想到两人越谈越投机，一直谈了一个小时。结果，吉勃斯先生替这个穷愁潦倒的青年很快找到了一份工作。

事实上，口才也绝不是许多人所认为的那样，只要耍耍嘴皮子，它实际上是一个人的一种综合能力的体现。一个善于表达的人，必是个具有敏锐观察力、能深刻认识事物的人，只有这样，他说出来的话才能既生动又准确地反映事物的本质。此外，他还必须具有严密的思维能力，懂得分析、判断和推理，使自己说出来的话有条有理，滴水不漏。最后，有口才的人还必须有流畅的表达能力、丰富的词汇、渊博的知识等。正因为如此，所以有人说：口才是学识的标尺。

商业时代，人们互相之间的交往日益频繁。因此，口才也越来越显得重要。我们常常看见，许多口才出众的企业家手下，往往云集着一大批能说会道的干将；相好的朋友在一起，为某个问题而展开讨论，口才好的人，往往容易成为“领袖”，受到众人的推崇，因此，他的朋友就自然要比别人多得多。

第二节　口才的标准

什么才是口才呢？翻翻我们的成语书，我们就会看到这样一些词：“滔滔不绝”“口若悬河”“三寸之舌”“巧舌如簧”等等，人们常常用这些词来形容一个人如何如何能说，就像滚滚而来的江水。那么，是不是说起话来“滔滔不绝”“口若悬河”的人，我们就说他是有口才呢？不是的。“滔滔不绝”“口若悬河”并不是衡量口才的标准。我们说口才是一种能力，它和我们的写作能力、生活能力、组织能力一样都是人的智慧的一种反映。它是一种用口头语言准确、恰当、生动地表达思想感情的能力。因此，我们说能说话并不就等于有口才。口才必须具备以下几条标准。

一、话说得要有内容

这是衡量有没有口才的第一个标准。我们说韩复榘没有口才，其中有一个原因就是他的话没有内容。他一登台就先问：“今天是什么天气？”然后又问："开会的人来齐了没有？"接着就是一顿假谦虚，而且说得前言不搭后语。空话、套话、废话连篇。这种演讲告诉给人们些什么呢？既没知识，也没有思想，我们听了如坠云雾，不知他到底要讲些什么。这种人怎么能说他有口才呢？所以，以后我们在衡量一个人有没有口才时，一定要先听听他说的话有没有内容。

二、话说得要有道理

看一个人有没有口才，还要看他说的话有没有道理。有些人说起话来也是一套儿、一套儿的，可是你仔细听听，他们或是胡说八道，或是强词夺理，或是胡搅蛮缠，从他们的话中你听不出丝毫的道理。那么这种人也算不得有口才！

三、话说得要有顺序

我们做许多事情都要讲点顺序。上街乘公共汽车要按先后顺序，我们坐的座位也要按顺序排好，写文章也要有顺序。"顺序"存在我们生活的方方面面，一旦失去了"顺序"，社会就要大乱，文章也就没了章法。说话，也要讲点顺序。有些人说话不讲顺序，不分先后，一会儿讲天上，一会儿又讲地下，天南海北，忽东忽西，乱七八糟，听者根本就听不懂他说了些什么，稀里糊涂，一团乱麻。我们也不能说这种人有口才。

四、话说得要有文采

我国古代大圣人孔子有这样一句话："言之无文，行而不远。"意思是说：缺乏文采的文章，就不可能流行得久远。其实，这是一个非常简单的道理。文采之于文章，之于说话，就像我们女同学的花衣衫一样。一个女孩子，如果穿上一件美丽的花衣衫，一定会更令人感到可爱。我们常常听到一些人说话，感到说得也有道理，也听得明白，就是听起来没有吸引力，让人没有兴趣听，这是什么原因呢？原因就在于话说得没有文采。他的话不生动、不形象、不能吸引人。所以，我们说话除了有内容、有道理、有顺序之外，还要对文字进行必要的润饰、加工，使话生动、活泼，富有艺术魅力。这样的话，听众既爱听，又容易接受。

第三节 如何锻炼口才

一、口才的重要性

西方世界已把“舌头、金钱、原子弹”列为三大武器。这是因为科技的发展，已经使我们的地球变小了，人们不仅仅是面对面的交流更加频繁了，而且电视、广播、电话等等现代设备向人的口语表达能力提出了更高的要求，如果没有一定的口语表达能力，人们已无法适应这种信息社会生活。那种“祸从口出”的古训已不再被人们奉为神明，那种“君子敏于行，而讷于言”的看法已逐渐被人们所抛弃。社会的发展，向未来社会的主人——你们，提出了越来越高的要求。未来社会要求你们不仅仅是一个只会“默默”耕耘的小黄牛，还需要你们成为一个能说会道的百灵鸟。未来的社会是你们的社会，你们是21世纪的主人，你们要管理社会、管理工厂，当律师、做教师，不管做什么工作，离开了口才，只能是事倍功半。现代人应该是能言善辩者，如果还是笨嘴拙舌，那么你就很难立足于信息高度发达的社会。

亲爱的朋友，你想把自己培养成一名对“四化”有用的人才吗？你想站在时代的讲台上口若悬河地阐述自己的观点吗？你想成为一名外交家纵横驰骋于国际舞台吗？你想成为一名出色的律师、教师、科学家、厂长、经理、工作人员吗？你想结识更多的朋友吗？你想倾诉自己的感情吗？那么，请你练口才吧！

二、提高口才能力

有位美国政界要人曾说过，个性和口才的能力比起外语知识和哈佛大学的文凭更为重要。的确，口才很重要。但你也许会说：“我先天不足怕开口，见人就脸红，没口才。”那么，我们告诉你：朋友，这不要紧，路就在脚下。口才不会与生俱来，也不会从天而降，就像庄稼需要施肥、道路需要整修，口才也要培养。

一切美丽的花朵，都植根于沃土之中，离开了泥土，它也就失去了养分；没有了泥土，它就会干枯、凋零。空中没有盛开的鲜花。如果我们把口才也看成是百花园中的一朵鲜花，那么它扎根的沃土就是人的思想、知识、能力、毅力，离开了人的这些素质，那么口才也就成了一朵空中的花，一朵永远不会盛开的花。

崇高的思想、渊博的知识、远见卓识以及一定的记忆能力、较强的应变能力、持之以恒的毅力，这些都是我们培育“口才之花”的“养料”，离开了这些，练口才只能是一句空话。

1. 要有崇高的思想

朋友们，大家或许都有过这样的体验，当一个自己言行欠佳的同学或老师批评你的时候，你的心里一定很不服气。甚至在心里说：你自己做得也不怎么样，有什么资格说我呢！你会感到这人言行不一。中国有句老话，叫做“近朱者赤，近墨者黑”，品德、修养恶劣的人带给别人的也只能是卑鄙的灵魂、低级的趣味，而且很难受到大多数人的欢迎。这就是一种人格力量。无论是演讲、谈话、论辩都是一种向听众作宣传的双重活动，你的思想、品德、感情、修养都会在有意与无意中影响着听众的思想、品德、感情、修养。而演讲者、说服者只有具备了高尚的思想修养，他的话才具有说服力。身教胜于言教就是这个道理。你们听过曲啸的《心底无私天地宽》这个演讲吧，这个演讲所以能打动人、教育人、感染人，是与曲啸本人的崇高品德分不开的，是与他热爱党、热爱人民的炽烈感情分不开的，也是与他坚定的共产主义信念分不开的。如果一个演讲者、一个论辩员没有高尚的思想修养做后盾，那么他的演讲、论辩是不可能成功的，其结果只能是台上他讲，台下讲他。

所以，我们要练口才，首先就要培养自己的思想美、心灵美、行为美，培养自己热爱祖国、热爱人民的高尚情操，学会使用正确的方法、立场去分析问题、解决问题，只有这样，你才能用美好的语言去感染听众、说服听众、宣传听众，你练就的口才也才能为人民服务，为祖国服务。

2. 要有渊博的知识

要想给别人一杯水，自己要有一桶水。这是一个普通的常识。我们要说给别人听，首先就得自己有。别小看了演讲时的几分钟，论辩时的几句话，就这几分钟、这几句话，需要我们有丰厚的知识积累。

我们有些同学有这样一个好习惯：准备一个小本子，把每天从报纸、杂志、课文中看到的观点、方法，好的词、句子都记录下来，有时间就拿出来看看，天长日久，就形成了自己的思想，有了自己的见解，也有了自己的词汇库。说起话来也就头头是道，也不觉得没词儿可说了，甚至常常能妙语惊人，这就是积累的结果。

3. 要有远见卓识

远见卓识是演讲者、交谈者、论辩者必须具备的一种素质。我们不论是演讲，还是谈话、论辩，面对的都是人，或是广大的听众，或是单个的个人。但不论是人多，还是人少，谁都不愿意去浪费时间听那些老掉牙的、人人皆知的陈词滥调。如果你总是人云亦云，从没有自己的见解，自己的观点，那么你永远也不会成为一名受人尊敬、受人欢迎的演讲者、谈话者、论辩者。你永远不可能征服你的听众。而要想自己的见识超群，见解独到，就要站得高，看得高，高瞻远瞩，言别人之未言，说别人之难说。但是，我们千万记住决不要去追求华而不实的噱头，决不要去哗众取宠。

4. 较强的应变力

著名相声演员马季，有一次到湖北省黄石市演出。在他表演之前，有一位演员错把“黄石市”说成了“黄石县”，引起了观众的哄笑。在笑声中，马季登台演出。他张口就说：“今天，我们有幸来到黄石省演出……”这话把哄笑中的观众弄糊涂了。正当大家窃窃私语时，马季解释道，方才，我们的一位演员把黄石市说成县，降了一级。我在这里当然要说成省，给提上一级，这样一降一提，哈，就平啦！几句话，引得全场哄堂大笑，马季机智巧妙地给圆了场，使演出得以顺利进行。

马季所以能把场圆下来，关键还在于他有较强的应变能力。一个艺术家如此，一个演讲者、谈话者、论辩者也是如此。我们无论是演讲、谈话，还是论辩，都是在与听众进行感情交流，在进行信息传递。这就需要我们在演讲、谈话、论辩的过程中随时地注意对方的变化，观察对方的表情，掌握听众的情绪，并要根据听众的反馈及时调整我们演讲、谈话、论辩的内容及角度，把听众不愿听而你又打算讲的东西删掉，加进一些听众感兴趣的内容，这没有较强的应变能力是做不到的。

另外，我们在与人交际、交流时，常常还会遇到一些意想不到的事情发生。如你正在演讲时却有人起哄，正在交谈时却遭人抢白，你的辩词受到人们的反对，这一切一切都需要有从容镇定的应变力。所以为了使你在窘境中得到解脱，为了练就一副在任何情况下都对答如流的口才，为了在社交场合免受尴尬之苦，为了你临危不乱，请培养应变能力吧。

5. 一定的记忆能力

记忆力也是演讲者、谈话者、论辩者的一项重要的素质。我们的演讲词、论辩词包括谈话的一些内容都是需要记忆的，通过记忆把演讲、论辩的内容储存在大脑中，登台演讲或进行交谈、论辩时，才能张口即来，滔滔不绝。如果记忆力不强，到了台上，一紧张就会丢三落四，甚至张口结舌。我们在积累知识时也需要有较强的记忆力，否则，打开书什么都知道，合上书又什么都忘了，这是不行的。

培养记忆力是要下点苦工夫的。我们这个年龄正好是记忆力最好的时期，所以我们一定要抓紧时间，培养和加强自己的记忆力。记忆的方法很多，我们可以自己从学习中寻找、总结一些记忆规律，供自己使用，也可以学习、借鉴他人的成功方法，如形象记忆法、数字记忆法、联想记忆法等。总之，我们只有过目成诵，才能出口成章。

6. 持之以恒的毅力

看了以上几点，有的朋友可能要说："练口才还这么难呀！咱也不具备这些素质，口才也练不成了，不用白费劲了！"那么我要说，你错了！以上我们谈的几种练口才的必备素质，是必备的，但不是天生的，不是与生俱来的，而是靠后天的苦学、苦练得来的。有一句名言为："书山有路勤为径，学海无涯苦作舟。"西方也有一句格言为："诗人是先天的，演说家是后天的。"确实，要练就一副悬河之口，非下一番苦工夫不可。古希腊有一位卓越的演讲家德摩斯梯尼，年轻时有发音不清、说话气短、爱耸双肩的毛病。最初他的演讲很不成功，以致被观众哄下了讲台。但德摩斯梯尼没有因失败、嘲笑、打击而气馁。他一方面博览群书、积累知识，一方面又刻苦练习。

为了练嗓音，他把小石子含在嘴里朗诵，迎着呼啸的大风讲话；为了克服气短的毛病，他故意一面攀登，一面不停地吟诗；为了克服耸肩，每次练习口才时他都在自己的双肩上方挂两柄剑，剑尖正对双肩，迫使自己随时注意改掉耸肩的不良习惯。他还在家中安装了一面大镜子，经常对着镜子练演讲，以克服自己在演讲中的一些毛病。经过苦练，德摩斯梯尼终于成了世界闻名的大演讲家。“宝剑锋自磨砺出，梅花香自苦寒来。”这就是德摩斯梯尼成功给我们的启示。

朋友们，我想你一定没有德摩斯梯尼这么多的苦恼，只要你持之以恒地勤奋学习，刻苦练习，那么你一定会成功，口才家、雄辩家的桂冠就一定能戴在你的头上。

三、练口才的方法

口才并不是一种天赋的才能，它是靠刻苦训练得来的。古今中外历史上一切口若悬河、能言善辩的演讲家、雄辩家，他们无一不是靠刻苦训练而获得成功的。

美国前总统林肯为了练口才，徒步50千米，到一个法院去听律师们的辩护词，看他们如何论辩，如何做手势，他一边倾听，一边模仿。他听到那些云游八方的福音传教士挥舞手臂、声震长空的布道，回来后也学他们的样子。他曾对着树、树桩、成行的玉米练习口才。

日本前首相田中角荣，少年时曾患有口吃病，但他不被困难所吓倒。为了克服口吃，练就口才，他常常朗诵、慢读课文，为了准确发音，他对着镜子纠正嘴和舌根的部位，严肃认真，一丝不苟。

我国早期无产阶级革命家、演讲家肖楚女，更是靠平时的艰苦训练，练就了非凡的口才。肖楚女在重庆国立第二女子师范教书时，除了认真备课外，他每天天刚亮就跑到学校后面的山上，找一处僻静的地方，把一面镜子挂在树枝上，对着镜子开始练演讲，从镜子中观察自己的表情和动作。经过这样的刻苦训练，他掌握了高超的演讲艺术，他的教学水平也很快提高了。1926年，他年方30，就在毛泽东同志主办的广州农民运动讲习所工作，他的演讲至今受到世人的推崇。

我国著名的数学家华罗庚，不仅有超群的数学才华，而且也是一位不可多得的“辩才”。他从小就注意培养自己的口才，学习普通话，他还背了唐诗四五百首，以此来锻炼自己的“口舌”。

这些名人与伟人为我们训练口才树立了光荣的榜样，我们要想练就一副过硬的口才，就必须像他们那样，一丝不苟，刻苦训练，正如华罗庚先生在总结练“口才”的体会时说的：“勤能补拙是良训，一分辛苦一分才。”练口才不仅要刻苦，还要掌握一定的方法。科学的方法可以使你事半功倍，加速你口才的形成。当然，根据每个人的学识、环境、年龄等等的不同，练口才的方法也会有所差异，但只要选择最适合自己的方法，加上持之以恒的刻苦训练，那么你就会在通向“口才家”的大道上迅速成长起来。我们在此介绍几种符合同学们特点，简单、易行、见效的口才训练方法。

1. 速读法

这里的“读”指的是朗读，是用嘴去读，而不是用眼去看，顾名思义，“速读”也就是快速的朗读。

这种训练方法的目的，是在于锻炼人口齿伶俐，语音准确，吐字清晰。

方法：找来一篇演讲词或一篇文辞优美的散文。先拿来字典、词典把文章中不认识或弄不懂的字、词查出来，搞清楚，弄明白，然后开始朗读。一般开始朗读的时候速度较慢，逐次加快，一次比一次读得快，最后达到你所能达到的最快速度。

要求：读的过程中不要有停顿，发音要准确，吐字要清晰，要尽量达到发声完整。因为如果你不把每个字音都完整地发出来，那么，如果速度加快以后，就会让人听不清楚你在说些什么，快也就失去了快的意义。我们的快必须建立在吐字清楚、发音干净利落的基础上。我们都听过体育节目的解说专家宋世雄的解说，他的解说就很有“快”的功夫。宋世雄解说的“快”，是快而不乱，每个字，每个音都发得十分清楚、准确，没有含混不清的地方。

我们希望达到的快也就是他的那种快，吐字清晰，发音准确，而不是为了快而快。

速读法的优点是不受时间、地点的约束，无论在何时、何地，只要手头有一篇文章就可以练习。而且还不受人员的限制，不需要别人的配合，一个人就可以独立完成。当然你也可以找一位同学听听你的速读练习，让他帮助挑你速读中出现的毛病。比如哪个字发音不够准确，哪个地方吐字还不清晰等等，这样就更有利于你有目的地进行纠正、学习。你还可以用录音机把你的速读录下来，然后自己听一听，从中找出不足，进行改进。如果有老师指导就更好了。

2. 背诵法

同学们都背诵过课文。有诗歌、有散文、有小说。背诵的目的是各有不同的。有的是因为老师要求必须背诵，而不得不背，以完成老师交给的学习任务；也有的是为了记忆下某个名诗、名句，以此来丰富自己的文学素养。而我们提倡的背诵，主要的目的是在于锻炼我们的口才。

我们要求的背诵，并不仅仅要求你把某篇演讲词、散文背下来就算完成了任务，我们要求的背诵，一是要“背”，二还要求“诵”。这种训练的目的有两个：一是培养记忆能力，二是培养口头表达能力。

记忆是练口才必不可少的一种素质。没有好的记忆力，要想培养出口才是不可能的。只有大脑中充分地积累了知识，你才可能张口即出，滔滔不绝。如果你大脑中是一片空白，那么你再伶牙俐齿，也无济于事。记忆与口才一样，它并不是一种天赋的才能，后天的锻炼对它同样起着至关重要的作用，“背”正是对这种能力的培养。

“诵”是对表达能力的一种训练。这里的“诵”也就是我们常说的“朗诵”。它要求在准确把握文章内容的基础上进行声情并茂的表达。

背诵法，不同于我们前面讲的速读法。速读法的着眼点在“快”上，而背诵法的着眼点在“准”上。也就是你背的演讲词或文章一定要准确，不能有遗漏或错误的地方，而且在吐字、发音上也一定要准确无误。

其方法是：第一步，先选一篇自己喜欢的演讲词、散文、诗歌；第二步，对选定的材料进行分析、理解，体会作者的思想感情。这是要花点工夫的，需要我们逐句逐段地进行分析，推敲每一个词句，从中感受作者的思想感情，并激发自己的感情；第三步，对所选的演讲词、散文、诗歌等进行一些艺术处理，比如找出重音、划分停顿等，这些都有利于准确表达内容；第四步，在以上几步工作的基础上进行背诵。在背诵的过程中，也可分步进行。首先，进行“背”的训练，也就是先将文章背下来。在这个阶段不要求声情并茂。只要能达到熟练记忆就行。并在背的过程中，自己进一步领会作品的格调、节奏，为准确把握作品打下更坚实的基础。其次，在背熟文章的基础上进行大声朗诵。将你背熟的演讲词、散文、诗歌等大声地背诵出来，并随时注意发声的正确与否，而且要带有一定的感情。再次，是这个训练的最后一步，用饱满的情感，准确的语言、语调进行背诵。

这里的要求是准确无误地记忆文章，准确地表达作品的思想感情。比如，我们要背诵高尔基的《海燕》，我们首先就应明白，这是篇散文诗。它是在预报革命的风暴即将来临，讴歌的是海燕——无产阶级战士的形象。整篇散文诗都是热烈激昂的，表达了革命者不可遏止的分明与憎爱。那么我们在朗诵《海燕》时就要抓住这个基调。当然仅仅抓住作品的基调还是不够的。我们还要对作品进行一些技巧上的处理，比如划分段落、确定重音、停顿等等。

平平淡淡，没有波澜，没有起伏，一调到底的朗诵是不会成功的。有些人在背诵《海燕》时把握了它激昂奋进的基调，却没有注意朗诵技巧，开口就定在最高的音上，结果到了表达感情的最高点时，就只能是声嘶竭力。我们说这也是把握欠准确的缘故。如果对作者的思想感情发展的脉络有了准确的把握，那么就不会犯类似的错误了。

这个训练最好能有老师的指导，特别是在朗诵技巧上给些指导。如果没有这个条件，也可以找同学帮助，请同学听自己背诵，然后指出不足，使我们在改进时有所依据，这对练口才很有好处。

3. 练声法

练声也就是练声音，练嗓子。在生活中，我们都喜欢听那些饱满圆润、悦耳动听的声音，而不愿听干瘪无力、沙哑干涩的声音。所以锻炼出一副好嗓子，练就一腔悦耳动听的声音，是我们必做的工作。

练声的方法是：

第一步，练气。俗话说练声先练气，气息是人体发声的动力，就像汽车上的发动机一样，它是发声的基础。气息的大小对发声有着直接的关系。气不足，声音无力，用力过猛，又有损声带。所以我们练声，首先要学会用气。

吸气：吸气要深，小腹收缩，整个胸部要撑开，尽量把更多的气吸进去。我们可以体会一下，你闻到一股香味时的吸气法。注意吸气时不要提肩。呼气：呼气时要慢慢地进行。要让气慢慢地呼出。因为我们在演讲、朗诵、论辩时，有时需要较长的气息，那么只有呼气慢而长，才能达到这个目的。呼气时可以把两齿基本合上。留一条小缝让气息慢慢地通过。学习吸气与呼气的基本方法，你可以每天到室外、到公园去做这种练习，做深呼吸，天长日久定会见效。

第二步，练声。我们知道人类语言的声源是在声带上，也就是我们的声音是通过气流振动声带而发出来的。

在练发声以前先要做一些准备工作。先放松声带，用一些轻缓的气流振动它，让声带有点准备，发一些轻慢的声音，千万不要张口就大喊大叫，那只能对声带起破坏作用。这就像我们在做激烈运动之前，要做些准备动作一样，否则就容易使肌肉拉伤。声带活动开了，我们还要在口腔上做一些准备活动。我们知道口腔是人的一个重要的共鸣器，声音的洪亮、圆润与否与口腔有着直接的联系，所以不要小看了口腔的作用。

口腔活动可以按以下方法进行：

第一，进行张闭口的练习，活动嚼肌，也就是面皮。这样等到练声时嚼肌运动起来就轻松自如了。

第二，挺软腭。这个方法可以用学鸭子叫“gāgā”声来体会。人体还有一个重要的共鸣器，就是鼻腔。有人在发音时，只会在喉咙上使劲，根本就没有上胸腔、鼻腔这两个共鸣器，所以声音单薄，音色较差。练习用鼻腔的共鸣方法是，学习牛叫。但我们一定要注意，在平日说话时，如果只用鼻腔共鸣，那么也可能造成鼻音太重的结果。

我们还要注意，练声时，千万不要在早晨刚睡醒时就到室外去练习，那样会使声带受到损害。特别是室外与室内温差较大时，更不要张口就喊，那样，冷空气进入口腔后，会刺激声带。

第三，练习吐字。吐字似乎离发声远了些，其实二者是息息相关的。只有发音准确无误，清晰、圆润，吐字也才能“字正腔圆”。我们在小学时，都学习过拼音，都知道每个字都是由一个音节组成的，而一个音节我们又可以把它分成字头、字腹、字尾三部分。这三部分从语音结构来分，大体上可以说是，字头就是我们说的声母，字腹就是我们说的韵母，字尾就是韵尾。

吐字发声时一定要咬住字头。有一句话叫“咬字千斤重，听者自动容”，说的就是这个意思。所以我们在发音时，一定要紧紧咬住字头，这时嘴唇一定要有力，把发音的力量放在字头上。

字腹的发音一定要饱满、充实，口形要正确。发出的声音应该是立着的，而不是横着的；应该是圆的，而不是扁的。但是，如果处理得不好，就容易使发出的声音扁、塌、不圆润。

字尾，主要是归音。归音一定要到家，要完整。也就是不要念“半截子”字，要把音发完整。当然字尾也要能收住，不能把音拖得过长。如果我们能按照以上的练习要求去做，那么你的吐字一定圆润、响亮，你的声音也就会变得悦耳动听了。

这里应多做一些这样的练习：

①深吸一口气。数数，看能数多少。

②跑20米左右，然后朗读一段课文，尽量避免喘气声。

③按字正腔圆的要求读下列成语：

英雄好汉兵强马壮争先恐后光明磊落深谋远虑

果实累累五彩缤纷心明眼亮海市蜃楼优柔寡断

源远流长山清水秀

④读练口令：

A. 八面标兵奔北坡，炮兵并排北坡炮；炮兵怕把标兵碰，标兵怕碰炮兵炮。

B. 哥挎瓜筐过宽沟，赶快过沟看怪狗；光看怪狗瓜筐扣，瓜滚筐空怪看狗。

C. 洪小波和白小果，拿着箩筐收萝卜。洪小波收了一筐白萝卜，白小果收了一筐红萝卜。不知是洪小波收的白萝卜多，还是白小果收的红萝卜多。

4. 复述法

复述法简单地说，就是把别人的话重复地叙述一遍。这种方法在课堂上使用的较多。如老师让同学们看一段幻灯片，然后请同学复述幻灯片的情节或人物的对话。这种训练方法的目的，在于锻炼人的记忆力、反应力和语言的连贯性。

其方法是：选一段长短合适、有一定情节的文章。最好是小说或演讲词中叙述性强的一段，然后请朗诵较好的同学进行朗读，最好能用录音机把它录下来，然后听一遍复述一遍，反复多次地进行。直到能完全把这个作品复述出来。复述的时候，你可把第一次复述的内容录下来，然后对比原文，看你能复述下多少，重复进行，看多少遍自己才能把全部的内容复述下来。这种练习绝不单单在于背诵，而在于锻炼语言的连贯性。如果能面对众人复述就更好了，它还可以锻炼你的胆量，克服紧张心理。

这要求我们在开始时，只要能把基本情节复述出来就可以，在记住原话的时候，可以用自己的话把意思复述出来；第二次复述时就要求不仅仅是复述情节，而且要求能复述一定的人物语言或描写语言；第三次复述时，就应基本准确地复述出人物的语言和基本的描写语言，逐次提高要求。在进行这种练习之前，最好能根据自己的实际情况和所选文章的情况，制定一个具体的要求。比如选了一段共有10句话的文章，那么第一次复述时就要把基本情节复述出来，并能把几个关键的句子复述出来；第二次就应该能复述出5～7个句子；第三次就应能复述8～10个句子。当然，速度进展得越快，也就说明你的语言连贯性和记忆力越强。

开始练习时，最好选择句子较短、内容活泼的材料进行，这样便于你把握、记忆、复述。随着训练的深入，你可以逐渐选一些句子较长，情节少的材料，进行练习。这样由易到难，循序渐进，效果会更好。这种练习一定要有耐心与毅力。有的同学一开始就选用那些长句子、情节少的文章作为训练材料，结果常常是欲速则不达。这就像我们学走路一样，没学会走，就要学跑是一定要摔跤的。而且这个训练有时显得很繁琐、麻烦，甚至是枯燥乏味，这就需要我们要有耐心与毅力，要知难而进，勇于吃苦，不怕麻烦。没有耐心与毅力，那么你将注定是一事无成的。

5. 模仿法

我们每个人从小就会模仿，模仿大人做事，模仿大人说话。其实模仿的过程也是一个学习的过程。我们小时候学说话是向爸爸、妈妈及周围的人学习，向周围的人模仿。那么我们练口才也可以利用模仿法，向这方面有专长的人模仿。这样天长日久，我们的口语表达能力就能得到提高。其方法是：

①模仿专人。在生活中找一位口语表达能力强的人，请他讲几段最精彩的话，录下来，供你进行模仿。你也可以把你喜欢的又适合你模仿的播音员、演员的声音录下来，然后进行模仿。

②专题模仿。几个好朋友在一起，请一个人先讲一段小故事、小幽默，然后大家轮流模仿，看谁模仿的最像。为了刺激积极性，也可以采用打分的形式，大家一起来评分，表扬模仿最成功的一位。这个方法简单易行，且有娱乐性。课上、课间、课后都可进行。只要有三四个人就能进行。所要注意的是，每个人讲的小故事、小幽默，一定要新鲜有趣，大家爱听爱学。而且在讲以前一定要进行一些准备，一定要讲准确、生动、形象，千

万不要把一些错误的东西带去，否则模仿的人也跟着错了，害人害己。

③随时模仿。我们每天都听广播，看电视、电影，那么你就可以随时跟着播音员、演播员、演员进行模仿，注意他的声音、语调，他的神态、动作，边听边模仿，边看边模仿，天长日久，你的口语能力就得到了提高。而且会增加你的词汇，增长你的文学知识。这里要求要尽量模仿得像，要从模仿对象的语气、语速、表情、动作等多方面进行模仿，并在模仿中有创造，力争在模仿中超过对方。

在进行这种练习时，一要注意选择适合自己的对象进行模仿。要选择那些对自己身心有好处的语言动作进行模仿，我们有些同学模仿力很强，可是在模仿时都不够严肃认真，专拣一些脏话进行模仿，久而久之，就形成了一种低级的趣味，我们反对这种模仿方法。模仿法是一种简单易学、娱乐性强、见效快的方法，尤其适合我们这个年龄的同学们练习，希望大家能勤学苦练，早日见效。

6. 描述法

小的时候我们都学过看图说话，描述法就类似于这种看图说话，只是我们要看的不仅仅是书本上的图，还有生活中的一些景、事、物、人，而且要求也比看图说话高一些。简单地说，描述法也就是把你看到的景、事、物、人用描述性的语言表达出来。

描述法可以说是比以上的几种训练法更进了一步。这里没有现成的演讲词、散文、诗歌等做你的练习材料，而要求你自己去组织语言进行描述。所以描述法训练的主要目的就在于训练同学们的语言组织能力和语言的条理性。

无论是演讲、说话、论辩都需要有较强的组织语言的能力，没有这种能力也就不可能有一张悬河之口，组织语言的能力是口语表达能力的一项基本功。

其方法是把一幅画或一个景物作为描述的对象。第一步，对要描述的对象进行观察。比如，我们所要描述的对象是“秋天的小湖边”，那么我们就要观察一下这个湖的周围都有些什么，有树？有假山？有凉亭？还有游人？并且树是什么样子，山是什么样子？凉亭在这湖光山色、树影的衬托下又是个什么样子，这秋天里的游人此时又该是一种什么心情呢？这一切都需要你用自己的眼睛去观察，用你的心去体验。只有有了这种观察，你的描述才有基础。第二步，描述。描述时一定要抓住景物的特点，要有顺序地进行描述。

其要求是，抓住特点进行描述。语言要清楚，明白，要有一定的文采。描述的千万不要成流水账，平平淡淡，一定要用描述性的语言，尽量生动些，活泼些。要讲点顺序，不要东一句，西一句，南一句，北一句的，描述出的东西，让人听了以后能知道你描述的到底是个什么景物。描述的时候允许有联想与想象。比如，你观察到秋天的湖边有一位白发苍苍的老爷爷，孤独地坐在斑驳陆离的树阴下，你就可能有一种联想，你可能想到了自己的爷爷，也可能想到这个老人的生活晚景，还可能想到“夕阳无限好，只是近黄昏”这个诗句。那么在描述的时候，你就可以把这一切都加进去，使你的描述更充实、生动。

7. 角色扮演法

角色一词，我们也是从戏剧、电影中借用来的，是指演员扮演的戏剧或电影中的人物。我们这里的角色，与戏剧、电影中讲的角色，有着相同的意义。

角色扮演法，就是要我们学演员那样去演戏，去扮演作品中出现的不同的人物，当然这个扮演主要是在语言上的扮演。其方法是：

①选一篇有情节、有人物的小说、戏剧为材料。

②对选定的材料进行分析，特别要分析人物的语言特点。

③根据作品中人物的多少，找同学，分别扮演不同的人物角色。比比看，谁最能准确地扮演自己的角色。

④也可一个人扮演多种角色，以此培养自己的语言适应力。这种训练的目的，在于培养人的语言的适应性、个性，以及适当的表情、动作。

这种训练法要求“演”的成分很重，它有别于对朗诵的要求。它不仅要求声音洪亮，充满感情，停顿得当；还要求能绘声绘色、惟妙惟肖地把人物的性格表现出来，而且要配有一定的动作和表情。从这个角度看，这个训练是有一定的难度的。但只要我们朝着这个方向努力，那么我们就会成功。

8. 讲故事法

同学们或许都听过故事，但是不是都讲过故事呢？讲故事看起来很容易，要真讲起来就不那么容易了，常言说“看花容易，绣花难”呀！听别人讲故事绘声绘色，很吸引人，有些朋友听起故事来甚至都可以忘了吃饭、睡觉，可是自己一讲起来，仿佛就不是那么回事了，干干巴巴，毫无吸引力。

因此，讲故事也是一种才能，并不是人人都可以把故事讲好的。学习讲故事是练口才的一种好方法。

讲故事，可以训练人的多种能力。因为故事里面既有独白，又有人物对话，还有描述性的语言、叙述性的语言，所以讲故事可以训练人的多种口语能力。这里的方法是：

①分析故事中的人物。故事的情节性是十分强的，而且故事的主题大都是通过人物的语言、行动表现出来的，所以我们在讲故事以前就要先研究人物的性格特征，以及人物之间的关系。比如，我们要讲《皇帝的新衣》这个童话故事，那么你就要分析其中的几个人物，以及他们的性格，然后把国王的愚蠢无知，骗子的狡诈阴险，大臣的阿谀奉承、不分是非，乃至小孩的天真无邪都用语言表现出来，这是一项十分艰巨的工作。

②掌握故事的语言特点。故事的语言不同于其他文学形式的语言，其最大的特点是口语性强、个性化强。所以当我们拿到一个材料的时候，不要马上就开始练习讲，而要先把材料改造一下，改成适合我们讲的故事。这个工作你可以请老师或爸爸、妈妈帮你做。

③反复练讲。对材料做了以上的分析、加工以后，我们就可以开始练讲。通过反复练讲达到对内容的熟悉。最后能使自己的感情与故事中人物的感情相隔合，做到惟妙惟肖地表现人物性格，语言生动形象。

另外，边练讲，还要边注意设计自己的表情、动作。看看你讲故事时的表情、动作是不是与你讲的内容相一致。

其要求是：

①发音要准确、清楚。平舌音、翘舌音、四声都要清楚。最好能用普通话讲。

②不要照本宣读。讲故事是不允许手里拿着故事书照着念的，那样就成了念故事了。讲故事要用自己的语言去讲，那样才能生动形象。训练口才的方法很多，并不仅限于以上 8 种。如：有人总结出了“七日训练法”“绕口令训练法”等等，我们说这些也都是一些好的训练方法。

而且同学们在练口才时，一定也会总结出一些适合自己的训练方法。我们说只要此法对练口才有益、有效，就不失为一种好的方法。另外，同学们也不要仅仅拘泥于一种方法，抱住一种方法不放。你不妨找几种适合自己的方法，见缝插针，相信这种综合训练收效更大。

四、说话的禁忌

你一定去过山区，山里人走的路，无外乎两条，一条是靠他们的两只饱经磨炼的脚板走出来的，那是曲曲弯弯的羊肠小路；一条是人工开凿出来的，可以行驶汽车的盘山公路。无论是哪一条路，只要是山里的，都具有这样的特点：其一，它们不可能是直的，险峻的山势让人们在它的面前也不得不低下高昂的头颅，去寻找一条方便的途径，哪里方便，便往哪里走；其二，它们总是弯的。汽车之所以能够从山脚爬上山顶，除了它自身的动力作用外，再就是盘山公路的帮忙了。从山脚到山顶那坡度多么大？盘山公路的好处就在于尽最大可能地减缓坡度。这样一来，路程虽然远了些，却能使你达到目的。你若开着车直线往上冲，达不到目的且不说，弄不好还落个人仰马翻。

再说，只有脑袋有问题的莽汉才会去做此等傻事。这只是一个最简单的生活常识，谁都不难明白的道理。可在现实生活中，在人与人的交往中，即使我们明白了人文社会的这一简单道理，却不明白由此而及彼这一道理的，还是大有人在的。

这也难怪，因为人类的趋甜避苦的共同心态告诉我们，凡人都想走捷径，都明白直线与曲线的距离长短。他们不知道，人生的坦途和捷径从来就是没有的，即使有也只是相对的。

在人际交际语言中，心直口快，被人们公认为一种率直的品德。这种品德究竟是好，还是坏，就大有讨论的必要了。我们必须承认，在某些情况下，心直口快的确是一种良好的品德。比如，好朋友有了缺点和错误，在他还没意识到的情况下，为了不使他陷得更深，走得更远，直截了当地指出其症结，使其尽快回到正确的道路上来，这就很有必要的；又如，当朋友或熟人有困难需要帮助时，我们刚好又具备帮助的条件，于是不假思索地主动提出来给予帮助；再如，战场上，某一难攻的据点久攻不下，我们主动向指挥员请缨，勇挑重担，去拿下据点，等等。在上述诸种情况下，心直口快，就是一种优秀的品德。

但是，若换了另外一些场合，若以心直口快自居，就大成问题了。比如，当在你青春期的某个时期，你突然发现你爱上了某个令你着迷的姑娘时，你的心情是那样的急切，以致茶不思，饭不香，恨不得立刻将她拥入你的怀里。在此心态驱使下，你不顾对方的意愿、情绪和心态，直截了当地向她表白自己的感情，那感情之火之激烈，之烫人，你满以为会让那姑娘头晕、脸红，以致足以让她毫不犹豫地投入你的怀抱的，你却没想到，由于你的鲁莽与草率，不仅没能将姑娘吸引过来，反而将她吓跑了。又如，你在工作中，与他人发生了冲突，产生了误会，你不先去进行调查，弄明事情的原委，便气势汹汹、火冒三丈地与对方辩驳，强行要求对方把事情弄清楚。结果，问题不仅没弄清，反而把人家给弄得罪了。你为什么不转个弯，换一种或几种方式去解决问题呢？

常听不少朋友说，自己交朋友，对人是多么多么的够朋友，而人家怎样怎样地不够朋友。据我所知，事情的真相往往是，这些人在与人交往时，由于一味地追求直率与坦诚，总抱着一种毫无保留地与对方心心相印，以致完全沟通的幻想，结果，一旦发现对方有些事情瞒着了自己，便由此而产生对对方不信任，更有甚者还抱怨对方不够朋友，等等。殊不知，我们每一个人都有一个脑袋，每一个脑袋装的问题都是各不相同的。那些往日江湖上流行的“有福同享、有难同当”“不能同年同月同日生，也要同年同月同日死”“同吃一锅饭，同穿一件衣”之类的东西，原本是具有相当欺骗性的。

第四节　操纵口才的原则

一、见什么人说什么话

生活中，人是各种各样的，因此，他们的心理特点、脾气秉性、语言习惯也各不相同，由于这个缘故，也就决定了他们对语言信息的要求是不同的。

所以，不能用统一的通用的标准语的说话方式来交流。一般说来，办事严谨、诚实、老练的人，最喜欢听流利而稳重的话，这时，你说话时要注意态度，既不能高谈阔论，也不可婉转如簧，而应以忠实见长，朴实无华，直而不曲。话语虽简单，但言必中的，给人以老实敦厚的印象。

若对方性情豪放、粗犷，则他喜欢听耿直、爽快的话，那么你就应忠诚、坦白，知无不言、言无不尽，对美丑、善恶的爱憎要强烈分明。若对方是学识渊博的高雅之士，他可能崇尚旁征博引而少芜杂的言辩，你不妨从理论问题谈起，引经据典，纵横交错，使谈话富有哲理色彩，但言辞应表现出含蓄和文雅，显得谦虚而又好学上进。

总之，与不同的对象谈话，就要采用不同的谈话方式。

二、对方若面露难色就需改变语气

在推销技巧中，许多经验丰富的营销人员都特别留意谈话中对方表情的变化。因为他们明白，只有能够时时注意对方的心理、周围的状况而随时临机应变的人，才有资格成为一流的推销专家。

每个人都有不同的表达思想的方式，并不是非用言语不可。尤其是对那些语言不易形容的感情，人们往往总是通过脸部表情来显现的。有的时候，人们对自己那份难以说出的感情，会故意让对方了解或看出。

但是有些时候，非但不想让对方知道，甚至想隐藏起来。但是不论哪种情况，都或多或少，会显现在人的脸面上。当它展现出来时，如果你不注意而继续自顾自地说下去，会带给你不利的后果。

因此，当你和人面谈时，要随时注意对方的表情，一旦出现了类似的表情时，要立刻停止自己原先强迫性的说法。如果你改变语气或说辞之后，对方的那种表情尚未消失，可以直率地问对方是否有什么困难，这样做，可以将对方难于启齿的心事或是心理的疙瘩予以表面化，同时更能了解对方的心理。

三、认为对方有敌意，可以直接发问

经营百货公司或各类商店，常常会遇到顾客要退货或换取其他货品的事。碰到这种情况，老练的售货员都能处理得很好，不等客人说出理由，就人先发制人地说："你对这商品有何不满？"

客人来退货，一定是对商品本身有不满意的地方，但是一般人在买到

质量差的东西后，自然都会将怒气出在卖这件物品的商店上，认为：“这家商店的东西真差！”老练的售货员为了要维护商店的信誉，同时也为了长期“抓住”这位顾客，必须将顾客的不满转回到商品上，让对方觉得这是一家好商店，不好的只是商品本身。

像这种售货员应付顾客的方法，也可以应用在不顺利的初次见面上。例如你觉察到对方有明显不满和敌意时，可以直截了当地发问：“我好像不该来？”“这个说法是否使你觉得不满？”如果对方说了：“我本来不想说的，不过你既然问了，我就告诉你。”他会彻底地将自己的不满说出来，这样一来可消除彼此之间的障碍，找出解决的方法。如果对方说：“不，不，我没有这个意思！”事情也就算是有了个结果。不管他说的是不是真心话，话一旦出来，就得受自己的约束，而产生“宣言效果”，这使他不得不压制对你的不满和敌意。

四、对方顾左右而言他的对策

即使是初次见面，有些人在谈话时，也会不知不觉地扯到主题以外的事，而且愈扯愈远。然而，在现代社会生活忙碌，面谈的时间实在有限，因此，当对方尽讲些与主题无关的事时，性急的人就会焦躁不安，想把话题扳回来。

不过，如果想多了解对方，让自己的计划更顺利地进行，就不要这样做。依常理判断，对方将话题转向，会有三种情况：第一，是完全不小心，也就是不知不觉地将话题扯远了；第二，是心血来潮，忽然想到了他得意的事；第三，是故意转变话题，不愿意再谈原来的事。这三种情况中无论哪一种叫你遇上，最聪明的办法是以静制动，暂时不要去打岔，让对方说下去。

第一种情况时，对方讲呀讲的，会突然想起来自己在讲什么，而主动地打住。第二种情况时，等讲完了这件事，他自然会回到原来的话题上。如果对方还是兴高采烈地讲个不停，那就很可能是第三种情况了！既然是第三种情况，那就表示他不愿意与你商谈本题，你再勉强反而导致对方不快，你不妨索性利用这个机会去观察他的心意与动向。

五、必须赶快结束的谈话

对付不识相的人有各种方法，我们可以当着客人的面扫地、抹桌子，客人的茶水喝光了也不替他添满，把电唱机开得震天价响等等，不一而足。有些人天生反应就比较迟钝，一坐下来就忘记时间，以至于打扰太久，使主人宝贵时间都浪费掉了。这时有些人会应用上述的方法来下逐客令；有些人脸皮比较薄，有些人则是修养甚佳，不好意思有所表示。不过，心里的焦急，总会在表情上或行动上表现出来，其中最常见的，便是偷偷地看表。

如果你在与人初识的时候，谈话中发现对方瞄了一下钟表，就应该立即结束话题，准备告辞，这样才会给对方留下好印象。否则自顾自地说下去，对方会由不耐烦转为厌恶，那就得不偿失了。

有些人频频看表之后，发现对方仍无告辞之意，有时会直接问对方："现在几点了？"如果对方仍不受影响，可能会说："啊！已经十点了！"如果这样说对方还不知道，那就是个麻木不仁的家伙，可以毫不客气地下逐客令！如果在见面之初就说好打扰到几点，免得耽误别人的事，也会给对方留下好的印象。

六、交谈中不要忽略在座的每一个人

我们在与多数人见面时，多半只会注意到一群人中的主体，而忽略了其他的人。但是我们往往没有想到，如果得不到陪客的支持，事情同样不能圆满完成。

尤其是一般生意的洽谈，握有决定权的往往不是科长而是负责现场工作的股长。所以，忽略了处于陪位的股长的结果，可能使即将成功的交易再度破裂。同样的，推销员到家庭推销汽车时，也可能忽略主妇而损失了这笔生意。

再说，即是同席，便表示大家或多或少参与事件，目的也同是听自己说话，所以，如冷落了其他人，他们的不满马上会传遍整个席面。但如换在一位较高地位的领导者的立场便不同了，他不会认为自己正受到冷落，而只会想到部属正在代理自己，心中不会有被冷落的感觉。

因此，当我们与许多人交谈时，切莫忽视在座的每一个人，若有一个人因被你忽略而觉得受了冷落，并由此对你产生不满，过后，他至少会让所有的人都对你产生不满。

七、与对方初次见面的技巧

在要求见面之前，问对方能给自己多少时间，或是先告诉对方正确的造访时间及结束的时间，这些都是人际关系上应有的礼貌。但是我们切不可因这是平常的礼貌而忽略了面谈的计划重点。事实上，成功的基本要素就在这里，只要应用得当，其效果比心理战术更大。

与对方第一次见面时，经过寒暄之后，应该先问对方："我今天是不是可以打扰你一会儿?"如果对方是个大忙人，可先请问他："能不能给我 15 分钟的时间?"这样问，对方会感到自己受尊敬，对你的观感顿时不同。如果约会的时间很短，你便可以把表拿下来放在桌子上，随时注意时间。每个人都会有让别人觉得自己很忙、地位很重要的欲求，因此你必须表现出"占用你的宝贵时间"的态度，使对方感觉到"你很尊重我"而得到满足。只要对方满足，你的访问即使拖长一些，他也不会怪你。

八、怎样避开不利的议论

在政治讨论会议中，到后来往往脱离主题。当一方提出自己的主张时，对方代表经常满怀自信地反驳"这种主张根本不值得一提"或"不成为议论的主题"，继而发表自己的议论。由于彼此都采取这种议论方式，所以主题难于掌握。

出席会议的各位政要，频频指出"不值得一提"，并非毫无居心。换言之，是利用"不值得一提"反击对方。尤其当对方一针见血地指出我方弱点时，这句话更是有力武器。所以说，在正式的讨论场合，遇到不利于己的局势时，不妨以"不值得一提"来反击对方的论调。换句话说，愈可能造成严重性的问题，对方愈会用"不值得一提"来闪避。

除了"不值得一提"外，人们几乎都禁不起极端文化论调的刺激。一般人都以为这种口气不是平常人说得出口的，一旦有人以这种语气对你说话，则让你以为该发言人势必与众不同，因此轻易地落入对方的圈套。事实上，对方往往是为了掩饰自己的困境或无能，才故意说出极端的论调。

九、告别时的用语

到别人家里做客，谈得十分愉快，可是告辞出来时，才刚跨出大门，就听到身后的门“碰”的一声关上了，相信不管是谁遇到这个情形，心都会凉半截。也许对方是无意的，可是在客人来说，心中总会有些猜疑，原来的畅谈甚欢的会面，也就这样一笔勾销。

分手时的印象足以左右整个会面的结果，是成是败，最后一刻的表现最重要。

我曾经与一位女明星会面过，至今仍然念念不忘。这位女明星聪慧可人固然是令人喜爱的原因，但是真正令我无法忘怀的，还是当我们分手时她对我说的话。当我欠身告辞时，她诚恳地对我说：“今天听到你的一席话，使我获益不少，这些意见对我以后的工作有很大的帮助，真是太谢谢你了！”

这番话使我如沐春风、永生难忘。后来虽没有再和她见面，但是我很关心她的消息，可能就是因为她对我说了这番话的缘故。

这位女明星在面谈的过程中，就一直给我很好的印象，如果她的表现只到此为止，我可能在半年一年之后就忘掉了这个人，但是她却在最后的一刻，使用了加强印象的心理战术，使得我留下了忘也忘不掉的印象。这种做法并不一定有什么特别的企图，但是让对方对自己更有好感，是百利而无一害的事，又何乐而不为呢？

所以说，在分手前一刻说出你对当天会面的感想，可给对方留下深刻的印象，但是措辞要恰当，如果说得不好，反而会抹杀了原来的效果。你可以使用“绝对”“非常”等一类有强调意义的句子，来表达你的感受，使对方觉得自己的重要性。

在谈话的过程中，如果常夸奖对方，会被认为太阿谀，但是最后分手时赞美几句，却有不寻常的作用！

第九章　社交是与社会沟通的最佳途径

在人际交往中，我们常常会遇到这样的情况，有的人和你接触以后，会给你留下深刻的印象；而有的人你却一过就忘。之所以产生这种区别，主要在于交往对象在人际交往中的人际吸引力不同。而这种人际吸引力，对初次交往的人来说则主要源于交往对象的外在美。温文尔雅的气质，风度翩翩的体态，风趣幽默的语言，漂亮动人的外表，等等，都会给人留下美好深刻的印象。因此，懂得一些交往中的美对人际交往中取得良好的交往效果是十分必要的。

第一节　社交的广泛性与必要性

社交，是指社会交往，就是人与人之间的相互联系。人出生以后，从自然人逐步变为社会人，期间必然要进行社会交往，必然要与社会发生联系。人是不可能孤立地生活在世界上，没有社会交往和联系，就不能生存和发展。

社会交往是人的本性即社会性的要求，是人的本质和表现。在人的基本需要中，交往的需要是最广泛、最复杂、而且是永恒的需要。正是人的本性和生存、发展的需要，使人们结成一定的社会关系。正如马克思说的："由于他们的需要即他们的本性，以及他们求得满足的方式，把他们联系起来（两性关系、交换、分工），所以他们必然要发生相互关系。"

为了进行生产，人们便进行交往，发生一定的社会联系和社会关系。

没有人们之间的交往与相互合作，生产是难以进行的。只有在这些社会联系和社会关系的范围内，才会有人们对自然界的关系，才会有生产。

人们进行社会交往，不仅是为了进行生产，而且也是为了精神的需要。无论是谁都要交朋友，都想求知音，都想与别人进行语言、思想、感情的交流，以求得互相了解、互相关心、互相支持、互相帮助、互相激励。古往今来，善于交友的人，往往在事业上取得成功。所以，孔夫子很重视交友，他说："有朋自远方来，不亦乐乎！"鲁迅先生在为自己制定的五条生活准则中就有一条"多交友，交好友"。

英国现实主义小说家笛福的小说《鲁宾逊漂流记》里的主人公鲁宾逊，他飘流到一个荒岛上，处在远离人群、孤苦一人的绝望之中，这时他首先想到的是人，急切要同人发生联系，是找朋友。他呼喊道："啊！哪怕有一两个——哪怕只有一个人从这条船上逃出性命，跑到我这儿来呢！也好让我有一个伴侣，有一个同类的人说说话儿，交谈交谈啊。"后来他从野人那里救出了"星期五"，再后来又救出了"星期五"的父亲和一个西班牙人，岛上不再是一个人了。鲁宾逊成了主人，其他人都在他的统治之下，他们组成一个小社会，开辟岛屿，创造了财富。这个故事说明了，人不能离开社会关系而独立存在，人需要交友，需要合群。

在现代社会，由于科学技术的飞跃发展，现代化生产的进一步社会化，商品市场的国际化趋势，以及通讯、传播技术的高度发展，正在迅速地冲破地域界限和人们原有的交往范围；人们的交往方式也随之改变，交往活动更加广泛、频繁。同时，随着物质生活水平的提高，人们对精神文化生活的要求越来越强烈、越来越高，因而对精神交往的需求也越来越重视。特别是我国正在进行经济建设和改革开放，需要扩大人们之间的交往，加快各种信息的传递。在这种情况下，不见世面、不善交往、孤陋寡闻已远远不能适应社会发展的要求。因此，提高社交能力，扩大社会渠道的范围，促使社交取得更大的成效，这在生活和生产、工作中，显得比任何时候都重要了。社交能力是衡量一个人是否适应改革开放的能力的一个重要标准。社交能力强否，已成为企业挑选职员的重要条件。因此，社交能力不仅是现代社会对每个人的需求，也是每个人实现个人发展以适应社会需要的自我要求。

第二节 气质要高雅

气质也是一种美。我们看电影，经常听到青年人说："某某演员差劲，气质不行。""某某演员不错，把气质都演出来了。"这里的气质，就是具有艺术美感的意思。

从生理意义上说，气质无非是指人的神经系统活动的类型。强而不平衡型的表现为胆汁质气质，精力充沛，容易冲动；强而平衡、不灵活型的表现为黏液质气质，好静厌动，较有韧性；弱型的则表现为抑郁质气质，感情内向，多愁善感。生理意义上的气质类型，各有利弊优弱之处，因而无所谓美与不美的区别。我们这里说的气质，作为气质美的气质，含义要比生理意义上的气质广得多，它实际上包含着人的性格等个性表现，因而有美与不美及美的程度之别。

伏尼契的名著《牛虻》的主人公亚瑟，年轻时长得很美，不过有些"娘娘腔"，念高中时，他曾向女同学琼玛求爱，结果遭到她的拒绝。多年后，亚瑟从拉丁美洲回来，这时，他已改名牛虻，是个职业革命家，尽管他的脸上有刀疤，腿也瘸了，但琼玛却发现他比当年的亚瑟美得多，而且后悔当初没有接受他的求爱。其实，从人的容貌上看，无疑是亚瑟比牛虻来得更美；但是从人的气质来看，牛虻更有个性、更有男子汉魅力，这就是琼玛所以爱牛虻而不爱亚瑟的原因。

每个人都可能通过塑造自己的个性来开掘自己的气质美，增加吸引别人的气质魅力，青年大学生正处在这种气质的开掘塑造时期，不仅对现在人际交往有着重大意义，也对今后人际交往影响深远，因而培养大学生高雅的气质十分重要。人的气质魅力主要表现在三个方面。

一、性别魅力

这就是前面说的，男学生应雕琢自己的男子特征：坚强、刚毅、力量；女学生应该丰富自己的女子特征：温柔、体贴、耐心。性别色彩模糊的人，气质魅力是要大打折扣的。

二、性格魅力

每个人都有自己的性格和个性。十全十美的个性是没有的。鲜明的个性，即长处甚至是短处十分明显的个性，它犹如一杯浓咖啡，虽然有些苦口，却很提神。平淡的个性，则是长处、短处都不明显的个性，它犹如一杯淡茶，品不出多少味道。性格和个性鲜明的人，虽有自己的弱点，但比较性格和个性平淡、优缺点都不明显的人，常常更引人注目，更容易吸引别人与之交往的热情。因为他们的个性具有自己的色彩，能够给人以更多的补偿。

三、性情魅力

性情与性格有联系，也有区别。如果说性格主要是指人的行为倾向，那么，性情主要是指人的情感倾向。情绪稳定、心情开朗、热情待人的大学生，总是比较容易找到朋友，因为多数人都喜欢从交往对象的情感反馈中获得安全感、尊重感和愉悦感。性情暴躁、多疑的大学生，很少宾客盈门，就因为这种性情太缺乏吸引人的魅力了。气质的陶冶不是朝夕可就的事，它倚助于知识的吮吸，意志的锻炼，人生的开拓，生活的丰富。但是，气质美又是可以雕琢的，只要愿意付出相应的努力。

第三节　服装要得体

服饰是一个国家文化源远流长的最显露的标志。在明清两朝才创建起来的天子形象，使龙袍成为清朝帝王最具特色的服饰。按照清朝礼仪，皇帝龙袍属于吉服，在一般庆典、公务活动时穿着。而在重要大典、祭祀坛庙、纳后大婚时，皇帝穿更高一等的朝服。搭配朝服穿戴的饰物从头到脚包括了朝冠、朝带、朝珠、披领与朝靴。不同的服装名称，穿着场合也不同，在当时是有严格区别的。

一、喜庆欢乐的场合

喜庆欢乐的场合包括庆祝会、联欢会、生日、婚日纪念活动、婚礼、聚会等等。喜庆欢乐场合的穿着应与人们高兴、快乐、兴奋的情绪协调，女士可以穿得色彩鲜艳、丰富一些，款式也可以新颖一些，以烘托活跃欢快气氛。太深沉的色彩和太古板的款式都不太适宜。男士虽不能像女士那样穿红着绿，但白色或其他浅色西装、花色漂亮醒目的领带，均可以拿出来潇洒表现男士轻松愉快的心情。

二、隆重庄严的场合

隆重庄严的场合，如开幕闭幕式、签字仪式、剪彩仪式、出席重要的或高层次会议、重要的会见活动、新闻发布会等等。这种场合是正式的，要特别注意个人的公众形象和媒介形象，注意仪表，衬托隆重庄严的气氛，所以不能穿得太随便。男士们应西装革履，正规、配套、整齐、洁净、一丝不苟，这是个人仪表形象的原则；女士不要花里胡哨、松松垮垮、随随便便，也应穿上套装或较为素雅端庄的连衣裙，体现职业女士的正规场合的风范。

三、华丽高雅的场合

华丽高雅的场合，多半为晚上举办的正式社交活动，如正式宴会、酒会、招待会、舞会、音乐会等等。在这种场合，女士的着装应较为华贵，有责任把自己打扮得漂亮一点，显示出公关女士美好的气质和修养。可以穿连衣长裙、套裙，面料要华丽、质地要好，色彩应单纯（最好为单色）。服装可以有花边装饰，也可以用胸针、项链、耳环、小巧漂亮的坤包点缀。式样简洁的裙装，更能体现一种超俗的美。但要记住，你不是参加私人的社交聚会，而是以公关人士身份参加的与工作有关联的活动，因此，太艳丽、闪烁不定、过于袒胸露背的衣裙都不适合这时候穿，它会完全淹没你的职业身份。男士们穿着深色西装，从头到脚修饰一新，就可以步入华丽高雅的场合了。

四、悲伤肃穆的场合

悲伤严肃的场合，如吊唁活动的葬礼。这时的服装色彩不能太刺眼，款式不能太引人注目。到这种场合来的人，应该抱着沉痛的心情、肃穆的情绪，为亡故者而不是个人的自我形象，因此，在着装上应该避免突出个性，表现自我，而是将自我的个性揉进这种特殊场合的氛围中。可以穿黑色或深色套服（西装或中山西装），西装配白衬衣、黑领带；女士不抹口红、不戴装饰品、不用鲜艳的花手绢，全身衣装是深色或素色，使外表的肃穆与内心的沉痛协调一致起来。

五、室内场所

入室穿戴，与外出有所不同。进入室内场所，一些因外出特殊需要而穿戴的衣物均要脱去，如帽子、大衣、风雨衣、套鞋、墨镜等。男士任何时候在室内不得戴帽子、手套，而女士的有些帽子、外套、纱手套，作为与时装配套的一部分，允许在室内穿戴。

第四节　仪态要大方

在社会交往中，人的姿态呈现和传递着各种各样的信息。不同的姿势、举止、表情反映着社会交往中的不同心理。公关人叫讲究仪态，站有站相，坐有坐相，走有走相，充满自信和生气；举止稳重大方，神情亲切自然，风度潇洒自如，表达你在社会交往中的真情，会吸引四方宾朋。

一、站姿

1. 标准的站姿

标准的站姿，从正面观看，全身笔直，精神饱满，两眼正视（而不是斜视），两肩平齐，两臂自然下垂，两脚跟并拢，两脚尖张开60度，身体重心落于两腿正中；从侧面看，两眼平视，下颌微收，挺胸收腹，腰背挺直，手中指贴裤缝，整个身体庄重挺拔。为了维持较长时间的站立或稍事休息，标准站姿的脚姿可作变化：

①两脚分开，两脚外沿宽度以不超过两肩的宽度为宜。

②以一只脚为重心支撑站立，另一只脚稍曲以休息，然后轮换。

2. 公关人员应避免的站姿

①两脚分叉分得太开。

②交叉两腿而站。

③一个肩高一个肩低。

④松腹含胸。

⑤一只脚在地下不停地划弧线。

⑥交腿斜靠在马路旁的树干、招牌、墙壁、栏杆上。

⑦不停地摇摆身子，扭怩作态。

⑧与他人勾肩搭背地站着。

⑨膝盖伸不直。

3. 不同情况下的站姿

①在升国旗、奏国歌、接受奖品、接受接见、听悼词等庄严的仪式场合，应采取“肃立”的姿势。“肃立”类似标准站立姿态，但神情严肃，不可中途乱动弹。眼可随物慢慢移动，如升国旗、接见人；可看着有关人员，目光不一定平视。

②演讲时，销售时，为了减少身体对腿的压力，减轻由于较长时间站立双腿的疲倦，可以用双手支撑在讲台上或柜台上，两腿轮流放松。

③主持公关性质的文艺活动时，为了使站立姿势更优美，可以将双腿并得很拢站立，甚至站成“丁”字步，站“丁”字步时，上体前倾，臂微上翘，腰背挺直，双腿叠合，亭亭玉立，富于女性魅力。

④门迎、侍应人员往往站的时间很长，双腿可以平分站立。手的姿势可以是前握式，右手握住左手手背，垂放于腹前并稍微上提，注意肩膀向后打开，保持良好的精神状态；也可以是手背式，两手背后交叉，右手放到左手的掌心上，但要注意收腹，否则肚子很容易挺出来。

⑤礼仪小姐的站立，要比门迎、侍应更趋向艺术化，双腿不能分开站，这样的姿态欠美。一般可以采用立正的姿势或者丁字步。这时的丁字步重心不一定在放在前面的左脚上，而可以同时放在左右腿上，要始终保持双肩后开。双手端执物品时，上手臂不应张开，而应靠近身体两侧，但不必夹紧。下颌微收，面部肌肉松弛，略含微笑。总之给人优美亲切的感觉。

4. 与人交往时站姿的含义

①胸挺背直、双目平视，表现出充分的自信，并给人气宇轩昂、乐观开放的感觉。相反，弯腰曲背的人，精神上已处于劣势，表现出自我防卫、

消沉、封闭的倾向。

②双手叉腰，挺立而站，也是精神上处于优势的表现。他对面临的事物有着充分的心理准备，采取的是有信心迎接挑战的姿态。

③两臂交叉，表明对他人的谈话采取的是审视或排斥的态度。女性还常以此作为习惯性的防范动作。

④将双手插入口袋，具有不袒露心迹，甚至暗中思索的倾向。若是同时出现弯腰弓背的姿势，则是心情沮丧或苦恼的表现。

⑤踝关节交叉的站姿，表示态度上的保留或轻微拒绝。

⑥两人并肩站立，说明双方关系是和平、友好的；三人并肩站立，则说明他们在受到同一种约束力的约束。

⑦两人相对而立，如果距离很近，双方上身或头形成“A”字型，表明是不容第三者加入的亲密关系；如果距离平常，怒目而视，互相威吓、口角、争吵往往在这种情况下发生。

⑧两人呈八字形站立，表明允许第三人加入他们的势力范围，从而构成一个三人的封闭圈；三人呈门字形站立，表明可容纳第四人，并形成拒绝他人再进入的“栅栏”。不同的姿态具有不同的含义，了解这些，有利于公关人员把握交往的态势，揣度他人的心理，掌握公关的主动权。

5. 站姿的练习

站是坐与行的基础，也是人类的最基本的姿势，因而显得非常重要。练站掌握的要领是平、直、高。

平：头平正、双肩一样高低、两眼平视，最好经常通过大衣镜来观察、纠正和掌握。

直：腰直、腿直；后脑勺、背、臀、脚后跟成一条直线。可以靠墙壁站立，后脑勺靠墙，下巴会自然微收；腿膝尽可能绷直，往墙壁贴靠；脚后跟顶住墙，把手塞到腰、墙之间，如果刚好能塞进去就可以了；如果空间太大，可把手一直放在背后，弯下腿，慢慢蹲下去，蹲到一半时，多余的空间就会消失，然后再站直，体会正确直立的感觉。

高：重心上拔，尽可能使人显高。练习方法是挺胸收腹，脖子上举。在墙上吊一个物体，每当你挺直上拔时，头顶刚好能触到它。

按照上述要领反复练习，日常生活中再加以注意，形成习惯，就一定会有一个良好的站立姿态。

二、坐姿

首先站好，全身保持站立时的标准姿态，两腿平行于椅子前面，弯曲双膝，挺直腰背，坐下。

落座时声音要轻，动作要缓。落座过程中，腰、腿肌肉要稍有紧张感。坐立时，上身正直而稍向倾，头、肩平正，两臂贴身下垂，两手可随意扑放在大腿上，两腿外沿间距与肩宽大致相等，两脚平行自然着地。人在坐立时，由臀部支撑上身，减少了两腿的承受力。由于身体重心下降，上身适当放松，可减轻心脏的负担。因此，坐姿是一种可以维持较长时间的姿势。它既是一种主要的白天休息姿势，也是一般的工作、劳动、学习姿势，还是社交、娱乐的常见姿势。正因为这个缘故，坐姿要求端正、大方、舒展。

1. 公关人员应避免的坐姿

①全身完全放松，瘫软在椅子上。

②两腿伸直而坐。

③头仰到沙发或椅子后面，屁股溜到椅子的边缘，腹部挺起。

④两腿叉得开开的，尤其女士当忌。

⑤把脚架在桌上。

⑥弓腰驼背，全身挤成一团。

⑦架起“二郎腿”后，小腿晃晃悠悠。

⑧抖动或左右摇晃一条或双腿。

⑨忽地坐下，腾地站起。

⑩落座或起座时，碰到杯子、踢到椅子，弄出声响，打翻东西。

2. 不同情况下的坐姿

①谈话、谈判、会谈时，场合一般比较严肃、适合正襟危坐。要求上体正直，臀尖落坐在椅子的中部，双手放在桌上或将一只手放在椅扶上均可。脚可以并着放，也可以并膝稍分小腿或并膝小腿前后相错、左右相掖。

②倾听他人教导、指示、传授、指点时，对方是长者、尊者、贵客，坐姿除了要端正外，还应坐在椅座的前半部或边缘，身体稍向前倾，对对方表现出一种积极、迎合、重视的态度。

③公关女士在社交场合，为了使坐姿更优美，可以采用略侧向的坐法，头和身子朝向对方，双膝并拢，两脚相并、一前一后均可。在落座时，应把裙子向腿下理好、掖好，以免不雅。

④在比较轻松、随便的场合，可以坐得比较舒展、自由。舒展，以不感到自己在坐为度；自由，可以经常变换坐姿，得到休息。

3. 与人交往时坐姿的含义

①正襟危坐，上身紧张起来的姿势是严肃、认真的表现；

②深深坐入椅内，腰板挺直的人在心理上处于优势；

③抖动足或腿，是在传达内心的不安、急躁；

④张开两腿而坐的男性，充满自信，具有支配性性格；

⑤一条腿自然地架在另一条腿上的女性，表示对自己的外貌有信心；

⑥频频变换架腿姿势，是情绪不稳定的焦躁的表现；

⑦把脚搁在桌子上，以此延伸自己的势力范围，表明此人有较强的支配欲和占有欲，在接人待物时会有傲慢无礼的表现；

⑧有教养的女性用脚踝交叉的动作代替架腿而坐，这种姿势不仅外观优美，而且传达的拒绝含义也比较委婉。

⑨始终浅坐在椅子上的人流露出心理上的劣势和缺乏精神上的安定感，迎合对方或随时准备起身。

⑩在会场中或公开场合，坐着时手捂嘴、掩嘴、摸下巴，多属以“评判”的态度在听对方发言。

三、走姿

1. 标准的走姿

走路的动作口诀是：双眼平视臂放松，以胸领动肩轴摆，收髋提膝小腿迈，跟落掌接趾推送。上身基本保持站立的标准姿势，挺胸收腹，腰背笔直；两臂以身体为中心，前后自然摆。前摆约35度，后摆约15度，手掌朝向体内；起步时身子稍向前倾，重心落前脚掌，膝盖伸直；脚尖向正前方伸出，行走时双脚踩在一条线缘上。

正确地行走，上体的稳定与下肢的频繁规律运动形成对比和谐，干净利落、鲜明均匀的脚步形成节奏感，前后、左右行走动作的平衡对称，都会呈现行走时的形式美。

2. 公关人员应避免的走姿

①肚子腆起，身体后仰。

②脚尖出去方向不正，成明显的外八字脚或内八字脚。

③两脚不落在一根线缘上，明显地叉开双脚走。

④脚迈大跨步，身子上下摆动，像鸭子一样。

⑤双手左右横着摆动，像小学生走“一二一”。

⑥手臂、腿部僵直或身子死板僵硬。

⑦只摆动小臂。

⑧脚步拖泥带水，蹭着地走。

⑨耷拉眼皮或低着头走。

⑩在正式场合，手插在口袋、双臂相抱、倒背双手。

3. 不同情况下的走姿

①参加喜庆活动，步态应轻盈、欢快、有跳跃感，以反映喜悦的心情。

②参加吊丧活动，步态要缓慢、沉重、有忧伤感，以反映悲哀的情绪。

③参观展览、探望病人，环境安谧，不宜出声响，脚步应轻而柔。

④进入办公机关、拜访他人，在室内这种特殊场所，脚步应轻而稳。

⑤走进会场、走向话筒、迎向宾客，步伐要稳健、大方，充满热情。

⑥办事联络，往来于有干系的部门之间，步伐要快捷、稳重，以体现办事者的效率、干练和能干。

⑦不同的性别，可以通过不同的走姿体现不同的美和风范。公关男士的步伐，可以刚健有力、稳重豪迈，表现出男士坚定、刚毅、洒脱、气势磅礴的刚阳美；公关女士的步伐，可以轻盈、飘逸，体现出女子柔情、恬静、贤淑、娇巧的阴柔美。

4. 与人交往时走姿的含义

①一个人在沮丧时，往往两手插在口袋中，拖着脚步，很少抬头注意过往的人，熟人好友擦肩而过全然不知。

②一个人心事重重的时候，走起路来常会摆出一副若有所思的姿态，低着头，双后反握在身后，步伐很慢。

③走路时双手叉腰的人，精力充沛，就像积蓄了能突然爆发的精力，

想以最快的速度，充当事业上的短跑运动员，达到自己的目标。

④一个自满甚至傲慢的人，走路时可能下巴抬起，手臂夸张地摆动，步伐迟缓而执重，腿僵直，有意加深别人的印象。

四、表情

面部神态可以传情达意，人的心理往往通过面部表情表现出来。心理学家珍·登布列为《市场经济》杂志写了一篇题为《推销员如何了解顾客心理》的文章，其中说道："假如顾客的眼睛朝下看，脸转向一边，表示你被拒绝了；假如他的嘴唇放松，笑容自然，下颚向前，则可能会考虑你的提议；假如他对你的眼睛注视几秒钟，嘴角以至鼻翼部位都显出微笑，笑得很轻松，而且很热情，这项买卖就做成了。"（《洞察人的艺术》）这段话对于公关人员可以得出两个值得参考的启示，一是面部表情和我们的愿望要一致起来，如果想有良好的公共关系，就要注意表情或神态礼仪；二是面部表情最传神表意，这是决定面部表情礼仪的关键。

1. 笑的种类

现实生活中，笑是千姿百态的，笑的内容也丰富多彩。有含笑、带笑、微笑、轻笑、大笑；有抿嘴笑、张口笑；有爽朗的笑、嘻嘻笑、哈哈笑、真笑；有动情的笑、掩饰的笑；有欢乐的笑、痛苦的笑；有甜蜜的笑，苦笑；有冷笑、热情的笑；有粗野的笑、文雅的笑；有奸邪的笑、正直诚实的笑；有赞美的笑、嘲弄以及神经质的笑等等。

美国伯明罕大学的艾文·格兰特博士认为人有五种基本的笑容。一是微笑，这是一种典型的会心的笑容，自得其乐时才会产生，常见于一个没有实际参与活动的人，作为旁观者会心地笑。笑的时候唇部呈向上的弧形，不露牙齿。二是轻笑，或称"招呼朋友的笑"，常用它作为朋友相遇、亲人相见时一种欣喜的招呼。笑时嘴巴通常只微微张开，只有上牙齿露出来。三是大笑，发生在尽情欢乐的情况下，笑的时候一般不面对他人。嘴巴张开，上下牙齿均能看见，有"哈哈"声音发出。四是抿嘴而笑，常出现害羞的女孩面部上，它和轻笑类似，只是下唇含在牙齿中。五是皮笑肉不笑，这种笑不是发自内心，"是一个人在假装欣赏别人的笑话或言论时，一个醉汉注意到姑娘时，老板在办公室里追逐女职员时"所产生的笑。而英国一个有关组织研究出了九种不同的笑，他们认为其中有三种最普遍，那就是微笑、轻笑和大笑。

2. 微笑的本质与意义

笑，最重要的是自然、大方。微笑、轻笑、大笑均出于自然。然而大笑可有但不可久，脸部肌肉受不了，礼仪也不允许，因为只有精神不正常的人才有可能不停地大笑，而不顾及他人的大笑声在正式社交场合又有失体统和文雅。轻笑可亲但目的性写在脸上，如果对任何人都抱以轻笑，会使人误解这种笑的含义，使人感到莫名其妙，或感到自己被嘲弄，或感到自己有什么不妥，使人发笑。在一定场合盲无目的的轻笑，会被看作是夸张的演员似的面部表情。微笑是人良好心境的表现，说明心底平和，心情愉快；微笑是善待人生、乐观面世的表现，说明心里充满了阳光；微笑是有自信心的表现，对自己的魅力和能力抱积极和肯定的态度；微笑是内心真诚友善的自然表露，说明心底的坦荡和善良；微笑还是对工作意义的正确认识，表现出乐业敬业的精神。

从许多笑中选出微笑这种笑，作为文明礼貌的工作标准，在国内外都十分重视。尤其是服务行业，把微笑礼仪作为公关的一个策略。日本新大谷饭店不准服务员把家庭和个人烦恼带到工作岗位，一进店就要像演员一样进入角色，露出微笑，把微笑看成“通向五大洲的护照”。我国广州的东方宾馆，把微笑看作是“拨动顾客心弦的最美好的语言”，用微笑给顾客送去热情，拨动顾客的心弦，招徕四方宾朋，架起友谊桥梁。

3. 五官不同搭配的微笑含义

有专家说过，笑的概念不应该严格控制在愉快时刻。这是有道理的。因为笑的表面形式下掩盖着各种各样的情感，包含着丰富多彩的内容，甚至是有悖于笑的惯常情绪——愉快情绪的，如不怀好意、奸邪、狠毒、痛苦至极等。同样，微笑这种被公认的礼貌形式，如果仔细加以揣度琢磨，也有其含义上的微妙区别，它通过眼、眉、口、鼻的不同组合来传达不同信息。

①表示兴奋、幸福、心中暗喜

眼睁大，瞳孔放大，闪动频率加快，眉毛上扬，嘴角平或微微向上。

②表示有兴趣

眼睛轻轻一瞥，停留时间约一秒钟，眉毛轻扬，嘴角向上。

③表示对对方感兴趣

亲密注视方式（即视线停留在对方双目与胸部的三角区域），眉毛轻扬或平，嘴角向上。

④交际应酬时的常用表情

社交注视方式（视线停留在双目与嘴之间的三角区域），眉毛平，嘴角向上。

⑤表示快乐、高兴

眼睁大（瞳孔放大，闪动频率加快），眉毛上扬，嘴张开。

⑥表示与对方保持距离或冷静观察

平视或视角向下，眉毛平，嘴角向上。

⑦呈现出严肃的表情

严肃注视方式（视线停留在对方前额的一个假设三角区域），眉毛平，嘴角平或微笑向下。

以上诸种含义都是伴随着微笑的表情来表现的。它提醒我们，作为公关人员不管在什么情况下，不管遇到什么事情，都不要忘记微笑。长春市国际贸易中心青年营业员辛宏，在接待一位中年妇女购买进口大衣呢料时，按规定让出了呢料的匹头部分。可是顾客却非要辛宏再让出 10 厘米不可。辛宏再三解释，顾客却夺尺指鼻大骂。辛宏受到辱骂仍然笑脸相陪，彬彬有礼地劝说。当顾客离去时，辛宏虽然控制不住自己眼含委屈的泪水，却还是将她送到了楼梯口。辛宏的遭遇和礼貌修养受到在场顾客的同情和赞扬，为此也获国贸中心授予的“委屈奖”。

营业员虽然不是职业公关人员，但借用一位在营业员岗位上工作了 40 多年的老营业员的话来说“营业员就是公关员”。因为顾客来到柜台前，首先不是挑选商品品牌、质量、样式，而是先看营业员面孔、表情；不是先买商品，而是先“买”营业员的态度。营业员面带微笑、态度热情就能吸引顾客、减少摩擦、化解矛盾。从这个意义上，营业员微笑的表情，热情有礼对待顾客就是公关工作。举一反三，各行各业、各类人员都有自己的公关工作可做。当遇到高兴或不高兴的事，当工作寻常得没有激情可以发生，不管此时的心情怎样、如何去想，在宾客面前，始终别忘了选择一种微笑，保持微笑的表情。

4. 公关人员微笑的四要、四不要

笑是一种艺术。作为礼仪的笑容应该是美好、自然的，它是常态下的微笑。公关人员要塑美好的笑容，就要加强笑的艺术修养，剔除不良习惯，做到四要四不要。

四要：

一要口眼鼻眉肌结合，做到真笑。发自内心的微笑，会自然调动人的五官：眼睛略眯起、有神，眉毛上扬并稍弯，鼻翼张开，脸肌收拢，嘴角上翘，唇不露齿。做到眼到、眉到、鼻到、肌到、嘴到，才会亲切可人，打动人心。

二要神情结合，显出气质。笑的时候要精神饱满、神采奕奕，要笑得亲切、甜美。这样的笑伴以稳重、伴以文化修养，就能显出气质。微笑在于它是含笑于面部，“含”给人以回味、深刻、包容性。一位艺术家曾说，他喜欢面带笑意的含蓄感，但如果露齿或张嘴笑起来，再好的气质就没有了。

三要声情并茂，相辅相成。在公关工作中，微笑和语言美往往是孪生子，甜美的微笑伴以礼貌的语言，二者相映生辉。如果脸上微笑，却出言不逊，语言粗野，其微笑就失去了意义；如果语言文明礼貌，却面无表情，冰冷一块，会令人怀疑你的诚意。只有声情并茂，你的热情诚意才能为人理解，并且相辅相成，锦上添花。

四要与仪表举止的美和谐一致，从外表形成完美统一的效果。

四不要：

——不要缺乏诚意，强装笑脸。

——不要露出笑容随即收起。

——不要仅为情绪左右而笑。

——不要把微笑只留给上级、朋友等少数人。

5. 笑的训练

假如你平时不苟言笑，可以通过训练有意识地改变自己。当你独处的时候，深呼吸、唱歌或听愉快的歌曲。对着镜子，做最使自己满意的表情，到离开镜子时也不要改变它。忘掉自我和一切烦恼，让心中充满爱意。

第五节 巧妙使用语言

语言是人际交往的基本工具，也是构成人际交往中美的一个重要环节，文明礼貌，幽默风趣，用词适当，语气得体，轻重相宜等等，这些构成了人际交往中语言美的有机整体，青年大学生必须在人际交往中不断地加以总结，提高和培养。

一、注意语言的使用技巧

语言是人际交往的基本工具，也是构成人际交往中美的一个重要环节，文明礼貌，幽默风趣，用词适当，语气得体，轻重相宜等等，这些构成了人际交往中语言美的有机整体，青年必须在人际交往中不断地加以总结，提高和培养。

使用语言技巧高明的人，能利用符合听众、环境、形势及话题的说话技巧说话，而且态势语言，音调也能和语言充分配合。所以，在与人沟通时，语言占有相当重要的地位。况且我们所谓的“沟通”，大都是通过语言进行的。所以大学生在人际交往中要特别注意语言的表达。如果对方对你的态势语言感到满意，接着就会注意你所说的话。这时，你所说的话必须能配合整体性的第一印象，以引起对方的注意。以适当的用语，有条不紊地把自己要说的事传达给对方，巩固你语言之外的因素留给对方的好印象。和态势语言、音调一样，良好的说话技巧也能吸引对方，相反，不适当的语言也会使你失去信心，或使他人产生不愉快的感觉。

说话的技巧，是在实践中摸索掌握的。也可在非交往中学习、总结和提高，如在交往前先听听自己说话的录音并加以分析。你也可以回忆一段你说话时所引起的反应，有利还是不利；然后分析原因，加以纠正；你还可以从别人成功说话的例子中找出给你强烈印象的原因，以此来不断提高自己说话的技巧。

要尽量克服和少用不理想用语。这是在人际交往中必须把握的重要语言技巧。所谓不理想用语，就是会伤害到语言的影响力及感染力的语言，大致包括“连接语”“限定语”“差别语”三种。连接语——如“嗯”“呃”

“啊”等无意义的字眼，在人际交往中使用这些无意义的字眼会破坏话语的连贯性及节奏，而且会使对方感到焦躁，甚至转移对方对你所要表达的意思的注意力。最好是有意识地注意，避免话语中带这类字眼。每当你即将脱口说出它们时，便保持一段沉默，给对方思考你刚所说的话的时间，有时沉默还能营造出特殊的效果。

限定语——如“不过……”“虽然不能断言，不过……”“我虽然不知道详细情况，可是……”等，在人际交往中，限定语也是一种不理想的用语，它会伤害到你的信用度，还会降低你发言的价值，比连接语更不易处理。

这种种借口常伴随着没有自信和态势的语言，如垂下眼皮、身体前屈、不自然的微笑等，以及没有自信心的声音出现。这种情况当然会使你的话失去权威性。尤其在与别人初交的场合中。

在人际交往中，要避免使用限定语，同时注意避免诸如眼看下方，不敢正视对方，用不安的细小声音说话等。这样可避免对方认为你毫无自信、拿不定主意。说话要用明确的语气。

差异语——是三种不理想语言中最不理想的语言，连接语、限定语并不一定会得罪对方，也较易获得原谅，而差异语则会疏远他人，批评他人，侮辱他人，使对方耿耿于怀，使交往失败；即使你是无意的，即使你表情诚恳，口气温和。

在男女同处的场合，不要有重一方轻一方的语言；不同年龄的人同处，不要有轻小蔑老的语言，也不要用不敬的称呼，如称老人为“老头子”“老婆子”等。

说话还要注意，不要随便使用专用语或别人不太懂的术语，以免使人产生疏远感。千万不要卖弄技术用语、法律用语、职业用语，给对方以听天书般的感觉，不然，对方定会认为你过于自大，丝毫不考虑谈话的对象。另外，不适用于当时场合、情况的语言也要在人际交往中尽量避免，如，用开玩笑的口吻说正经事，轻松谈天时你一本正经地板着面孔；在别人谈话时，插不相干的话，都会使对方感受不悦。

总之，在交往中，千万不可使用造成你与对方不欢而散的语言。如果担心发生这种情况，你可以直接问对方希望用哪种方法表达；可以事先了解对方的性格；可以征求对方希望你所用的称呼方式，这总比事后道歉更具效果。

二、丰富自己的语言词汇

语言乃沟通人际关系、人类感情的主要工具。然而，常有学生说：“讲话时不知该如何使用语言。”或曰：“真不知道如何来表达。”一个问题，就是要注意不断丰富自己的词汇，提高自己的表达能力。丰富的词汇可供你选择最恰当，最准确，最生动，最吸引人的用语；丰富的词汇可帮助你解决难题，成功交涉。

当然，丰富的词汇靠学习，靠积累，从书本、报纸、广播、影视、同事……那儿都可以学来，只要你用心。但丰富自己的语言词汇，主要靠实践。

三、讲究交往中的语言美

如果说，眼睛是心灵的窗户，那么，语言便是心灵的泉水。人们总是喜欢明澈的清流，而讨厌浑浊的污水，语言美是交际美中的重要内容。

①干净。满口脏话，俗不可耐，有失教养，令人讨厌。这是在学习人际交往中应注意的重要方面，学生都具有一定的文化修养，要讲究语言美，这是基础，也是关键。

②高雅。语言人人在用，但有雅俗，文野之别。比如，火燃烧过后，火光没有了，但火屑还在，有些地方称火屑为火屎或火末子。吸过烟后，剩下的烟蒂，有些人叫烟蒂子或烟屁股。火屑、烟蒂比较火屎、烟屁股，就要高雅，优美一些。人际交往中，要使语言高雅，主要的是要提高自己的知识修养，同时，学会使用委婉语言也很重要。如问别人姓什么，说“您贵姓”；希望别人前来串门，说“欢迎大驾光临”；让别人提意见，说“请赐教”；问老年人年龄，说“您高龄多少？”善于使用委婉语言，会让人感到你很有知识，很有修养，心里就平添了一阵喜欢。当然，我们提倡语言要高雅，不是要人咬文嚼字或者故弄玄虚，这样就成为做作而走向语言美的反面去了。

③传情。也就是语言要带感情色彩。语言的感情不仅蕴含在它的内容里，也跃然于它的表达上。向人祝贺时的语言，同向人致哀或对人劝慰时的语言，内容不一样是显而易见的，语调、音感也有区别。传情的语言，

能大大加强语言的效果，而没有感情的语言，总是不受人喜欢。我们要善于把感情充实到语言中去。

④幽默。所谓幽默，是人们善于抓住生活中可笑的或喜剧性的特征并加以表达的一种能力。幽默感是智慧的闪光，才华的风采。语言幽默的人，具有得天独厚的交往优势。许多喜剧大师，长得并不出众，但人们都喜欢他们，因为他们语言幽默、诙谐。德国著名作家歌德，有一天在公园的一条小径上，与一位曾经猛烈攻击过他的人邂逅。这位批评家很傲慢地说："我是从来不给傻瓜让路的。"歌德却回答说："我正好相反。"说完就让到一边去了。这就是幽默。我们要学会理解和善于运用幽默，需要从两方面加强修养。一是陶冶情怀，提高人格，乐观生活；二是增长才智，丰富知识，锻炼机警。虽然不是人人都能成为幽默大师，但是让幽默的细胞在自己身上不断生长，则是可以做到的。

第六节　社交的礼节

我国是一个文明古国，礼仪之邦。人们从古就崇尚礼节，二千多年以前的孔子就说过："不学礼，无以立。"他把讲礼貌看作是做人的根本。我国古代学者颜元也说："国尚礼则国昌，家尚礼则家大，身有礼则身修，心有礼则心泰。"他认为礼貌不仅反映出一个人的精神状态，而且还反映出一个国家的社会风貌。新中国成立后，我国就开展了一系列文明礼貌教育活动。三中全会以后，党中央又号召全国人民在进行四化建设的同时，大力加强社会主义精神文明建设，广泛开展了"五讲四美"活动；把讲文明礼貌作为其中一个主要内容来抓，使全国逐步形成讲文明讲礼貌的社会风尚。

古往今来，我国许多仁人志士，在他们的日常交往中就非常注意讲文明讲礼貌。如历史上的"孔融让梨""张良拜师""将相和"等等的动人佳话，一直被传为美谈。周恩来一贯提倡与人交往要做到文明礼貌。他自己就是身体力行的典范。有一次，北京饭店的朱师傅为总理刮脸，总理突然咳嗽一声。朱师傅没提防，给总理脸上刮了个小口子。朱师傅忙道歉说："我工作没作好，真对不起总理。"总理却亲切地说："怎么能怪你呢！怪我咳嗽没和你打招呼。幸亏你的刀子躲得快。"总理的一句话，把朱师傅悬着的心放下来了。于微细处见精神。革命领袖居高位不盛气凌人，而处处以礼待人的高贵品质，永远是我们学习的榜样。鉴于此，每个人都应当学礼习礼。

一、握手

握手是在社交场合中，相互见面和离别时，以及在相互介绍时表示热情、礼貌、致意的常见礼节。一般是先打招呼或点头示意，然后相互握手、寒暄致意。关系亲密的边握手边问候，时间可长一些。初次见面的，则应听完介绍之后轻轻相握，握一下即可。年轻者对年长者、身份低者对身份高者应稍稍欠身，以双手握住对方的手，以示尊敬。男子与妇女握手时，往往只握一下妇女的手指部分。握手时，双目应注视对方，微笑致意或问好；不要看着第三者握手。对方如伸出手来，不要拒绝，以免尴尬。握手的先后顺序是：应由主人、年长者、身份高者、妇女先伸手；客人、年轻者、身份低者见面时先问候，待对方伸手再握。多人同时握手时，注意不要交叉，待别人握完再伸手。男子在握手前，应先脱下手套、摘下帽子。

握手除了是见面的一种礼节外，还是一种祝贺、感谢或相互鼓励的表示。不同的国家和民族还有一些传统的见面礼节。如东南亚佛教国是双手合十致意；日本人是行鞠躬礼；中国旧时传统是抱拳等等。这些礼节在一定场合也可以使用。

二、慰问

慰问在时间上应该及时。亲属、朋友、同事等发生了意外或不幸，得知消息后，应当立即前往看望慰问，也许这时是他们最困难的时候，及时赶去，就能及时帮助一把，即使不幸的事情已经发生完毕。这时可能是他精神最痛苦、最需要慰藉的时候。有时候由于受到意外的打击后，往往会神情呆滞，或慌乱无主，面对打击不知所措，在这种情况下，及时前往安慰劝导，并帮助想办法、出主意，渡过危难，会起到“雪中送炭”的作用。慰问要注意时机。如果意外的打击过了很久，别人的心情本来已经慢慢地平静下来，或者逐渐地将伤心事淡忘了，这时候，你却去进行慰问，旧事重提，反而会勾起别人的伤心和难过。因此，如果亲属、朋友、同学发生了不幸事情，因不知道或外出而未及时慰问，一般不要“后补”，否则容易弄巧成拙。

慰问还要注意方法。慰问不幸者，要注意表情诚恳，语音沉重，要体现出自己的心情和当事人一样难过，要体现出深切的同情心，言辞也要准确恰当。慰问不幸者，切不可嘻嘻哈哈，或表现出无所谓的神情，更不能讲一些“在伤疤上抹盐”的言辞。否则，会使愁者更愁，忧者更忧。

慰问不幸者，有两种情况，一种是只需在精神上安慰，另一种除了在精神上加以宽慰外还应适当送些物质以接济不幸者渡过难关。一般以下情况只需精神安慰，如青年男女失意，精神受到很大刺激，想不开；夫妻婚姻破裂；工作中受到挫折，受到组织批评或处分等这一类只受到精神损害的不幸者。而有以下类型的情况则需要物质慰问：如发生意外水灾、火灾，衣食遇到严重困难；意外事故需要很大的花费而不幸者家境并不富裕等等。

总之，凡亲属、同学、朋友遇到意外不幸，精神和生活上，特别是吃、穿上遇到严重困难，就应该及时地、有针对性地予以精神宽慰和物质方面的资助。

三、电话

打电话看似简单，人人能拨，人人会打，但具体到打出去的电话、接电话或拨错了电话号码、通话后放机的先后，都是很有学问的，注意一些打电话的礼节，是很有利于我们愉快地完成一次通话过程的。

①打出去电话。当你拨的号码接通以后，听到对方摘下话筒应立即说：“你好！请问×××先生（或×××小姐）在吗?”或者说：“你好！劳驾请找×××先生（或×××小姐）接电话。”或者说：“你好！我是×××先生（或×××小姐），请×××先生（或×××小姐）听电话，好吗?”

总之，开头的“你好”和“请”、“劳驾”、“麻烦你”之类的客气话是必不可少的，绝不应用命令式语气或不客气的语气，如：“喂，我找×××！”或“叫×××接电话。”

②拨错了电话号码。如果你打出去电话，对方告知你拨错了号码时，应说一声：“对不起！”而不应不声不响放下电话，更不应在话筒中口出怨言，如“怎么搞的！”或“活见鬼！”。

③接电话。当你屋里电话铃响起以后，应尽快去接，不应只顾谈话或忙别的事而让电话铃响个不停。当你拿起话机后，应立即说话，不必等对

方先说话。你可以先通报单位名称，如：“你好，这里是×××学校”，“你好，×××单位”，也可以说：“你好!”等待对方说出要找谁来听电话。

如果对方要找的人不是你，你应立即把电话交给对方要找的人，而不应盘问对方：“你是谁?”更不应问：“你找他有什么事?”如果对方要找的人当时不在，你可以这样说：“对不起，×××先生（或小姐）现在不在，要我留下口信给他（她）吗?”或者说：“对不起，×××先生（或小姐）正在开会，您能留下您的电话号码和姓名吗?我告诉他给您回电话。”绝不应生硬地回答对方一句“他不在”，就把电话挂掉，须知对方也许还可以找另外的人谈，或者有话转告他。另外，当要找的人不在时，你也不应把不在者的动向任意向对方报告，例如，你脱口说出“他正在干什么”。这样很可能无意中泄露了别人不愿让人知道的秘密。另外，对方电话要找的人不在时，接电话的人更不能不负责任地谎答他的去向。比如，明明知道她开会去了，却回答“不知她去哪儿了”，这样，都容易造成误会。还有，对于陌生人打来的电话，除非你的同事事先有嘱托，否则不应将同事家中的电话或住址相告。

④通话。打电话找到要找的人，应尽量减少无关的客套话，而谈正事。如果你邀请某人赴宴，即应明确说出：“××先生，这个星期日下午有空吗?”或“星期日晚上您干什么?”这样，对方不明白你的意图，便不好回答。如果对方提出的是“星期六晚上您干什么”之类意图不明的问题，你可以既肯定也不否定的回答，请对方把意图亮明，如可以回答：“星期六晚上是有些安排，不过，您是不是有什么提议?”当对方明确说出他的建议后，你便可以回答。如果一时不便作答，不必在电话中沉吟、犹豫，可以说：“让我考虑一下再给您回电话，好吗?”如果对方在电话中啰哩啰嗦闲聊，你又不愿听，可以礼貌地提议：“×××先生，要是您还有好些话要说，我们是不是约个时间再谈，我现在正忙!”

⑤通话完毕。应在道过“再见”之后，可先让对方挂机后，再将电话轻轻放下，而不能摔或重放话机。

第十章　憎恶扬善真性情

善恶是人们依据一定社会或阶级的道德原则和道德规范来进行判断的，凡符合一定社会或阶级利益的行为就是善，反之就是恶。由于道德本身具有历史性和阶级性，因而善恶的判断标准也必然具有历史性和阶级性。不同时代、不同阶级、不同民族、不同地区，人们的善恶观念是不同的。

第一节　认识善与恶

善与恶是相比较而存在，相斗争而发展的。没有善就无所谓恶，没有恶，人们就无法认识和感觉到善，抑恶是为了扬善，扬善是为了抑恶。善与恶不仅是相互联系、相互渗透的，在一定条件下善和恶还能相互转化。

要科学地认识善恶，还有必要和真、美，假、丑联系起来考察。在现实生活中，我们总把真善美、假恶丑放在一起进行对比，或给予热情洋溢的讴歌或进行无情的揭露抨击。那么善与真、美之间是什么关系；恶与假、丑的联系怎样以及善与丑、假，恶与美、真之间相互关系又如何呢?

“真”是真实、真诚、真挚、不作假，与“伪”、“虚”相对；“美”是能引起人们感官上、心灵上的愉悦感受的客观存在，如自然界的美，艺术美，人的外表美、行为美等；“假”即不真，虚伪，如假仁假义、假情假义、欺骗行为等。真、善、美之间存在着天然的联系，从质上说，都是人类社会最美好事物的概括，是人们所追求和向往的，总是和真理、正义、良知、美德等美好的字眼相联系。可以这样说，凡是善的事物都是真的和美的。善的行为、事物总能在人们心中引发美好、崇高的情感，能激发人性中向善、向美的一面，如见义勇为、助人为乐、扶危济困等。真则是善的一种外在表现形式。做人的真诚、真实、真挚总被认为是一种善良的品格，是心灵美的体现。

所以，真善美中，善是起决定作用的因素，如不具备善的内涵，真的也会变成假的，美也会变丑。相反，一个具有善良品格的人，他外表的丑往往被心灵美的光辉所掩盖，因而焕发出人格上的美。

我们再来看看假、恶、丑的关系。假是对客观存在的一种不真实的、歪曲的反映，本身无所谓恶，只有当这种虚假同人的利益发生联系时，才具有道德意义。当假从善的动机出发，利用虚假这种形式和手段，产生有益的价值时，就表现为善的虚假。如在正义的战争中采用欺骗的手段而获得胜利。地下党员隐姓埋名，探听敌情，人们视这种虚假为大智大勇。医生为减轻病人的忧虑和痛苦，谎报病情，人们自然把这种虚假看作是善的。当假有害于人们利益时，就具有恶的意义，即用虚假的手段达到损人利已的目的。如现实生活中的假冒伪劣商品充斥市场，假广告通过新闻媒介引诱人们上当受骗、诈取钱财等。看一种行为是不是恶，不是看它是不是虚假，而是看它是否损害了他人或社会的利益。丑作为美的对立面，对美的否定有很多种表现形式，如人的外表丑陋；自然界的穷山恶水、枯枝烂叶；社会上的贪污盗窃、损公肥私、违法乱纪；艺术上的内容虚假、腐朽、技巧低劣等。当丑反映了社会生活内容时，才成为恶，即恶是丑的社会内容。而自然界的丑和人的外表丑，主要是自然方面的因素造成的，属于一种形式丑，与善恶无关。即“丑八怪”不一定是恶人，而“美人”也不一定是好人，人的丑主要是心灵品格的丑，即“内丑”。如法国作家雨果在《巴黎圣母院》中塑造的敲钟人卡西莫多，奇丑无比，但人们却为他纯美的心而盛赞不已，副主教傅洛勒确实仪表不凡，可是人们却强烈地厌恶他那丑陋的灵魂。

由此可见，只要是善的，就是真的和美的；反之，美的却不一定是善的，在美的外表之下可能包藏祸心。只有具备内在美，才是真正的美，才是善。同时，对于假、丑的事物，我们也不能只看其表面，拉开丑、假的帷幕，也许后面就是美的精华。假、丑是恶的表现形式，同时也是美、善在一定条件下的特殊表现形式。只要是恶的东西，就一定是丑的和假的，反之，则未必。所以当我们在进行自我完善时，外表美固然很重要，但心灵美才是根本，“人不是因为美丽才可爱，而是因为可爱才美丽”。在对某个人、某种事作出善恶评价时，不能根据其外表或表象，而要深入其本质，抓住其要害。要善于从丑的、假的东西中发掘出闪光的本质，而对一些看上去美的、真的事物则要当心，不要被其假象所迷惑，也许它就是能置你于死地的“美女蛇”。练就一双识别善恶美丑的“火眼金睛”，才能科学地认识善恶，才能真正做到扬善弃恶，不断提高自己的道德品质，成为一个至真、至善、至美的人。

第二节　借鉴历史上的善恶观念

善恶观念虽然打上了历史的、阶级的烙印，善恶标准也不是永恒不变的，那么，是不是就没有一种善值得我们继承、提倡，没有一种恶值得我们批判、摒弃呢？不是的，任何事物都有它的两面性，历史上的善恶观也不例外。除了那些具有全民性的善恶观外，就是剥削阶级所倡导的善，所摒弃的恶中也有不少内容值得我们肯定。为什么呢？

首先，历史上剥削阶级都有一个由上升到没落的过程，在它们取得统治权力以前和取得统治权后的一段时间里，它们是生气勃勃的，是当时先进生产力的代表，符合整个社会发展的客观要求，同劳动人民的矛盾也没有后来那么尖锐，因而剥削阶级在上升时期形成的善恶观念带有较多的民主性和革命性的内容。

其次，剥削阶级内部也是划分为几个阶层的，其中有些阶层出于种种原因，他们对广大劳动人民的生活状况有所了解甚至同情，对某些权贵的横征暴敛、穷奢极欲也敢于鞭挞，因而能在一定时期、一定范围、一定程度上反映劳动人民的某些利益。

再有，历史上的民族斗争和阶级斗争往往交织在一起，当异族入侵时，被侵略民族中剥削阶级利益也会受到触犯和威胁，这时被侵略民族内部的阶级矛盾和阶级斗争就让位于民族矛盾和民族斗争。抗击外辱，救亡图存，成了被侵略民族内部各阶级、各阶层人士的共同愿望。在这种特定的历史条件下剥削阶级的一些善恶观念必然反映出同劳动人民相一致的地方。

那么，在剥削阶级的善恶观念中，有哪些内容是我们可以批判地继承的呢？如奴隶社会道德规范中的勇敢、节制、公正等；封建社会的“忠”“孝”，我们摒弃“忠”中忠君、愚忠的成分，肯定它的忠于国家，尽心尽职，全心全意地做事；“孝”中肯定它的敬老、尊老、养老的内容。还有“仁、义、礼、智、信”这“五常”，虽然其初衷是为了配合“君臣、父子、夫妇”这“三纲”，作为维护和巩固封建统治的重要道德标准。但长期以来，在社会生活实践中，它成为我们民族道德修养的一个部分，成为维系民族和睦的一种规范。其中包含的助人为乐，扶危济困，尊老爱幼，见义勇为，互敬互让，勤俭节约，谦虚好学，诚实守信等健康内容对于我们今天的社会主义精神文明建设具有重要意义。剥削阶级的一些思想家或仁人志士提出的某些道德理论、道德思想、道德格言以及他们自身的行为品质、节操，如孔子的“仁爱”思想；孟子的“舍生而取义”；范仲淹的“先天下之忧而忧，后天下之乐而乐”；顾炎武的“天下兴亡，匹夫有责”的道德格言；以及司马迁“究天人之际，通古今之变，成一家之言”的求真气节；三国曹植的“捐躯赴国难，视死忽如归”的献身精神等，我们都应当好好整理和总结。

作为历史创造者的劳动人民，从事着人类物质财富与精神财富的创造，而且都是作为被剥削、被压迫的阶级，处于阶级社会的最底层，因而，他们从自己所处的经济关系和斗争实践中引申出来的善恶观念很多是和我们今天的道德标准相一致的。如仇视并勇于反抗等级特权压迫和剥削的“不自由、毋宁死”“杀尽不平方太平”的革命精神；劳动人民要求“等贵贱、均贫富”的平等精神；要求民族平等，反抗民族压迫的爱国主义精神；在对敌斗争中友爱团结，互帮互助，“有难同当，有福同享”的道义精神；崇尚勤劳俭朴，憎恶不劳而获、骄奢淫逸的优良品质等等，都是今天我们应该继承并发扬光大的。

另外，值得一提的还有资产阶级提倡的自由、平等、博爱、守时守信等道德规范。在反对神学和封建专制统治过程中，资本主义正处在上升阶段，它所提倡的个性解放，倡导自由、平等，推行节俭、守时守信等一系列新的道德观念可以说是一种历史的进步。虽然这种“自由、平等”实质只是买卖双方的自由，在金钱面前的人人平等，“信用就是金钱”“时间就是金钱”，无不打上了资产阶级的烙印，有其局限性和虚伪性的一面，并且是为资本的积累，为获取利润服务的。但我们在消灭私有制，消灭阶级的意义上使其成为我们处理人与人之间关系的道德准则，特别是在发展社会主义市场经济的今天，尤其有用。

第三节　培养弃恶扬善的情感和意志

弃恶扬善、惩恶扬善是中国传统美德中的瑰宝，在历史上曾发挥过重要的积极作用，我们不仅要继承和弘扬它，更要为之赋予新的时代精神。这就要培养我们辨明是非、爱憎分明、弃恶扬善的情感和意志，使我们的行为更具有善的意义。意志是指一个人在履行某种义务的过程中表现出来的自觉克服困难和障碍，作出抉择的顽强毅力和坚持精神。它主要表现在人们从事某种行为的自觉性、果断性、持久性和自制力及言行一致诸方面。如何培养我们弃恶扬善的情感和意志呢？

一、学习前人，分清善恶

我们的民族精神和伦理文化，造就了众多人格高尚的优秀人物，他们重气节，轻私利；重道义，轻富贵；重德行，轻生死。如司马迁、班固不避当朝邪恶势力，秉笔直书；包拯、海瑞不畏权贵，铁面无私；荆轲、秋瑾殒身不恤，视死如归；岳飞、文天祥赤胆爱国，死而后已；郑成功、林则徐抗击侵略，义高云天……这种无私、无畏、“临大节而不可夺”“富贵不能淫，贫贱不能移，威武不能屈”的高贵品格，为时人，为后代所景仰。他们的高风亮节，不正是千百年来中华民族积淀而成，传颂不已的善良品德和高尚人格吗？这种品德和人格就是我们要继承、学习和发扬光大的。

在中国共产党的历史上，为人民求解放而宁死不屈的烈士更是不胜枚举。大家都知道的江姐被捕后，无论敌人怎样威逼利诱逼她供出党的地下组织，她凭着对党的事业的赤胆忠心，毫不动摇。敌人把竹签钉入她的十个手指尖里，十指连心啊，江姐痛得昏死过去几次，她却始终没有屈服。她表现了共产党人坚强的意志，高尚的节操。对今天的青年人来说，也许不会遇到像江姐那样艰苦的斗争环境，但不畏强权，敢于同恶势力斗争，在任何情况下都能坚持自己所遵循的行为准则，辨明什么是善，什么是恶，应该做什么，不应该做什么，却是我们每个人都应该锤炼的品格和意志。

历史发展到社会主义时期，在祖国大地，不仅涌现出雷锋、王杰、焦裕禄、王进喜、孔繁森等无私献身于共产主义事业的英雄人物，在我们的周围，更有“助人为乐”“见义勇为”“舍生取义”的思想和行为存在。这种思想和行为往往表现得不是光彩照人，璀璨夺目，需要我们仔细发掘，仔细寻找。在我们的同学、朋友、邻居、乡亲，甚至是陌生人的身上，多多少少都会有些“善”的思想和行为，只要留心，就会发现人们内在的美好本质，闪光的善良思想和行为就在我们的周围。

二、要常存善念

善念是万善之门，从这里可以走向人生的制高点；善念支配人们的行为，能使良好的道德行为通过善念的心理活动得以实现；善念是善行的先导，是一种思维活动，一种心理状况，一种思想感情，也是一种道德意识；善念是道德行为建设的内在动因，是指导人们去行动的无形的内趋力。道德认识的提高和道德品质的形成，主要依靠道德修养和道德实践的积累。我国古代思想家们都很懂得量变到质变的道理，因而十分重视量的积累。一个人或善或恶，都是不断积累、不断变化的结果。古人所讲的“积土成山”“积水成渊”“积善成德”“积微成显”“积善而全尽谓之圣人”等等，都意在说明善念、善思、善言、善行积累之重要。善念的积累对于人的良好品德的形成起着潜移默化的作用。

善念是在道德教育、环境熏陶和社会实践中逐渐形成的，善念来源于崇高的信念。信念对于人的思维趋向、人格追求、价值观、道德观、审美观、英雄观、幸福观等等，都会产生积极或消极的影响。我们的信念是追求真理、追求正义、追求光明、追求真善美、追求和献身于美好事业。这样的信念一经在自己的头脑里生根，就会成为自己的善念之源。

善念来源于正确的善恶观。善恶观是指人们对善恶的本质、起源、标准及评价的依据等问题所持的观点和态度。对善恶的无知是误入歧途最主要的因素。只有树立了正确的善恶观，分清什么是善、什么是恶，才能弃恶扬善，走向光明。我们提倡的社会主义善恶观，以广大人民的最大利益为善的标准，与之符合则为善，与之违背则为恶。这种善恶观的确立，就会强化自己为人民服务的善念，就会使自己心中常存善念。

三、嫉恶如仇，敢与邪恶作斗争

一个有道德的人，不仅有责任反对违背道德和法律的行为，而且也有责任保护人们的普遍权益不受非正义的侵害，以个人力量去击败、揭露、制止种种暴力、阴谋、诱惑，维护社会秩序的安定。在正义与邪恶、真善美与假恶丑、光明与黑暗、是与非、义与利、苦与乐、生与死的较量中，能够毫不犹豫地选择正义、光明、真善美；能够坚持把人民利益放在首位，嫉恶如仇，自觉而勇敢地同邪恶作斗争。此时这个人的行为也就具有了真正道德意义上“善”的社会价值。所以，把人民利益放在首位，对恶的思想和行为进行斗争，是衡量人们的思想和行为的善的标准。

在我们民族几千年的文化史上，行侠仗义、扶助弱小、嫉恶如仇，一直是我们的优良传统。社会发展到今天，经济在不断繁荣，我们更要清醒地看到，一个社会、一个民族，仅有物质是不够的，还要有充实的精神，要有高尚的道德情操。我们忘不了前些年那件感人至深的事情：她是上海的一位青年女工，那天她路过苏州河，发现有人失足落水，正在漩涡中挣扎。千钧一发之际，她毫不犹豫地跳进水里，救起了落水者。与此相对照的是，当时岸上还有许多围观的人，其中也有身强力壮的小伙子。而她，却已经怀有五个月的身孕！事后人们问她为什么要下水，她回答得简单又朴实，她说：“我见水中的人还有一口气，总不能见死不救，这是做人的起码道德。”这位青年女工有一颗多么善良而勇敢的心啊！那些围观、见死不救的人又是多么的渺小和自私。

第四节　培养弃恶扬善品质的途径

一、积善成德

善良是人性中“神”的品格，是人并不是神。人要超越自我，达到善的境界，必须注意积善。积善是精心地保持自己的善行，精心地培养自己心中各种善良愿望，并使之不断积累和壮大。“积土成山，风雨兴焉；积水成渊，蛟龙生焉；积善成德，而神明自得，圣心备焉。故不积跬步，无以至千里；不积小流，无以成江海。”荀子的这篇《劝学》，道出高尚的道德品质、道德人格不是一夜之间就能养成的，它需要一个长期的积善过程的道理。

积善成德，就是积小善成大德。只有从小处做起，从平凡的生活中乐行善事，才能体现非凡；只有不弃小善，才能成大善；只有能积众善，才能形成善良品德。我们为陌生人指路是善行；我们帮助迷路儿童回家是善行；我们为正在爬坡的人力车助把力是善行；我们拧紧滴水的水龙头是善行，甚至我们给旁人一个友好的微笑同样也是善行。在我们的日常生活中，随时有你行善的机会和条件，俯拾皆是，只要你肯做！倘若平时不细心，没有自发积善和自觉积善，只幻想有朝一日能碰上一个紧要关头挺身而出，一个早上成为人们学习的道德榜样，是根本行不通的，也就不可能有自由积善了。所以，积善成德“莫以善小而不为，莫以恶小而为之”。

最能体现积小善成大德的楷模，首推平凡而伟大的共产主义战士雷锋。雷锋是平凡的，他在人世间只活了短短的22个春秋，活着时谈不上有轰轰烈烈的慷慨悲壮，也没有什么惊天动地之举，死时不过是一名普通的解放军战士。然而就是这位小个子战士，用他短暂的生命音符，谱写了最壮丽的人生之歌，成为全心全意为人民服务，为人民事业无私奉献的楷模，成为亿万人民学习的榜样。他不辞劳苦雨夜护送母子三人回家；他把积攒的200元钱捐给灾区人民；他生病不休息却去工地参加义务劳动；他出差乘车，帮助乘务员送水、扫地、拖地板，好事做了一火车……他做的好事太多太多了。雷锋所做的一切，不都是我们日常生活中看得见、摸得着的平凡小事吗？他的伟大就在于他把对人民有益的件件小事都踏踏实实地做了，并且毫无索取地长期坚持做了。正如他在日记里写的那样：“人的生命是有限的，而为人民服务却是无限的；我要把有限的生命投入到无限的为人民服务之中去!”

二、走向“至善”

我们在强调“积善成德”的时候，同时也提倡在扬善的过程中，人的善行要达到一种境界——“至善”。人的至善是一项艰苦的功夫，也是一个漫长的过程。人生在世，要同各种邪恶作斗争，包括自身人性中的恶性、社会上的恶势力等。至善不是靠个人的修身养性就能达到的，它必须要同国家的利益、民族的事业和时代的使命紧密结合起来。孔子就曾主张“修己以敬”“修己以安人”“修己以安百姓”。修炼至善是一个人由个人、家庭及于国家、天下的由近及远的过程，这就揭示出个人至善同社会道德文明的进步结合起来，方成正果的内在联系。善的至高品位就是保证社会稳定和谐的发展和人类精神的不断进化，善的这种双重价值，就决定了个人至善与兼善天下的辩证关系。

个人至善与兼善天下的辩证关系，可以从个人与社会的辩证关系中得到印证。一方面个人是社会的个人，个人的任何活动都离不开社会关系的制约，人的至善活动也是如此。首先，人的至善标准是社会历史发展的必然性在道德生活中的反映，善的标准和社会进步的标准在最终意义上是一致的。其次，至善的手段和条件也是由社会提供的。至善是一种善良愿望的行为外显，表现在利益矛盾中是一种自我牺牲和成人之美。没有社会利益关系上的现实存在，不可能有至善。另一方面，社会是个人的社会，社会历史存在的前提无疑是个人的存在。没有个人也就无所谓社会，没有个人的活动，也就不会有社会的“合力”及其活动。社会道德的进化，文明水准的提高，关键取决于每一个体的道德修养的水平和至善能力。要兼善天下，不仅必须从我做起，“独善其身”，而且要关心他人，帮助他人。每个人都成了善人，天下自然皆善，罪恶也就无从滋生。

一个人的行为，只要有利于社会的稳定和发展，就具备了善的价值。同时，人在履行各种义务的时候，又给个人认识和处理各种关系，认识和完善自我提供了积极手段，这样个人也获得了有益的价值，因此，完善自我与兼善天下是内在统一的。但是，个人和社会也有发生矛盾和冲突的时候，此时，就要使个人行为自觉地服从社会发展的客观要求，以天下大事为己任，“国家兴亡，匹夫有责”，这样个人在此基础上的修身养性，才具有真正善的价值。如果每个人都将自我完善同时代的历史使命统一起来，必将出现“天下为公”的道德盛世。

三、杜绝恶源

南宋时期，著名的抗金将领岳飞，被奸臣秦桧无耻陷害，关进了监牢。秦桧想置岳飞于死地，可又找不到足以杀他的罪名。于是想，岳飞当了这么长时间的将军，又多年同金兵打仗肯定有不少“收获”，只要到他家去翻它个“底朝天”，那还找不出几样贪赃枉法的真凭实据？那时，只要有了这些证据，杀他都让他说不出话来。秦桧没料到，当官兵挖地三尺，真把岳飞家翻个“底朝天”后，却只找出九串铜钱！九串铜钱，折合成今天的人民币，也就只有一元钱左右。

岳飞作为统兵千万的将领，长年征战，先后打败无数对手。按常人的想法，瘦死的骆驼比马大，即使岳飞再廉洁，恐怕腰缠万贯还是不成问题的。但事实却大大地出人意料：他的家，竟然是一贫如洗！岳飞最终被秦桧以“莫须有”的罪名陷害而死。800 多年了，人们之所以仍在纪念他，除了他是位战功显赫的民族英雄外，还在于他的身上流淌着一种赤诚善良而滚烫的热血，这种赤诚善良而滚烫的热血，就是不沾、不贪、无欲而刚。

贪钱财、贪权势、贪名誉、贪地位、贪女色、贪享乐……一个贪字写尽了人间的污垢和罪恶。贪心无度，而人的能力却有限。于是，贪心者常常被贪心不足而搅扰得抓耳挠腮，妒火中烧，不得安宁。那些中饱私囊得来的东西未必就能给他带来真正的享受和快感。然而，贪心无边，法律有界，贪心的人也总会做贼心虚，寝食难安。当法网恢恢终于罩上他们的时候，他们就像吹过头的气球，断了线的风筝，惩罚将打碎他们的贪婪之梦，结束他们的罪恶人生。“如不知足，则失所欲”，讲的就是这个道理。如果贪得无厌，就会丧失其原本希望得到的。不贪和无欲是两个概念，知足也并非是消极和麻木。而是在该着眼的地方下大气力，在不该伸手的时候莫伸手。“祸莫大于多贪，福莫富于心足。”这是古人在经历了林林总总的丑恶现象后留给我们的千年古训。

第五节　弃恶扬善从我做起

培养弃恶扬善的情感和意志，探明弃恶扬善的途径，然而青少年又该怎样做，才是真正的弃恶扬善呢？应该从以下几个方面做起：

一、爱憎分明

爱是指人们对周围事物发生特定联系而引起的一种美好的情感和心理体验。任何人的一生都离不开爱，一方面需要爱、追求爱，另一方面也在爱着他人和其他事物。爱有多种多样，就家庭环境讲，有夫妻之爱、父母之爱、兄弟姐妹之爱、亲友之爱；就社会环境讲，有同学、朋友、同志之爱，以及对工作、事业的热爱。憎是指人们同周围事物发生特定联系而引起一种怨恨、厌恶的情感和心理体验。对仇敌憎恨，对丑陋现象的厌恶，都是人们的憎恶情感的表现。

爱与憎的关系是对立统一的。首先，爱与憎是对立的，爱就是爱，憎就是憎，二者各自有质的规定性，不容混淆。爱是主体对外在对象的美好情感，它的对象是一切有利于人类，有益于人民利益的社会进步的思想与行为。如全世界无产者热爱和怀念马克思，是因为他为无产阶级的解放指出了一条光明大道，并为之贡献了自己的一生。憎是主体对外在对象的厌恶情感，它的对象是一切有损于人类和人民利益，阻碍和破坏社会进步的思想和行为。如全世界人民憎恨法西斯头子希特勒，是因为他发动了席卷整个欧洲的侵略战争，给世界人民带来了深重灾难。

其次，爱与憎又是相互统一、相互依存、互为存在的前提，没有爱就没有憎，爱真才会憎假，爱美才会憎丑，爱善才会憎恶，爱和憎统一于一个主体中，两者互相渗透。只有爱得深，才能恨得切。当大好河山遭到日寇铁蹄的践踏，中国人民受到日寇刺刀的杀戮和蹂躏时，人民音乐家聂耳怀着对祖国河山、广大人民深厚的爱，对日本帝国主义侵略者刻骨的恨，谱写了气壮山河、振奋人心的《义勇军进行曲》。爱和憎在一定条件下可以相互转化。从主体方面说，当一个人的立场、观点发生变化时，他的憎爱情感也会发生变化；从客体方面说，做好人受人尊敬和赞扬，做坏人遭人鄙视和谴责。如汪精卫，早年追随孙中山从事民主革命，刺杀清朝王公大臣，被时人称为“反清斗士”，为辛亥革命作过贡献；然而到了抗日战争时期，却与日寇勾结，出卖国家、民族利益，变节成为中华民族的罪人，遭到人民的唾骂，遗臭万年。

我们知道该爱什么，该憎什么，那么我们又该如何去爱去憎呢？首先，我们要热爱祖国、热爱人民、热爱科学、热爱劳动、热爱社会主义、热爱生存环境、热爱祖国和人民，就要关心祖国命运，忠诚地为祖国服务。热爱祖国的山河、优秀的文化传统，维护民族尊严，就要立志建设祖国和保卫祖国，捍卫祖国的独立和统一，为祖国的繁荣富强贡献力量；热爱人民，就要关心人民疾苦，多为人民办好事、办实事，努力为人民谋利益，全心全意地为人民服务，始终不渝地维护人民利益，同一切危害人民利益的坏人坏事作坚决斗争；热爱科学，就要尊重科学，尊重知识，尊重人才，努力学习，掌握现代科学文化和专业技术知识，把所学的科学知识用来造福社会，造福人类；接受劳动，就要以诚实的态度对待劳动，发挥积极性、创造性，不断提高劳动自觉性，以劳动为光荣，以劳动为快乐；爱社会主义就要坚持社会主义道路，坚持共产党的领导，做到先人后己，先国家后集体，努力锻炼成大公无私的人；爱生存环境，就要以自然为友，把改造自然和保护自然结合起来，把利用自然资源与保护环境结合起来，积极参加绿化祖国、保护生存环境的活动，不破坏污染环境，同破坏生存环境的现象作斗争。

其次，爱一切该爱的，憎一切该憎的。那么什么是该爱的，什么是该憎的呢？总的说来，凡是一切有利于他人，有利于社会进步，有利于人类发展的美好品德如善良、公正、高尚、诚实、勇敢、谦虚、忠贞等等，都是该爱的；反之，凡是一切有害于他人，危害社会安定和进步、阻碍历史前进的恶的品质与行为，如欺骗、贪婪、背叛、残忍、虚伪、懒惰、诡计等等，都是该憎的。人的行为都是直接地表现着社会关系的，而当这种关系所具备的阶级性是代表历史发展趋向的时候，那么表现着这种社会关系的人的行为就是善的、美的行为。例如大学生张华跳入粪池救老农，牺牲自己的英雄行为，充分地表现出社会主义社会的崇高的思想境界和崭新的道德风尚，鲜明地体现了社会主义时代的价值观、人生观，反映了社会主义的时代精神，因而这种行为是善的、美的，是值得我们去学习和发扬光大的，是值得我们去爱的！那种见死不救、见利忘义、落井下石和心冷如石的人，则是我们憎恶的。

二、舍生取义

舍生取义，就是指把正义、道义或崇高理想、高尚人格看得高于一切，关键时刻能为之而不惜牺牲自己的生命，从而显示出“粉身碎骨浑不怕”的大无畏精神和“感天地、泣鬼神”的英雄气概。在我国历史上，由于阶级对立和阶级斗争尖锐复杂，为社会正义和人类进步而进行斗争，总是非常艰苦卓绝，也更多地需要付出生命的代价。“砍头不要紧，只要主义真，杀了夏明翰，还有后来人。”“任脚下响着沉重的铁镣，任你把皮鞭举得高高，我不需要什么自白，哪怕胸口对着带血的刺刀！人不能低下高贵的头，只有怕死鬼才乞求‘自由’；毒刑拷打算得了什么？死亡也无法叫我开口！对着死亡我放声大笑，魔鬼的宫殿在笑声中动摇；这就是我——一个共产党员的自白，高唱凯歌，埋葬蒋家王朝。”这是两首革命烈士的遗诗，前一首的作者叫夏明翰，湖南人，为了人民的解放事业，被敌人用火活活烧死；后一首的作者叫陈然，四川人，牺牲在歌乐山渣滓洞反动派的集中营里。夏明翰出身豪门，陈然是个大学生。平心而论，在旧社会，他们不属于压在最底层的劳苦大众，甚至不难找一条丰衣足食的出路，苟且偷生，然而为了更多的同胞能有做人的权利，能像人一样地活着，为了全中国的解放事业，他们献出了自己年轻宝贵的生命。

今天，我们的社会虽然已发生了巨大的变化。但由于国际国内的阶级斗争在一定范围内依然存在，由于多种社会矛盾仍很复杂，善与恶、正义与邪恶的斗争有时还很尖锐，为坚持真理和正义，为祖国的繁荣和人类的进步，有时会需要我们作出崇高的献身，因此，我们仍需要继承和发扬见义勇为以至舍生取义的崇高美德。这就要求我们要有强烈的责任感，凡是对国家、人民、集体有利的事就去做；有强烈的正义感，对坏人坏事敢于斗争，培养见义勇为、敢于献身的牺牲精神；有强烈的为人民服务观念，乐于助人、多做好事；有高度的自觉性，从身边小事做起，从我做起，能识大体顾大局，不计较个人得失。

我们崇尚舍生取义的英烈们，是因为他们把能使绝大多数人的解放、幸福作为自己人生最大的快乐。为了更多人的幸福，他们甘愿舍弃自己的幸福乃至生命，充分体现了中华民族的善良品德。我们鄙弃贪生怕死、苟且偷生、见利忘义，是因为这种人把自己的快乐建立在别人的痛苦之上，为了个人一己之利，可以置国家、民族大义于不顾，他们的行径是与假恶丑连在一起的，他们的灵魂是丑陋和肮脏的，我们当然要鄙视和唾弃！

三、诚实正直

诚实正直，是指与他人交往时，要言而有信，言行一致，表里如一，襟怀坦白，实事求是。在利害得失面前，不因贪图高官厚禄而弄虚作假；不因惧怕权势而卑躬屈膝；不为逃避责任而诬陷他人；也不为取宠窃誉而阿谀奉承。诚实正直历来都是以正义公道为准则的。

真善美是人们追求的理想境界，诚实是这一境界的要素之一。当一个人做到了表里如一，当别人对他的了解同他对自己的了解一致时，他就是诚实的。在日常生活中，人们喜欢同心直口快、诚实正派的人打交道，而对那些口是心非、虚情假意的人都很讨厌，人们担心自己被欺骗，被愚弄；对那些狡猾奸诈、搬弄是非、嫉妒诽谤的人总是处处加以小心。在交往中，只有使双方心里感到安全，才能使双方关系健全稳固。从诚实的内在性上看，一个诚实的人就是一个自重的人，一个勇敢的人，因为他有勇气真实地面对自己，面对人生，面对这个世界，而虚伪的人都不敢正视现实，他缺乏直面人生的勇气；从诚实的外在性上看，一个诚实的人也是一个正直的人，他不论在生活上还是在言行上都与自身相一致，不夸大也不缩小；从诚实的进取性上看，诚实就是不去做那些不道德的事，而主动去做应该做的事，不仅洁身自好，而且积极追求更高层次的善，在这个意义上，诚实并不是简单地等同于“不撒谎”。一位医生为了延长病人的生命，对他隐瞒病情，也同样表达了较高层次的真诚和善心，真诚不仅仅意味着善良的动机，它还包含着智慧与效果。诚实不仅有助于个人与个人之间的交往，而且将促进真正的社会交流和社会的成熟。为此，我们要坚决反对诸如诽谤、奉承、伪善等之类的“诚实”。

三、助人为乐

乐于助人，助人为乐，这是中华民族几千年的优良传统。司马光破缸救人的故事，我们世代相传，影响了祖祖辈辈的炎黄子孙；长征路上，领袖把自己的战马让给伤病员骑；红军战士把自己最后的一口干粮留给了战友，而自己却在极度的饥饿中含笑离去……这些故事也曾在我们今天的生活中广为流传，奠定了一代代人的人生观基础。雷锋以他助人为乐的感人事迹，走进了亿万人民的心中，成为一个时代的杰出代表；而解放军战士哪里需要哪里去，抢险救灾，助民劳动，则是更大意义上的助人为乐。

一个乐于助人的人，一定是一个心胸坦荡的、热情负责的人，如果他能在别人需要的时候，伸出自己的手，助一臂之力，他会对自己的学习、工作缺乏责任感缺乏热情吗？他会对自己遇到的问题轻易退却，对集体的事情漠不关心吗？对他人的态度如何，实在是对一个人全面素质的具体检验啊！有的人以为如今的时代进入了市场经济的大潮，人与人之间更多的是需求、利用的关系，“帮助”“援助”都带上了很实际的效益色彩。正因为这样，所以在今天社会也更应呼唤为他人、为众人着想的精神，人们更需要真诚和热情，这是社会的一笔不可以金钱量比的财富；这是人的生活空间中那清新的、无污染的空气和养分。世上确实有一些流行一时、盛行一时的潮流，随着时代涌上来，又随着时代退下去；但是无论世界如何变化，时代怎样前进，这种人与人之间的诚挚相待、互助互爱，充分体现了人类共存的精神，将会永存。

四、孝敬父母

古时候孔子把“孝”放在一切道德的首位，“百善孝为先”，儒家把

“孝”视为“立身之首”“百行之源”，孝敬父母是中华民族的传统美德。父母给了我们生命的同时，也给了我们无私的爱，为了哺育我们呕心沥血，没有父母的抚养教育，我们不可能健康成长。俗话说得好：“喝水不忘挖井人，乘凉不忘种树人。”作为晚辈应尊敬父母，侍奉老人，这份孝心是出自对长辈的感激之情而自觉地表现出来的。我们所提倡的不是封建的孝道，但我们也决不借批判封建孝道而不履行子女对父母应尽的义务。作为调整家庭、父母子女关系的道德情操和行为规范，已赋予了新的含义，一是指思想感情上，要热爱和尊敬父母，对父母养育之恩之辛苦，有出自内心的爱戴和敬重感激之情。二是指行为态度上，对父母的忠告和教诲，能虚心接受，恭敬有礼，尽可能按父母正确的要求去做。在生活上能体贴照顾父母，为父母分忧解难，并尽赡养父母的义务，共同创造一个团结和睦、美满幸福的家庭生活。

怎样才是尊敬、爱护父母呢?

在家庭生活中，子女要干些力所能及的事，学会处理个人生活琐事，做到自我服务；要善于理解父母，父母情绪不好时，子女应帮助父母排解苦闷，至少不能因自己的任性再给父母添麻烦；父母身体不适时，更应尽心照顾，或亲手做可口的饭菜或端水送药，陪同就医。父母最关心子女的学习和进步，子女应主动报告在校、在工作岗位的情况，征求父母意见；对父母的看法和观点，应认真加以思考，千万不要妄加否定，甚至恶意讽刺。

要懂得生活的艰辛，做到节俭，不应讲吃讲穿，攀富比有，无节制地向父母要零花钱，特别是不富有的家庭，子女更应理解父母的难处，努力慰藉父母，要讲礼貌，施礼节。平时应对父母亲切问候，讲话和颜悦色，外出和父母道别，回家与父母打招呼；同餐时先请父母入座，替父母盛好饭菜；对父母的客人，要参加迎送，并替父母礼貌待客；自己的客人到家或离去，要礼告父母；在外人或公开场合，不可对父母有不礼貌的表示。

我们每个人的成长，都曾是沐浴着父母之爱的光辉而走向成熟的。人生最难以忘怀的也许就是那无法丈量的父母之爱，切莫忘记我们人生的第一位“老师”，莫忘记是父母在心灵中为我们最早播下了善良的种子。一个人若能自觉地理解父母之爱的深刻和高尚，并尽心尽力回报养育之恩，他就具备了做人最起码的善良品德和道德情操!